中共掌控下的網路世界

Contesting Cyberspace in China

Online Expression and Authoritarian Resilience

韓榮斌
(Rongbin Han)

國防部譯印

原書名：
Contesting Cyberspace in China:
Online Expression and Authoritarian Resilience
作 者：Rongbin Han
出版時間：2018年
出版者：Columbia University Press

目錄

序言

1999年，我成為北京大學新鮮人，與其他約800位主修人文社會科學的學生住在昌平校區。這個位於北京市郊區的校區，距離總校區(及北京市區)至少得搭一個小時公車。此地既鄉下又偏僻，周邊都是野生林地、蘋果和水蜜桃園、玉米田，而且還不只是地方偏僻，宿舍內連電話都沒有，宿舍要有網路連線更是想都別想。[1] 整個男生宿舍大樓唯一一部電話就在管理員室，還只能接外面打來的電話。如果要打電話出去，我們必須使用女生宿舍大樓一樓三部電話的其中一部。我記得從來沒有一次排隊打電話不等超過1小時。那是一段相當難過的日子：所有人在順利通過嚴苛大學入學考試進到全國最頂尖大學後，原本都高度期待大學生活──但我們的期待幾乎沒有一個實現。事實上，我們當中有許多人仍稱在昌平校區那一年是自己高中第四年。

當個年輕的成年人，我們都非常厭惡這種地緣和資訊方面如此與世隔絕，因此都會把握每次到總校區造訪的機會。就在最初造訪總校區的某一次，我終於可以連網了。那天的記憶至今依然十分鮮明。當時是去拜訪一位高中朋友，他主修生物學，並非常幸運能住進兩棟最新大樓的其中一棟，那裡可以連網。我在晚餐後抵達，而他與室友正在玩電腦遊戲。我只能在旁觀看，因為不是電玩迷，所以感到有些無聊。在晚上10點鐘左右，我朋友中間休息時問道，「有人想喝可樂嗎？」所有人都說要。他開啟一個新的瀏覽器視窗，輸入一些字，然後又回來繼續玩遊戲。10分鐘之後，有人來敲門並遞給我們5罐可樂，並向我友人收完錢後就走了。由於他看我滿臉疑問於是解釋說，「喔，我剛剛上網訂了可樂。我們很幸運剛好在商家免費運送範圍內。」顯然，我那時見證中國大陸最早期「商對客電子商務經營模式」(Business to Consumer, B2C)的其中一個案例，我著實感到訝異。

雖然這個網際網路初次接觸與做生意有關，但我並沒有變成另一個馬雲。相反地，我在網際網路方面的體驗不久就政治化了。2000年5月，另一位同樣在昌平校區就讀名叫邱慶楓的女同學，她在總校區考完試回程時遭到謀殺。由於對北京大學緩慢且不當回應的忿怒，學生們群起抗議，但怒吼不僅毫無效果且不久就完全沉寂了，因為學生和外在世界完全脫節。後來，我們聽說總校區也發起學生動員，而該行動就遠遠較具影響力、持續時間更長、效果更大。我們也聽說網際網路，特別是校園電子佈告版系統網站(BBS)扮演相當重要的角色。楊國斌教授指出，「雖然示威活動和燭光晚會是在校園內舉行，但抗議活動最早卻是在網路上發動；後來才升級為類似1989年示威活動形態的極端訴求，該活動在網路激烈交鋒中整整持續10天左右。」[2] 顯然，如果當時我們可以連網，昌平校區的示威活動可能就會更有效果。畢竟，我們和邱同學的關係最密切。雖然我並未親自參與網路動員活動，但對於網際網路在公民行動與民眾抗議所具備的潛力，卻是深受啟發。

2000年9月，我轉入總校區且不久後就迷上BBS網站。當時每天都耗數小時與其他使用者在網站上進行對話、研討和辯論，諸如「北大未名」(北京大學當時半官方BBS網站)、「一塌糊塗」(北京大學學生自行架設BBS網站)、「水木清華」(當時清華大學官方BBS網站)。我最積極參與的網站是「北大未名」，當時最主動投入的都是非政治性佈告版網站，諸如「感覺」和「粵劇」等──前者是讓使用者分享個人情感，後者是個人喜歡的地方戲曲──甚至最後還做過網站管理員。由於對農村發展也非常有興趣，因此我經常造訪「中國農村」(RuralChina)等佈告版網站，並在這個網站認識一些志同道合的朋友，包含「公盟」(Open Constitution Initiative)與「新公民運動」(New Citizen Movement)的創辦人許志永博士，他當時也是BBS網站上的常客。[3] 在2001年底幾次長時間的網路對話後，我們決定走出網路，同時在北京大學創辦「中國農村協會」(Rural China Association)。我非常投入這項工作，甚至還擔任論壇管理員和該協會執委會委員。對我而言，網際網路讓我們獲得了力量。尤其，網路論壇和網路外的公民組織讓我們擁有特別力量，以進行串連、動員和對外接觸。我們在校園內外前後籌辦多次活動，也參與其中。

由於我積極參與佈告版網站的管理工作，因此於2002年被提名為「北大未名」網站最早的少數三星版主之一。這項殊榮讓我非常高興，但當時並不知道自己正在體驗校園網路論壇曇花一現的榮景和短暫的個人BBS網站生命。2003年1月1日，北京大學發動正式接管「北大未名」網站的行動，主要是將伺服器從電腦中心移到屬於共產黨青年團的一處辦公室。學生們稱這次「政變」之目的是讓當局能在其認定必要的任何時間拔除伺服器。雖然有些論壇版主配合辦理，但許多版主卻選擇反抗。我和數百位同儕論壇版主決定辭職抗議。不久之後，我從大學畢業並前往新加坡攻讀第一個碩士學位。在這段期間，中共加強對網際網路的鉗制作為，尤其是針對校園網路論壇：2004年9月，「一塌糊塗」網站被強迫關閉；2005年3月，「水木清華」網站被清華大學校方強制接管；[4] 早在2003年就被當局接管的「北大未名」網站則開始限制校外連網。簡言之，中共當局展現其力量，以更嚴格管制措施限制網路言論表達，這讓我十分難過，因為發現自己慢慢被剝奪生命中非常重要的一部分。這個痛苦陪伴我進入加州大學柏克萊分校，最後下決定在該校檢視與回顧自己的網際網路體驗，當成一項學術研究及作為自我救贖。

親愛的讀者，為何我要如此詳細向各位說明個人的親身網路經歷？因為我的故事說明本人對於此一主題產生學術研究興趣的初衷。事實上，正因為我深深投入BBS網站運作，才讓自己質疑網路言論是否真能改變中國大陸的政治生態，以及可否為其帶來民主制度。但本書主要目的仍在於傳達一項理念，亦即網際網路使用及在網路上具體表達言論，都是我個人及許多中國大陸公民的真實體驗。此種體驗，雖然有時似乎無足輕重，但卻是極度複雜、交錯互動、關係微妙、且更重要的是非常鮮活，因為這些體驗無疑澈底改變我們作為個人以及作為公民整體的生命。我何其有幸能在這場偉大轉型中扮演研究者的角色。我們在網際網路一開始讓相對自由的言論表達成真時，曾有過一段快樂時光，因為當時中共當局仍在摸索如何處理網路言論，也曾有過一段痛苦時期，即當中共當局設法鉗制網路言論並操弄網路以從中謀利時。從個人角度看，我們在網路上有政治和非政治的色彩。一方面，我們當中至少部分人，在網路研討、辯論和動員時是具有政治性的，大家都希望能對中國大陸和整個世界的政治進步發揮影響力。我們在網路互動中展現多元的價值、信仰和認同。具體而言，就政治取向方面，我們有部分人不斷抗拒威權統治並挑戰當局對於網際網路的鉗制，但也有一些人支持黨國體制才是真正有信仰或符合民族主義，原因在於他們不認同那些批評中共政權者的觀點。我們有些人漠不關心、置身事外，或在不同時期針對各議題不斷改變自己立場。另一方面，許多中國大陸網民悠遊於網際網路只是為了賺錢、尋找資訊、連絡親友、玩遊戲、看影片、分享生活體驗、討論生活方式或娛樂主題等。但這些活動絕非完全沒有受政治影響，因為它們已經深刻植入在威權統治下的社會政治背景中。不僅如此，這些不具政治色彩的公民可以很快地政治化，即便那只是暫時現象，一旦他們被捲入諸如反政府群眾示威活動、民族主義動員，或與其他網民針對某些政治議題進行辯論等具有政治影響力的網路活動時，此種情況就可能產生。就此一方面而言，網路政治行為在內容與形式上都具有高度變動性。

本書內容來自於我個人體驗與觀察所見。因此我深信一個全面、平衡的觀點至關重要，因為這可以解釋中國大陸為何讓自由開放網路與威權統治並存。這亦是我不僅檢視中共當局、網路營運者，以及網民討論網路言論限制範圍等審查問題，也探討網路標準、認同與論述多元化趨勢之爭論。個人分析發現，並無任何單純答案可說明為何中國大陸未屈服於網際網路威力之下。的確，中共當局挾其無與倫比能力，已經採取許多嚴厲作為意欲駕馭網際網路，但其鉗制手段仍是漏洞百出。網際網路在許多面向上都證明其能帶來力量，只是其影響力受到中共當局平常在網路上的鉗制、緩解和消弭。因此，網際網路最後遠不如許多人預期般具有威脅性。換言之，雖然中共黨國體制並不像表面般強大，而共黨政權的挑戰者在更自由網路言論擴大過程中，也不如外界預期般具有威脅性；因此，中國大陸的數位時代最後只是維持現狀而已。網際網路所發揮的效力，似乎遠比許多人原先所想的要來得複雜。

本專案可謂是某種形式的學術性「長征」，若無眾多個人與機構的龐大學術、財力與情感支持斷難完成。

我學術生涯可以回溯到北京大學和新加坡國立大學，這兩校教授們給予我扎實學術訓練並容許自由發展自身興趣。本人在此要特別感謝梅然博士、陳安博士、蔡永順博士、崛內勇作(Yusaku Horiuchi)博士極具助益的課程教導及個人傳授，同時也要感謝兩所大學朋友們長期持續支持本人研究工作。

在加州大學柏克萊分校期間，我非常幸運獲得高德(Tom Gold)、安塞爾(Chris Ansell)、柯利爾(David Collier)、史登(Rachel Stern)、歐布萊恩(Kevin O’Brien)等多位教授的親自指導。在他們督導下，我開始進行這項研究計畫。高德教授推薦我閱讀許多資料及介紹此領域的人脈對我幫助極大。安塞爾教授給予及時的學術指導並在進度緩慢時展現無比耐心。柯利爾教授是一位無比犀利的思想家，他從頭到尾都以非常關鍵方式引導研究計畫方向。史登教授詳閱所有章節並評論內容，她的關鍵性評論與建議是現在本書不可或缺的一部分。歐布萊恩教授是本研究計畫最早開始就無時無刻給予指導的人，他全程觀察我從發掘想法、撰擬初稿到完成全書。歐氏從辦公室、透過電子郵件、電話連繫、甚至在戴伯洛山的登山步道，無時無刻都給予我鼓勵、建議和指導。我也從眾多其他柏克萊分校的教職員得到珍貴意見與支持，尤其是邢幼田(You-Tien Hsing)、蕭強(Qiang Xiao)、羅任森(Peter Lorentzen)、韋伯(Steve Weber)、羅德明(Lowell Dittmer)等多位教授。在此實難完全表達對大家的感謝之意。

柏克萊的許多朋友和同事對於本研究計畫也提供各種不同協助。本人從與下列人士在學術對話過程中獲益良多：Nicholas Bartlett、Margaret Boittin、Alexsia Chan、Crystal Chang、Zongshi Chen、Jennifer Choo、Emily Chua、Julia Chuang、John Givens、Kristi Govella、Paulina Hartono、Jonathan Hassid、Lina Hu、Shih-Yang Kao、Xiaohui Lin、Xiao Liu、Sara Newland、Seug-Youn Oh、Ivo Plsek、Suzanne Scoggins、Li Shao、Chris Sullivan、Chungmin Tsai、Carsten Vala、Gang Wang、Albert Wu、Suowei Xiao、John Yasuda等及其他無法一一署名者。我要特別感謝Alexsia、Julia、Paulina、Sara、Suzanne等人協助各章節的編輯與內容校對。

我非常幸運能有榮幸擔任喬治亞大學國際事務系教職，系內所有同事和學生都對本人提供極大支持。我特別感謝他們所有人，尤其要謝謝Cas Mudde、Lihi Ben Shitrit、Markus Crepaz、Bob Grafstein、Loch Johnson、Han Park等人。擔任我指導人的Cas協助編輯全書大綱、推薦新的資料來源及建議許多內容修訂。他也不斷鼓勵我要跳脫中國的思考框架。Lihi不僅慷慨分享其個人出書經驗，同時也協助修訂書中許多想法。Markus、Bob、Loch及Han等人花了相當多時間協助我這項研究計畫，同時提供重要評論與建議。我也要感謝Austin Doctor、Juan Du、Linan Jia、Paul Oshinski、Yuan Wang等人熱情認真之協助。

我曾在多個學術會議和研討會中報告研究成果，藉此與許多此一領域的卓越學者互動及獲得啟發。本人特別感謝這些會議的籌辦人員及參與者，特別是Jason Abbott、Bilal Baloch、David Bandurski、Elizabeth Brunner、Christopher Cairns、Chujie Chen、Kevin Deluca、Ashley Esarey、Kecheng Fang、Hualing Fu、Jason Gainous、Mary Gallagher、John Givens、Shaohua Guo、Navid Hassanpour、Yong Hu、Calvin Hui、Min Jiang、Jackie Kerr、Hongmei Li、Jinying Li、Tony Zhiyang Lin、Yawei Liu、Gabriella Lukacs、Andrew MacDonald、Melanie Manion、Bingchun Meng、Penny Prime、Chris Primiano、Xiaoyu Pu、Jack Qiu、Christopher Rea、Maria Repnikova、Elina Rodina、Lotus Ruan、Kris Ruijgrok、Jan Rydzak、Ping Shum、Christoph Steinhardt、Daniela Stockmann、Jonathan Sullivan、Marcellla Szablewicz、Yunchao Wen、Fan Yang、Guobin Yang、Hong Zhang、Weiyu Zhang與Jing Zhao。

我非常榮幸與魯頓(Anne Routon)與考伯(Caelyn Cobb)等兩位哥倫比亞大學出版社的編輯合作。本人誠摯感謝兩人的鼓勵與無私支持，他們非常棒且對我助益良多。我也非常感謝格羅斯曼(Miriam Grossman)協助籌備出版本書。

本書得到加州大學柏克萊分校政治系研究所、東亞研究所、中國研究中心，以及中國研究Elvera Kwang Siam Lim研究員獎助金的支持。

第七章大部分取自我撰寫的〈捍衛網路威權政權：中國大陸「自帶乾糧的五毛黨」〉(Defending the Authoritarian Regime Online: China's 'Voluntary Fifty-Cent Army')，該文刊登於2015年的《中國季刊》(*The China Quarterly*)。本人感謝劍橋大學出版社同意於本書使用這篇文章。

我最感謝許多中國大陸朋友和網民，他們協助我蒐集相關資料，本人不能公開他們姓名以避免造成困擾，但他們貢獻之大實難以言語表達。他們是真正的英雄，我必須表達最深摯感謝。

我對於家人深感歉意──包含父母、岳父母、妻子儀福(音譯，Yi Fu)及女兒智妍(音譯，Zhiyan)，他們在我學術研究與本書撰寫中做出重大犧牲。我非常感謝有他們的全心支持。若無他們的包容、諒解和鼓勵，根本無法完成本書。因此，我要將本書獻給家人。

1

導論

中國大陸多元主義與網路政治

2010年，中東地區陷入一片混亂。突尼西亞革命成功推翻當時總統班阿里(Zine al-Abidine Ben Ali)，引爆後來「阿拉伯之春」運動。社群媒體的網路強大力量，尤其引起全球關注。[1] 在世界另一端，中共政權批評者受到「阿拉伯之春」運動啟發，要開始推動自己的「茉莉花革命」，希望透過網路和網路外的群眾動員撼動中共政權。[2] 但這些訴求幾乎沒有任何明顯或持久的影響。曾被民主運動分子在網路上廣為宣傳的北京市中心王府井大街示威活動，結果只是一場小型街頭行動：基本上只有少數抗議者現身參與，外面包圍者數千名旁觀群眾和數百名警察及外國記者。[3] 在抗議人士最終被帶走前，他們幾乎沒有得到旁觀者的支持或同情。

誠如政治學家安德森(Lisa Anderson)深入觀察後的見解，

「阿拉伯之春」重要性並不在於抗議者受到公民參與全球化標準的啟發或其運用新科技的方式，而是在於「這些雄心壯志與技巧在其不同地方背景引起迴響的方式和原因。」[4] 相較於被「阿拉伯之春」運動所推翻的幾個政權，中國大陸是一個更強大的威權國家，除了能更有效掌控民眾外，還有更堅實經濟能提供人民許多就業機會。[5] 此外，中共黨國體制早已證明能適應各種挑戰。[6] 然而，國家能量和適應力卻很難解釋為何在國內普遍存在社會動盪，[7] 以及在網路化群眾動員的條件下，中國大陸的群眾動員規模卻如此之小。[8] 尤其，不似網路外的群眾動員，往往只針對範圍狹隘的具體要求，[9] 中國大陸網路運動行為通常都是普遍針對威權政權，並要求更多的自由和民主制度。實際上，網際網路使用者在中國大陸普遍被稱為「網民」，這個名詞代表一種通常不存在於威權政權內部的權利與公民身分認同。

「阿拉伯之春」運動所涉及國家如與中共等更具韌性的威權政權相較，凸顯科技發展、社會權力取得及威權統治之間存在令人好奇的關係。為何網際網路能在某些個案中造成威權統治者被推翻，但在其他個案卻沒有發揮效果？更具體而言，為何網路運動沒有在中國大陸造成類似「阿拉伯之春」的網路外運動呢？給予人民力量的網際網路和韌性的威權統治，為何能在中國大陸矛盾地並存著？深入研析網路言論之間的相互角力──包含貓抓老鼠的審查比賽和話語權爭奪的角度觀之──本書提出兩個違反直覺的主張：一、中共黨國體制幾乎可以無限期地與不斷開放的網際網路擴張並存；二、造成此種並存現象的關鍵原因並不像許多人所主張，係中共當局鉗制與適應的能量，而是在於網路言論的多元化現象，此種情況不僅讓批評中共政權的人得到力量，也讓支持中共政權的聲音獲得力量，尤其是那些代表支持國家民族主義訴求的人。

本書質疑外界認定國家適應力與威權韌性的關係。雖然像中共這樣的政權非常擅長適應各種挑戰——如同外界所見證的高精密新聞審檢系統和中共當局所運用的各種創新宣傳手法——但若就此認定其因應手段或適應力是韌性產生的原因，這種想法又過於天真。如同本書的研究結果所示，中共黨國體制在轉換其強大專制統治與基礎建設力量，成為對網際網路有效控制方面，其實遭遇到極大困難。本書也從新的角度調查網際網路促成自由化與民主化的力量。波曼(Sheri Berman)發現一個活躍的公民社會，在某些條件下，可能會推翻民主政體。[10] 同樣地，相當諷刺的是多元化網路言論可能激發政權捍衛者並給予其力量，反而有助維護威權統治。在中國大陸，藉由消除挑戰政權論述及抹黑政權批評者，並出現挺中共政權的團體，會讓網路言論變得對黨國體制較不具威脅性。

相對於將中共當局和網際網路視為互不相容的單質性個體，本書希望凸顯兩者間的區隔性。藉由判別中央政府、地方政府和中介行為者的角色，以看出網際網路控制的複雜內在動態。同時也藉由探索中共當局、其批評者及各種網民團體之間的互動方式，瞭解網路言論的多元化本質。透過此種方式，我的主張是中共黨國體制並不像表面上那麼強大，但網際網路對於中共政權的威脅程度可能也被高估了。此種發現顯示，不論是中共政權韌性和網際網路力量，都不能成為理所當然的假定事項，必須縝密進行分析、評估並深究其背景條件。

當給予人民力量的網際網路遇到威權政權時

由於網際網路具備「挫敗鉗制手段的特質」，[11] 已成為推動威權政權政治自由化與民主化辯論的焦點所在，可以說網際網路提供「連結性、資訊散播和吸引注意力的新工具」，[12] 有助於公民更有效串連、表達想法、組織和動員。[13] 例如，在「阿拉伯之春」運動中，諸如臉書、推特和YouTube等社群媒體平臺，在形塑政治辯論、動員地方示威活動和宣傳民主理念等方面扮演要角。[14] 政治學家霍華德(Philip Howard)與胡珊(Muzammil Hussain)指出，數位媒體擴散率和國家審查能量，是說明促成政權成敗的關鍵因素。[15]

雖然在嚴格審查之下，中國大陸的網際網路仍然創造出一個相當自由的話語表達空間，某些人將此視為一種新興的公共領域。[16] 中國大陸網民不僅以各種具有創意且高明的手段，設法規避並挑戰國家的審查，同時還將網際網路澈底變成一個網路行動的平臺。[17] 網路空間較為自由的資訊流通——相較於傳統媒體——也透過強化公民組織的內部溝通和相互連結推廣公民社會理念，[18] 同時使國內和海外華人能動員起來對抗中共政權，促成民眾的行動主義。[19]

網際網路對中共黨國體制構成挑戰，已是無庸置疑的事實。但中共當局也自行調整作法，以控制網際網路的破壞性效應。據雷席格(Lawrence Lessig)表示，網際網路鉗制透過四種機制：

法律、技術架構(程式碼)、社會規範、市場。[20] 在中國大陸，上述四種機制都受到當局的強大影響或直接控制。為了馴服網際網路，黨國體制歷經政策學習和能量建立之過程，已經漸漸打造出一套複雜且微妙的審查管理體系，以控制網路基礎建設和網路內容。[21] 今日，這套審查系統讓當局過濾禁忌用語、封鎖或關閉網站、打壓異議群體和活躍網民、同時嚇阻偏差的言論。[22] 例如，中共當局不僅建立一個全國性「防火長城」(Great Firewall)，用於過濾與追蹤網路資訊，[23] 同時還設法讓所有個人電腦製造商預先安裝「綠壩」(Green Dam)軟體，目的在於濾除所有色情資訊及避免使用者接收到當局認定的不當資訊。[24]

於是，網際網路帶給中國大陸人民多大力量及其對中共威權統治造成多大挑戰？欲適切回答這個問題，關鍵在於必須跳脫將主要重點置於網路空間的國家鉗制與社會反抗的二分法觀點。[25] 雖然此種觀點有助於分析，但其卻未考慮到中國大陸網路空間所發生的多元活動，僅只看到網際網路在政治溝通中政治角色運作的一小部分。[26] 尤其，這種觀點往往「只從權力的較高層級看政治運作，或當成公然的陰謀破壞」，[27] 因而無法有效檢視與評估那些網路對抗中較不具抗拒性、但更具創新性的面向。事實上，中共當局已經跳脫單純的審查，轉化為更微妙的輿論管理[28]，開始運用諸如派遣付費網路評論員(亦即俗稱的「五毛黨」)等創新宣傳手法，假造支持中共政權的聲音[29]並掌握流行網路文化讓國家宣傳更具說服力。[30] 同樣地，社會運動分子也不只是運用高明與創意的方式對抗中共高壓政權，[31] 他們也採取各種網路行動主義作法，然卻很難完全融入自由化控制框架。[32]

本書提出兩個尚未完全在當前文獻中探討的針對性分析重點。第一，顯示網際網路對於中國大陸政治運作的影響，遠比社會或國家主宰一切的二元化模式要混沌複雜。事實上，網際網路促成的自由化程度可能高於民主化，因為其使中國大陸人民能提高政治參與度，但卻無法將中國大陸推向民主化轉型；[33] 網路可以扮演安全閥角色或政治行動主義載具，就看網民能否比主流媒體更快取得話語權。[34] 再者，本研究讓外界注意到中國大陸網路政治生態中一些鮮少被研究的重要行為者，諸如直接折衝審查執法的論壇管理員與「自帶乾糧的五毛黨」(志願性五毛黨)等中介行為者。[35]

第二，本書強調為了更深入瞭解中國大陸網路政治生態，確有必要將中共當局和網路空間予以區隔。雖然學者長久以來都知道中共黨國體制及其對決策與執行的影響有其內部區分，[36] 但鮮少有人深入探究中共網際網路治理架構內部的水平和垂直分野。顯然，中共內部多個國家機關都涉及內容控制和話語權爭奪。這些機關彼此有不同利益和動機，共同形塑中共網路政治生態的樣貌。同樣地，認定單一屬性的中國大陸網路空間原本就是不斷開放和民主化並不適切。雖然許多觀察家都讚許此種新科技讓社會從威權統治中獲得解放，但仍有一些人強調網路科技的破壞性與分殊性效應，並表示網路言論會導致中共內部的極化對立甚或公眾的巴爾幹化。[37] 本書研究支持此種「分殊理論」，方法是透過調查網路論述在中國大陸產製、流傳過程並對其進行解讀。

中國大陸網路論壇的大眾言論

誠如中共社會學家楊國斌在研究後指出，「觀察中國網路不應脫離社會、政治與文化內容及語境。」[38] 有趣的是，雖然諸多針對中國大陸網路政治生態研究的核心議題都是網路言論角力，但鮮少人曾追蹤在諸如網路論壇等網路背景條件下資訊產製、散播、取得和圍堵的過程。本書透過探索中共當局、其批評者及網民如何在網路論壇進行政治言論鬥爭，正是希望解答此一議題。

作為大眾言論表達平臺的網路論壇，中國大陸最早是由某些研究教育機關在1990年代中期引進BBS網站。雖然早期BBS網站只提供telnet應用層協定存取管道，但後來就發展成網路平臺並成為主流。除了進行專題對話溝通的討論版外，今日多數論壇也提供網站內部郵件和訊息系統、聊天室、部落格服務、甚至遊戲等，以促進使用者之間的互動。

多數網路論壇都接受註冊及未註冊使用者使用。但若要參與討論，亦即想針對某些文章進行貼文或回應，通常就必須先完成帳號註冊。雖然一開始只要求提供有效電子郵件帳號即可完成註冊，但現在越來越多論壇都要求必須提供額外的個人身分資訊，諸如電話號碼和學生證甚或正式身分證號碼，部分原因來自於中共當局推動的實名制登記。在某些個案中，只有被邀請的人才可以註冊。許多論壇並不會限制一個人可以註冊的帳號數量。即便某些論壇想要加諸此種限制，但在未能真正貫徹實名制的情況下這點往往做不到。貼文通常都是純文字格式，但多媒體貼文(如圖片、影片和語音檔等)已日益普遍，這主要歸功於更佳硬體、頻寬和軟體平臺。

除了國家監控外，論壇管理階層也盡相當大努力掌握網路言論。網際網路內容服務提供者，諸如論壇、部落格和微部落格等，都有安裝關鍵字過濾軟體，以防止內含禁忌語言的貼文被刊登。人工審查也很重要，即便是那些已經有預先過濾機制的論壇，因為許多網民都有足夠創意，以設法規避自動過濾手段。佈告版管理人員和編輯——這些由使用者選出或論壇指定的人——都必須負責刪除貼文、凍結或永久刪除使用者帳號、甚或禁止某些網際網路協定(IP)位址，以遏阻任何不遵守政策的行為。為了引導討論，論壇管理人員也可以凸顯某些貼文、在首頁推薦、或將其放在版面上方等進行宣揚。在大型公共論壇上，除了佈告版管理員外，通常還會增設特殊內容監控人員，以確保更有效的監控。除了個人架設與經營的私人論壇外，多數中、大型論壇都是附屬於學術機構或公司行號等更大型的個體，並由這些個體負責管理。在某些個案中，這些機構都會保留其權力，並在認為必要時直接介入論壇的管理。

網際網路論壇是瞭解中國大陸網路政治生態的一流窗口。第一，它們仍然受歡迎且在諸如微部落格(如「微博」)與「微信」等即時訊息系統等各種更新穎社群媒體平臺快速擴張的情況下，還吸引約1億2,000萬使用者(如圖1.1與表1.1)。到2017年1月為止，中國大陸最大型論壇之一的「天涯社區」(Tianya.cn)，就宣稱擁有1億2,000萬註冊使用者，在一天中最活躍的時段有超過百萬人同時上網。即便在某些高度限制使用者群體的校園內部論壇，也號稱同時上網的使用族群高達1千人以上。[39] 可以這麼

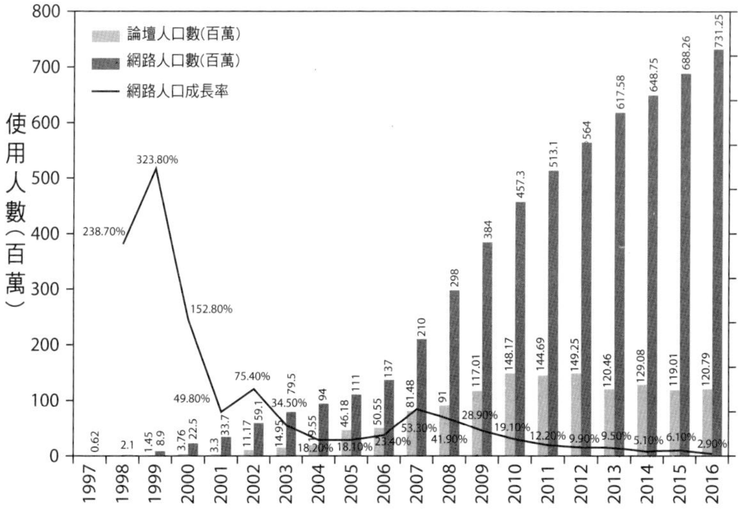

圖1.1 中國大陸網路與線上論壇人口數(1997至2016年)

註：關於中國大陸網路發展資料取自中國互聯網絡信息中心的統計報告。所有數據均為當年度年終統計。

說，類似推特的微博和微信立即訊息軟體等應用程式，在近年來就普遍性和影響力等方面都已經超越了網路論壇。但研究這些論壇仍有多種好處，亦即一種更佳「歷史感受度」。[40] 事實上，瞭解網路論壇的演進過程可能會比其他應用程式更能有效掌握中國大陸的網路生態史。

第二，相較於以使用者為中心的社群網路服務、部落格和即時訊息(如QQ網和微信)等社群媒體平臺，主持人通常可以決定主題和閱聽對象，網路論壇為議題導向，基本上較為「大眾化」。論壇討論內容通常都是一些共同利益的主題，溝通方式為「多對多」。此種「大眾化特質」使網路論壇成為政治言論表達及網路行動主義的重要平臺。雖然政治內容可能只構成「中國網路雜

表1.1 一些最頻繁使用的線上服務(2009至2016年)

年	2009	2010	2011	2012	2013	2014	2015	2016
服務	年終使用人口數，單位：百萬(滲透率)							
新聞	307.69 (80.1%)	353.04 (77.2%)	366.87 (71.5%)	392.32 (73%)	491.32 (79.6%)	518.94 (80.0%)	564.40 (82.0%)	613.90 (84%)
搜尋引擎	281.34 (73.3%)	374.53 (81.9%)	407.40 (79.4%)	451.1 (80%)	489.66 (79.3%)	522.23 (80.5%)	566.23 (82.3%)	602.38 (82.4%)
即時訊息	272.33 (70.9%)	352.58 (77.1%)	415.10 (80.9%)	467.75 (82.9%)	532.15 (86.2%)	587.76 (90.6%)	624.08 (90.7%)	666.28 (91.1%)
線上遊戲	264.54 (68.9%)	304.10 (66.5%)	324.28 (63.2%)	335.69 (59.5%)	338.03 (54.7%)	365.85 (56.4%)	391.48 (56.9%)	417.04 (57.0%)
線上影片	240.44 (62.6%)	283.98 (62.1%)	325.31 (63.4%)	371.83 (65.9%)	428.2 (69.3%)	432.98 (66.7%)	503.91 (73.2%)	544.55 (74.5%)
部落格	221.40 (57.7%)	294.50 (64.4%)	318.64 (62.1%)	372.99 (66.1%)	436.58 (70.7%)	108.96 (16.8%)	—	—
電子郵件	217.97 (56.8%)	249.69 (54.6%)	245.77 (47.9%)	250.8 (44.5%)	259.21 (42%)	251.78 (38.8%)	258.47 (37.6%)	248.15 (33.9%)
社群網路服務	175.87 (45.8%)	235.05 (51.4%)	244.24 (47.6%)	275.05 (48.8%)	277.69 (45%)	—	—	—
論壇與BBS網站	117.01 (30.5%)	148.17 (32.4%)	144.69 (28.2%)	149.25 (26.5%)	120.46 (19.5%)	129.08 (19.9%)	119.01 (17.3%)	120.79 (16.5%)
微部落格	—	63.11 (13.8%)	248.88 (48.7%)	308.61 (54.7%)	280.78 (45.5%)	248.84 (38.4%)	230.45 (33.5%)	271.43 (37.1%)

註：部落格滲透率大幅下降是因為中國互聯網絡信息中心在2014年變更分類方式，從部落格服務中排除個人空間。

資料來源：關於中國大陸網路發展資料取自中國互聯網絡信息中心的統計報告，參見www.cnnic.net.cn.

音中極小的一部分」，[41] 但在受歡迎的網路論壇，情況就不是如此。事實上，專門針對社會和政治事務的主題性討論版，通常都是最受歡迎的網路論壇。[42]

最後，熱門網路服務的使用者互動形態往往與論壇非常相似。事實上，許多受歡迎的平臺也包含論壇功能。例如，在中國大陸的社群網路網站(諸如kaixin001.com和renren.com)等，BBS功能的參與程度非常高：超過80%以上社群媒體內容都是採用BBS形式。[43] 此外，部落格和微部落格在主持人把討論導向公共事務時，就會成為網路流量的熱點。中國大陸的網路新聞入口網站也推出某些互動式功能，使讀者能以圖示留言、發表評論，或是對某些新聞報導提出意見，就如同在論壇上一樣。

雖然本研究選擇置重點於網路論壇，但必須強調的是，大眾言論表達和社會參與的數位平臺，過去20年來一直在中國大陸不斷演進。尤其，微博和微信等社群媒體服務已經成為公民行動主義和網路治理的新疆界。基於此一理由，本書的分析在必要時也會納入針對相關部落格與微博等平臺之觀察。

網路言論表達的兩大角力

探索中國大陸網路空間的國家與社會互動情形，可以看出兩個不同的角力：分別為審查角力和話語權角力。假如網路言論表達是一個虛擬的領域，審查角力的核心就在於其範圍的界定，而話語權角力則強調這些範圍內的樣貌(如表1.2)。深入檢視這兩大角力便有機會更精確衡量國家與社會行為者的權力關係，也能在更精細、平衡方式下評估網路言論表達的政治影響。

貓抓老鼠的審查遊戲

審查是一個針對哪些內容能否在網路上討論的限制範圍所進行之角力。[44] 雖然審查角力表面上看來是一個國家審查與網民反

表1.2 網路言論表達的兩個不同觀點

	審查與反審查	話語權角力
主要行為者	國家、中介行為者、各式網民團體	國家代理人、政權評論家、各式網民團體
場域	超出範圍：有些可以表達，有些則否	範圍內：如何表達觀點
框架組成	三個角色對抗(國家──中介行為者──使用者)	話語權角力(例如：向高壓政權爭取自由，保護國家免受破壞)
權力行使	國家：恫嚇與技術論壇管理員／網民：技巧性表達	表達與認同

抗行為的故事，但本書認為應該從多行為者角度觀之，強調威權國家分立性、中介行為者角色和網民多元性。從圖1.2可以清楚顯示，由三個角色構成的貓抓老鼠審查遊戲，網民外面包圍著各種試圖鉗制言論表達的國家機關及陷於兩者之間的中介行為者。

中共當局在數位時代來臨前及今日數位時代，一直都能展現其強大專制統治與基礎建設力量。為了讓網際網路和諧，中共黨國體制和許多威權國家一樣，[45] 都歷經政策學習與能量建立之過程，作法是透過技術、制度與行政手段。然而，外在挑戰和政權內部各自為政，限制中共當局控制網路資訊流通的能力。尤其，網路言論的聲量和創意性迫使當局必須採取如關鍵字過濾等嚴格審查方式，更重要的是，還將審查授權給網路營運者等中介行為者。然而，中介行為者既不是國家忠誠的幫兇，也不是網民衷心的盟友。相反地，他們採取「不樂意配合」，配合國家審查多半只是為了生存，偶爾也容許或鼓勵範圍外的言論表達。對於網民而言，網路言論表達並非僅是數位競爭領域。國家審查、話語權

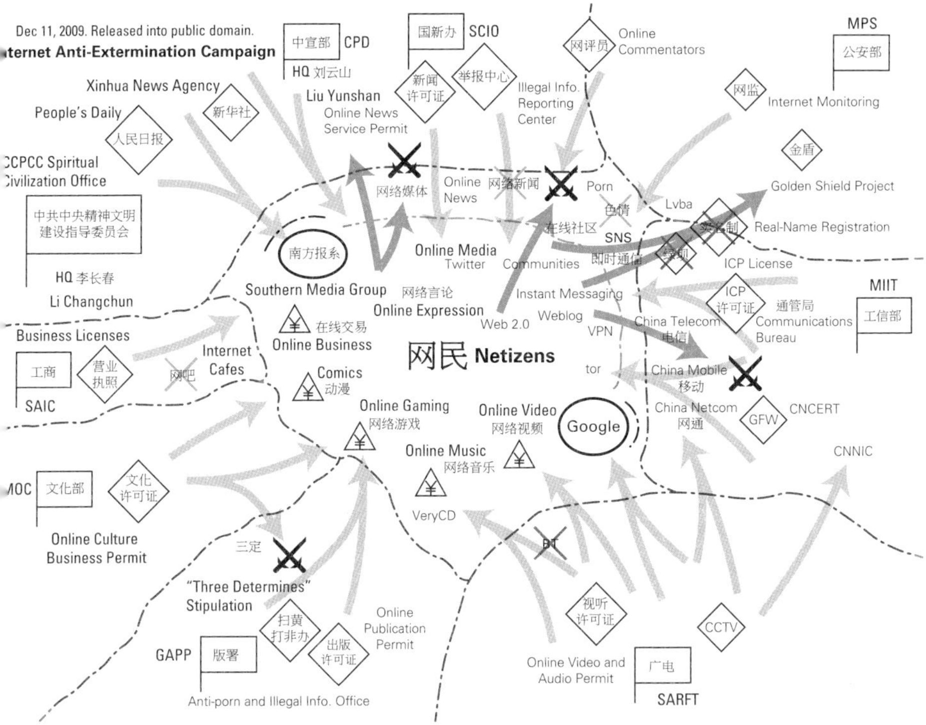

Abbreviations: CCPCC, Chinese Communist Party Central Committee; CCTV, China Central Television; CNCERT, National Computer Network Emergency Response Technical Team; CNNIC, China Internet Network Information Center; CPD, Central Propaganda Department; GAPP, General Administration of Press and Publication; GFW, Great Firewall; HQ, headquarters; ICP, Internet content provider; MIIT, Ministry of Industry and Information Technology; MOC, Ministry of Culture; MPS, Ministry of Public Security; SAIC, State Administration for Industry and Commerce; SARFT, State Administration of Radio, Film, and Television; SCIO, State Council Information Office; SNS, social networking service; VPN, virtual private network.

圖1.2 反滅絕網路運動

註：該圖在網路上廣為流傳，資料來源已不可考，存取自http://itbbs.pconline.com.cn/diy/10854454.html, retrieved August 20, 2012.

角力和追求好玩等因素，促成了政治與大眾言論表達方法的融合，還促成「流行行動主義」興起，娛樂在此種情況既是散播政治訊息的手段，本身也是一種目的。

審查角力顯示出國家在網路言論鉗制方面最多只能算成敗參

半。雖然成功讓對政治冷感的網路遠離那些禁忌範圍，[46] 但許多老手網民仍能利用各種創意性反制策略，規避或挑戰國家審查系統。因此，不當內容始終無法從網路完全清除，審查也只能改變其產製、流通和使用的過程。此外，審查往往還有反效果，因為會破壞中共政權統治的正當性、讓原本中性的論壇管理員和網民政治化，以及促成權利意識的發展，像是要求更多言論自由等。[47] 一方面，網民的審查體驗都是痛苦不堪，他們從中瞭解中共政權高壓統治的本質；另一方面，當局遮掩某些禁忌主題的作為，也顯示出中共政權的恐懼，因而引起網民的好奇心，促使其從未經核准的非正式管道尋找某些敏感主題的資訊。

然而，我們也不應高估網民行動主義的力量。中國大陸的網路言論多數仍是低風險、低成本形態的政治參與，通常製造私人娛樂的成份高於促成集體行動，這呼應了所謂「懶人行動主義」(slacktivism)的論點。[48] 當然，這種現象有部分原因來自於國家審查之過濾，[49] 但國家鉗制手段還不算是充分理由，因為網民反倒發展出具創意的替換字內容。因此，我們必須跳脫審查的貓抓老鼠遊戲，因為其僅能瞭解網路政治生態的一小部分，所以得檢視國家設限範圍內的實際情況。

話語權角力

誠如社會學家兼傳播學者卡斯特爾斯(Manuel Castells)所述，「暴力及威脅使用暴力，總是伴隨著社會生活所有領域權力關係建立與重建時的內涵產生。」[50] 假如審查寄身於暴力與威脅使用暴力的行為之中，話語權角力就是國家和非國家行為者設法營造

圖1.3 史上最大暴亂紀實

註：此圖有許多版本，為了凸顯不同陣營的鬥爭情況，圖中人們所拿布條文字已經過修改，存取自http://www.bullogger.com/blogs/qianliexian/archives/125944.aspx, retrieved August 20, 2012.

輿論並建立網路信仰、價值及認同的行為。圖1.3為話語權角力的想像圖，其間宣揚各種不同思想的網民團體——自由主義與愛國主義——彼此激烈攻擊，旁觀者則在一旁觀看好戲。

中共政權及其批評者都會利用網際網路散播自己偏好的論述。在其他更具創新性的宣傳策略中，政治帶風向手段——運用五毛黨祕密製造自發性挺中共政權言論——就是中共當局適應分權性、流動性與匿名性網路言論的方式。這似乎是相當聰明的手法，因為公然的國家宣傳已經逐漸失去效果。但更深入研究後發現，這種一直進行的舊形態宣傳工作，因為遭揭露五毛黨的存在，已導致此狡猾策略徒勞無功。

中共當局在這場遊戲中並非唱獨角戲。許多社會行為者同樣以匿名方式，運用公關策略在網路上宣揚其訴求。實際上，諸如帶風向和散播謠言等手法，是一直遭受打壓的中共批評人士及異議團體本來就會使用的武器。然而，雖然這些手法在抹黑中共政權方面相當有效，但可能導致許多網民將其想像成一群在中國大陸網路空間中，進行陰謀破壞及間諜任務的國家敵人，反而造成反效果。因此，許多網民不但沒有認為網路言論角力是社會行為者團結起來對抗威權統治當局，反而發展出另一種論調，將這些挑戰中共政權的人描述成叛徒或麻煩製造者。所以，網路言論角力被描述成是中國大陸愛國人士捍衛國家，對抗叛徒及其外國贊助者的反間諜故事。此種論述不僅離間了許多網民，同時也造成挺中共政權言論的擴大。

事實上，某些網民開始建立名為五毛黨的團體身分認同，並建立多個鞏固捍衛中共政權論述的網路社群。[51] 此種身分認同包含被動加諸和主動建立兩種形式。被動加諸部分是一些參與網民被另一些網民貼上五毛黨標籤，原因在於國家審查及輿論操弄作為使一方對挺中共政權言論的一方極度不滿。但雖然成為貼標籤大戰的受害者，他們卻稱自己比其他多數網民更為愛國且理性，藉此反而讓不光彩的「五毛黨」標籤變成一種榮耀——這些人認為自己是在捍衛國家抵抗網路陰謀破壞，且在辯論時都會強調事實和邏輯。經過自身與其他中共政權批評者一再交鋒後，五毛黨成員強化了自己身分認同，並鞏固一套堅實的挺中共政權論述。

這場話語權角力凸顯一個分裂的中國大陸網路空間。嚴密且相對獨立的社群不是鞏固某些主流論述，就是變成多個不同論述的戰場，因為特定政治傾向的網民會彼此並存或相互競爭。志同道合與相互敵視網民的互動，讓網際網路使用者社會化，因而加強了他們的信仰，進而鞏固其團體身分認同。

在話語權角力中，國家與非國家行為者競相操弄對其有利的輿論。不似審查遊戲中恫嚇扮演重要角色，話語權角力的參與者是透過認同與表達策略進行動員。由於瞭解國家和政權挑戰者都會採取各種輿論經營作為，因此參與公共討論的網民對於彼此真實身分都非常審慎。這說明為何國家和政權挑戰者往往都以匿名方式參與，以避免反遭自身策略所傷，同時也導致貼標籤變成比抹黑他人更有效的方式。

值得一提的是，抹黑和攻訐是目前中國大陸網路論壇話語權角力的主要方式。[52] 在中共當局及其支持者中，建立與捍衛中共政權正面形象的作為，往往完全沒效果，反而將政權批評者貶抑為麻煩製造者與陰謀破壞者的方式還比較有效。在遭到國家抹黑和審查的政權挑戰者中，散播中共政權負面新聞的手法，也比宣揚採取有別於黨國體制的替代方案來得有效果，因為若傳達與西方強權有關的意識形態和財政模式，都會被中國大陸民族主義網民視為是媚外。

網路政治、數位賦權及威權韌性

網路言論表達的角力凸顯出國家和網際網路都不是單一屬性，國家調適作為與大眾行動主義的互動也遠超過國家與社會對立的範圍。因此，檢視多種國家與社會行為者在審查與話語權角力之互動，不僅能針對中國大陸網路政治生態提供更平衡的觀點，也有助於國家與社會關係、威權韌性及民主化理論等學理分析。

裂解的國家與裂解的網路空間

卡斯特爾斯指出，「特定科技的相對重要性，及其受普羅大眾接受程度，並非來自科技本身，而是來自個人和群體如何支配該項科技，以滿足其需求並符合其文化。」[53] 針對審查與話語權角力所進行之分析，凸顯中國大陸細緻且複雜的國家與社會關係，國家和社會行為者在此一關係中都展現對新社會政治樣貌的強大適應力。針對審查角力方面，雖然中共當局對比中介行為者和網民擁有恫嚇的優勢，但網民卻透過技巧性規避與創意文字以逃避國家審查。在話語權角力中，國家及其批評者等相關行為者，都會運用接地氣的公關策略營造輿論。此種互動模式已創造出一種各出奇招和充滿不確定的氛圍，使參與者的信仰、價值和認同一直在不斷拉鋸。此種氛圍會左右網民對於各種論述的認知，以及左右其對網路言論採取之反應與策略。

審查與話語權角力都顯示，確有必要將國家當局及網際網路予以切割。鮮少被研究的角色如地方機關和國家級部會，尤其值得一提，因為個別利益與動機亦是促成鉗制作為的原因。例如，中共中央主要關切政權的整體穩定與正當性，地方機關則會採取行動確保其大眾形象、對高層展現其能力、或避免政治風險等。[54] 因此，地方機關通常會誇耀自己宣傳成果，同時盡全力防止地方問題被揭露。此種行為對政權的正當性造成嚴重傷害，因為其不僅破壞網路言論的安全閥功能，也會激化網民對於中共政權的敵意。[55] 畢竟，打壓實際存在民怨往往比對付虛無訴求，更容易激起中國大陸人民的怒火。此外，地方政府文過飾非的行為顯示中央政府沒有能力，甚或更糟的是沒有嚴格要求地方機關，如此將破壞百姓對於中央政府與中共政權的信任。[56]

同樣地，認清網路空間的分殊現象是瞭解中國大陸網路政治生態的關鍵要素。網民使用網際網路是基於各種不同且複雜的理由。例如，第四章流行行動主義內容，說明網路行動主義更像是一種數位競爭形式，其可能源自於網民相互對立的動機及對快速和地位的追求。不僅如此，作為一套散播資訊的策略，流行行動主義對於政權批評者和政權支持者都有相同的功用。就此一方面而言，網路行動主義只不過是用來對抗政府審查或中共政權行為，但其存在低估網路政治生態豐富性和高估網路對公民行動主義及政治變革潛力的危險。

此外，具有政治動機的網民會展現特定信仰、價值與意識形態。由於中共當局及其批評者廣泛採用輿論操弄作為，因此導致中國大陸網民往往對於彼此身分與意圖極端審慎，如此一來卻促成嚴密且相對隔絕性網路社群的形成。透過社群成員重複密切的互動及與敵對派的對抗，網民的主張與團體認同獲得進一步強化，同時不斷產製與複製其所主張的論述。這種網路言論的取向，進一步鞏固中國大陸網路空間的分殊現象，並不會如學者辛優漢(Johan Lagerkvist)所預測般從「公共分隔領域」(public sphericules)演化成公共領域。[57]

中國大陸的民主化前景：重新審視威權韌性

網路言論對於威權統治的衝擊為何？批評家一直提出警告，反對完全從網路行動主義是否會導致政權更換的角度，去評估網路政治的影響。[58] 然而完全置重點於將網路政治視為「漸進式革命」，同樣也有將網路行動主義貶低為「弱者武器」的風險，[59] 並忽略網路行動主義是否及如何導致政權可能更換的必要問題。同時分析審查及話語權角力，可以提供一個評估威權韌性的驗證基礎。

本書的發現顯示，有必要重新思考強韌的威權主義之基礎。網路言論角力凸顯中共當局在適應環境與精進能量以處理各種新挑戰方面相當靈活。然而，中共政權的適應力還不足以完全解釋其「韌性」，因為國家審查與輿論操弄作為往往徒勞無功甚或產生反效果。[60] 相反地，中共威權體制在面對網際網路自由化與民主化衝擊時的表面韌性，主要是由於網路空間分殊性、網路言論多元化，以及最終對於可行替代既有體制選項缺乏共識所致。

中國大陸網路空間在幾個方面呈現分殊現象，尤其是因為網民本身就已形成許多不同形式的團體，其多數都是沒有政治動機。[61] 若未認清這點，將導致高估網際網路的影響力。尤其，網民團體在環繞特定框架組成時，並不會侷限於言論自由與國家高壓統治的二元角力。中共當局本身在輿論操弄作為方面雖然毫無效果，但許多網民都是因為另一種論述方式而被動員起來，其將中共政權批評者描述成陰謀破壞國家利益的人，因此呼籲網民要捍衛現有政權對抗國家敵人。

此外，網路論述角力有助於讓任何欲取代黨國體制的作為喪失公信力。尤其本書第六與第七章的發現顯示，民族主義與中國大陸剛萌芽的民主運動背道而馳，這並非因為民族主義的民眾不願接受民主制度或被國家意識形態所左右，而是因為他們非常不相信民主運動分子。某項針對民族主義論述的分析顯示，中共政權批評者往往被描述成志願或非志願性外國間諜，他們缺乏意願去表達捍衛中共的利益。以1989年學生領袖為例：柴玲在網路上被指責是為了個人野心而讓其他學生冒生命危險，[62] 王丹則被指控為了接受美國和臺灣民進黨金援而背叛中國大陸國家利益。[63] 此種不信任削弱網路上挑戰中共政權者的聲量，迫使許多中共政權挑戰者否認自己政治野心，以確保獲得大眾同情。[64]

顯然，欲評估威權韌性，人們不能只檢視國家的能量和適應力，還得密切關注政權挑戰者運用的策略。此一觀點有助於解釋為何網路言論對於威權統治並不像多數人預期般具有威脅性。雖然更自由網路言論帶給政權批評者力量，而國家控制的網路破壞著國家合法地位，但此種影響力仍因為網路論述多元化而被部分削弱。在諸多原因中的一項，即支持中共政權的五毛黨等網民團體，積極貶抑中共政權挑戰者並鞏固支持既有政權的論述。

一個民主化的網際網路或只是一場民主幻覺？

本書提到一項新的威權韌性來源──亦即挑戰者脆弱的支持基礎──對於中國大陸政權可能替換與民主化產生更深遠影響。雖然政治學家無法研究還沒有發生的事件，但卻能檢視網路言論是否及如何促成民主轉變，因為這個過程不會一夕發生。事實上，政權轉移並非從威權政權崩潰的時刻和／或新政權崛起的時候開始。遠在轉變出現之前，社會就會經歷漸進的初步過程，政權的威信在此一期間會喪失其合法性，且替代政權的價值與理念會開始散播。由於網際網路是中共威權統治一個特別脆弱的領域，因此成了觀察此一過程的理想切入點。據中共研究專家辛優漢表示，相互衝突的黨國體制、青年／下屬階層，以及跨國商業規範在網路的折衝，會促成行為規範的改變和國家規範式微，使國家走向兼容性的民主制度。[65] 本書強調網路言論會導致政權統治正當性喪失，以及中共當局審查與輿論操弄作為大體上徒勞無功且產生反效果，同時認同辛優漢的國家規範式微主張。然而，本書卻不支持朝向兼容性民主制度轉型的樂觀預期，因為黨國體制規範式微並不必然代表自由民主規範的出現。

如果從過去不民主政體所適用的民主規則與程序發生的過程加以理解，[66] 民主化進程隱含兩個階段：分別為舊政權崩潰和民主政體建立。雖然網路言論可能造成既有政權統治正當性喪失，但其對於孕育支持民主制度論述以散播民主價值與理念，甚至動員網民全力爭取建立民主政體方面，效果卻是有限。此種情況呼應政治學家兼評論員鄭永年早年的觀察，他認為中國大陸網際網路對於政治自由化的影響大於民主化。[67] 話語權角力中無所不在的抹黑行為，明顯可看出威權政權及其可能替代者都喪失了公信力，導致普遍性政治權威的式微。如同杭亭頓(Samuel Huntington)所言，「各國最重要的政治區別無關其政府形式，而關乎其政府程度。」[68] 由於無法灌輸網民民主價值與理念，或說服他們支持民主政治秩序，網路言論「自由化」效應最多只會造成威權政體的式微。例如，在2010年初，中國大陸各地發生一連串殘酷的攻擊學童事件後，[69] 網路上開始流傳一個上面有「冤有頭債有主、出門左轉是政府」這些字的圖片。顯然，網民散播這句口號就是根本不尊重政治權威，反而認為這個政權是所有社會病態的禍根。

事實上，中國大陸網際網路顯示出某些過度自由化而非民主化的徵候：在所有形式網路言論都可以明顯看到權威的式微。但將此種情況解讀為完全歸因於威權統治退縮並不正確，因為忽略了社會資本的腐蝕，其正是許多社會學家所認定民主制度運作之關鍵要素。[70] 黨國體制的權威當然在網路言論中受到挑戰，但政權挑戰者的信任及其他如知識分子、記者、律師、甚或非政府組織所受到的信任也同樣被挑戰。[71] 就這方面而言，這種破壞性效應是目前在此領域未被討論的主題，若能更進一步檢視將可強化現有民主化著作的論述，因為其主張禍害新民主政權的某些治理問題，或許就是自由化過程的遺產，而非威權政體本身的原有問題。[72]

資料

本書參考網路和實地研究蒐集的資料，包含訪談、實地參與者所見事實、實地考察紀錄及諸如媒體報導、官方文件和學術研究等。

首先，我從2008至2011年進行超過60次網路和實地訪談，對象包含論壇管理員、論壇使用者、學者和媒體專業人員。大多數受訪者都是採取雪球抽樣法。身為網際網路論壇的資深使用者，我的人脈在資料蒐集初期階段證明極為關鍵。尤其，這些人脈有助於找到多位關鍵的訪談對象，這些人不但提供獨家消息，而且還提供我其他資料來源。多數針對論壇管理員和資深使用者的訪談都是採取半結構化訪談，重點在於這些人的自身網路言論、國家鉗制及論壇治理之體驗與認知。某些受訪者，尤其是那些來自國營媒體集團的對象，都不願意詳細談他們的工作內容，即便如此，仍透露許多有關國家與網路之間大眾敏感的資訊。

我在中國大陸的實地研究期間，也參與過兩次於2009和2010年舉行的大學網際網路論壇管理員研討會。在這兩次會議中，我不僅與來自全中國大陸的論壇管理員會面，同時也看到他們如何彼此交換意見及其與國家和市場的互動方式，後兩者贊助者分別是國家機關與企業。

其次，本書採用資料都是透過深度網路實地紀錄的文章，包含藉由限制性交往所獲得一些網站的長期觀察，以避免任何反撲問題。這種方法很像楊國斌主張的網路「游擊戰式實地紀錄」，此種作法強調有限參與、網路動態運動和摸索各種鏈結等，[73] 但凸顯長期潛藏於特定網路社群的價值。基於對網際網路特有的開放特質、流動性和連結，楊國斌主張一些網站所做的長期實地紀錄，無法捕捉到網際網路的真正力量，還會造成以管窺天的問題。然而，網路言論存在的流動性需要一種能適時及時累積討論文章的方法(因為這些文章可能因為調整立場或審查而被移除)和集聚動態智慧(即實質經驗與專業知識)[74]，以瞭解內容並精確解讀文字背後意涵及廣義解釋。畢竟，具有雙面特質的網際網路不僅具有開放、流動和連結等特質，同時也有裂解、封閉區塊和範圍限制等特性。只專門針對一些平臺進行研究，有助於瞭解形塑論述話語權角力、團體身分認同和社群建構等未被充分理解的機制。

本研究採用主要網站包含「北大未名」(bdwm.net)、「西西河中文網」(ccthere.com)、「凱迪網絡」(kdnet.net)、「未名空間」(mitbbs.com)、「水木社區」(www.newsmth.net)、「強國論壇」(bbs1.people.com.cn)、「天涯社區」(tianya.cn)等。這些論壇都是能吸引較多網民的相對大型網站，且涵蓋較廣泛議題，因而比小型網站更具影響力與代表性。[75] 為了提高代表性，本書涵蓋中共國內如「北大未名」、「凱迪網絡」、「水木社區」、「強國論壇」、「天涯社區」，以及海外中文論壇如「西西河中文網」、「未名空間」等論壇。這些網站有校園型「北大未名」；商務型如「凱迪網絡」、「天涯社區」；個人型「西西河中文網」；國家資助型「強國論壇」。「未名空間」和「水木社區」等兩個網站雖然已經商業化，但仍然有其原本校園論壇的特質，因為該兩網站都是在大學內部成立且吸引大量學生族群。[76] 然而本書研究範圍並不受限於這些論壇。相反地，這些論壇只是研究主要重點，據此逐漸擴大到其他網路領域。例如，我最早是在「水木社區」網站遇到五毛黨，後來才追蹤其腳步到諸如「超級大本營」(lt.cjdby.net)、「飛揚軍事」(fyjs.cn)、「上班族」(sbanzu.com)等軍事論壇(「上班族」網站於2016年永久關閉)。

網路研究所瀏覽的其他網站還包含論壇管理人員交換想法，以及諸如論壇管理員論壇等論壇治理相關資訊的平臺、[77] 討論版、[78] 以及即時通信軟體QQ群組。[79] 在實地研究階段期間及之後，我以匿名方式定期觀察一些此類平臺。目前此類平臺所進行對話使我有機會理解不同形態論壇管理員，以及其關切事項、實際作法和策略等相關資訊。

深度網路研究紀錄文章是另一個重要資料來源，提供直接觀察網民和管理階層以外的活動。某些論壇(尤其是校園BBS)在其歷史檔案部分還保留許多過去的資料。此類資料包含論壇沿革、網路事件和討論貼文的檔案，以及論壇規範的文字內容。網路歷史檔案不僅是論壇管理員如何管理自身網站的重要系統化資料來源，同時也提供檢查與查證的重要資訊來源，以利檢視透過訪談及網路觀察等管道所蒐集到的資料。

最後，諸如媒體報導、官方文件和學術研究等資料來源，也是我研究中非常重要的一部分。例如，我在分析網路評論員或五毛黨時，主要都是參考外洩的官方文件和媒體報導。即使網路輿論經營的敏感性，但仍有驚喜之處是有時能找到此一主題的官方報告。然而，中共當局有時並不會設法隱藏五毛黨相關資訊，因為網路評論員系統被視為其例常宣傳工作的一部分。事實上，地方政府和宣傳部門通常視其在該領域的成效為向上級誇耀的重要績效。這說明為何地方媒體不但報導山西省訓練網路評論員的消息，還提供其他更具影響力新聞入口網站如「網易」(163.com)、「騰訊QQ」(qq.com)，以及官媒傳聲筒如「人民網」(people.com.cn)所做報導的連結。[80]

本研究有一些可能的道德顧慮，尤其是網路研究紀錄的資料蒐集方法，因為這涉及在沒有當事人明確同意的條件下觀察人員主題。這種顧慮有其道理，因此有必要在此說明。第一，本專案研究設計付諸執行前，已先通過加州大學柏克萊分校內部審查委員會的審查。第二，網路研究紀錄文章幾乎完全使用有自由匿名存取的平臺，意味著所有使用者的活動基本上都在公共網域。本研究僅有少數平臺需要會員資格才可以閱覽貼文，即便如此，本質上這些仍是公開網站，因為並未強制要求註冊的限制條件，且容許任何有合法電子郵件帳號者都可以註冊帳號。簡言之，在完成網路研究紀錄所獲得的資訊，都可以公開取得並不會構成侵犯網民隱私或造成其個人危害的情況。就我所知，這是本領域中一個標準的或至少是可接受的作法。不過為了提供網民更佳保護，本書仍盡可能讓這些人匿名。第三，該研究也使用來自國家機關的外洩文件，以分析中共當局的意圖及網路行為。這點也不被認定會構成道德問題。頂尖學者如金恩(Gary King)及其在哈佛大學的同事，也在研究中使用類似的資料來源。

本書內容架構

除了導論及最後一章結論，本書其他排序的章節區分兩大部分：第一部分置重點於貓抓老鼠的審查遊戲，其內容不僅強調國家與社會的對立，也討論居於鉗制執行作法的中介行為者。第二章採取以國家為中心的角度，分析中共黨國體制如何藉由建立「世界最精密」[81]的審查系統，漸進針對數位時代進行調適。從探討中共當局所使用的制度性、組織性、技術性及行政性工具過程中，該章內容凸顯多機關、多層次與多手段的國家審查特質。

同時也顯露出各種外在挑戰和內在分殊性現象，如何造成這套系統的僵化和專斷特質，使得中介行為者和網民得以找到運作空間，但也導致偶爾更嚴厲的審查。

第三章內容探討諸如論壇管理員等中介行為者如何透過「不情不願的配合」，平衡來自上層的國家鉗制和來自下層的網民挑戰。雖然多數論壇管理員普遍不滿審查，但仍協助落實當局針對網路言論加諸的各種限制，主要原因在於其無法承受公然反對的代價。但他們仍會從事日常形式的低調抗拒、偶爾睜一隻眼閉一隻眼或是採鼓勵方式，以處理越界言論表達。該章內容也探索各種網路論壇的連繫性、範圍及主要訴求如何影響其所選擇的策略，以及在「不情不願的配合」範圍內決定自己立場。

第四章置重點於網民行動主義並探討網民如何以各種創新方法規避並挑戰審查，以及其如何採取行動主義以外的方式對抗審查。該章內容主張，中國大陸網民絕非完全政治中立，且會積極參與反制審查的抵抗行動，但許多人也參與娛樂性的網路行動主義，且會打擊異議團體、政治活動和外國行為者。換言之，網民行動主義已經超越「數位角力」的範圍。因此，分析網民行動主義必須涵蓋更廣泛形態的各類行為者和策略，才能精確評估網路言論的影響力。

第五、六、七章檢視話語權角力和輿論營造行為。第五章探討中共當局的因應作法已超越審查。其置重點於網路評論員系統，並詳細說明五毛黨的招募、訓練、運作和成效。該章分析結果顯示，網路評論員通常都沒有得到適切訓練或充分誘因，且動機多半都是為了向上級表現自己能力，而非說服網民。因此，這個表面上聰明的作法，往往製造的問題比解決的更多，因為其經常引發反效果而破壞中共黨國體制的統治正當性。

第六章探討政權挑戰者如何利用網際網路散播挑戰中共政權的聲音，及其作為如何諷刺性地掉入當局「少數陰謀破壞勢力」宣傳的陷阱。為了呼應中共當局的宣傳，民族主義網民發展出一套力挺既有政權的論述，將異議分子、政治運動分子和外國勢力界定為國家敵人，而威權當局則代表捍衛國家利益的「必要之惡」。在此種情況下，網路言論的角力被澈底重新解讀：其不再是一場相關民眾對抗高壓統治當局以爭取自由和民主的鬥爭，而是愛國網民與中共政權站在一起，捍衛中共對抗網路陰謀破壞者的民族保衛戰。

第七章研究一群自稱「自帶乾糧的五毛黨」的特殊網民團體，進一步證明分殊性網路空間的論點。透過檢視這些人與反對派網民和同儕社群成員重複互動的內容，該章說明該團體如何建立一種團體認同並鞏固捍衛中共政權的論述，還將中國大陸網路言論的理解提升為獲得力量的社會對抗高壓統治當局的框架之外，進而擴大到各種社會行為者之間的衝突。其內容亦顯示更自由的網路言論表達如何不預期地變成對威權政權有利的情況。

最後一章結論，探討研究所見事實的影響，強調網路言論角力是由國家內在利益和意識形態分裂、多元化能量與機關中介行為，以及網民團體的異質性認同、價值和信仰所左右的一個過程。尤其，結論內容強調黨國體制和數位時代所產生挑戰之間的不相稱，此種情況說明為何中共當局在轉化其力量為有效網路鉗制方面遭遇到重大困難的原因。但由於政權批評者仍未贏得網民的心，對於不久將來民主化的任何期待，很可能都是建立在網際網路對威權統治所構成威脅程度的錯誤估算。

2

打造統合化網際網路

國家對於網路言論的鉗制

1987年9月20日，中國大陸電腦專家從北京送出中國大陸第一封電子郵件，內容寫道「跨越整座萬里長城，我們現在可以到達全世界每個角落了。」[1] 這封電子郵件原本是在慶祝中國大陸網路時代的到來，因此在聲明中表達中國大陸和全世界的疆界障礙，即便如萬里長城般難以跨越，也將被網際網路這項新科技所克服。這個訊息事後看來似乎有些諷刺，因為中共當局之後就設法打造世界上最精密的虛擬「長城」，以過濾中國大陸和世界其他地方的訊息交流，這套系統因而有「防火長城」(Great Firewall)的匿名。本章問題意識如下：中共黨國體制為何及如何針對網際網路建立並強化其鉗制手段？國家的鉗制手段如何隨著時間演進？這些動態因素如何形塑後續演化，尤其是針對中共當局的制度性調適作為方面？

本章將以國家為中心角度探討中共網際網路鉗制體系，範圍將涵蓋中共當局用於限制網路言論表達的各種組織性、制度性、行政性和技術性工具。研析結果顯示，中共當局已發展出一套多機關、多層次、多面向的作法，以系統性和全面性方式審查網路內容。然而，此種審查體系所受阻礙為網際網路本身難以控制的本質，以及這個體系本身的內在分殊情形，這兩項原因造成中共審查作為過度僵化與專斷，因而在某些個案中不僅無法有效達成中共當局目的，甚至還造成反效果。

誠然，中共當局一直設法用比審查更巧妙老練的方式左右網路言論，因此通常同時使用鉗制、宣傳和包容的方式。[2] 例如，中共當局有時會透過如電子政府平臺或大眾社群媒體平臺上的官方帳號，以接納民眾網路參與。為了更直接形塑網路輿論，中共當局採用一些更創新的宣傳手法，諸如透過社群媒體接觸大眾，[3] 接受民眾網路文化，[4] 以及製造支持既有政權的聲音。這些操弄性手法在本質上與審查截然不同，因為其最終並非靠國家恫嚇達到目的。第五章內容將探討中共當局如何操弄網路言論，而非採取審查，特別將重點置於網際網路評論員系統。

網際網路治理與網路內容管理

中國大陸網路治理受一套複雜的動態因素所影響。尤其，中共當局面臨獨裁者的兩難局面。一方面，其高度關注經濟、科技和網際網路產業潛力，以及資訊與通信科技產業。[5] 另一方面，其必須處理這些新科技帶來的社會政治挑戰，尤其是更自由的資訊流通。如同政治學家鄭永年主張的論點，這些相互矛盾的事項迫使中共黨國體制必須建立一套規範體系，使之在促進網際網路發展的同時，設法建立管控機制，以馴服其認定網際網路的擾亂因素。[6] 同樣地，江敏(音譯，Min Jiang)亦主張中共網際網路政策「反應出互聯網的發展及規範模式──亦即威權資訊化──同時結合資本主義、威權主義和儒家思想。」[7]

由於網際網路藉由宣揚公民社會、促進集體動員、鼓勵公共言論表達，以及網路行動主義等使社會行為者獲得力量，[8] 因此威權國家越來越清楚控制的必要性。雷西格(Lawrence Lessig)指出，控制網際網路涉及四大機制：法律、技術架構(如程式碼)、社會規範、市場。[9] 這些機制在中國大陸都受到黨國體制的強大影響力或直接干預。事實上，研究發現中共黨國體制不僅牢牢鉗制實體網路基礎設施，也採取各種嚴厲措施檢查網路資訊流通。[10] 學者和人權倡議者都曾記載許多中共當局運用的審查技巧，範圍從自動過濾禁忌詞彙到人工監控行為，以及從設立「防火長城」限制接觸不當網站到關閉偏差網站及囚禁異議分子等。[11] 中共當局在2009年種族暴亂發生後，甚至完全關閉新疆的網際網路和行動電話服務。[12] 不僅如此，當局還企圖採取各種先制預防措施，諸如推動實名制登記、要求所有個人電腦預先安裝過濾軟體，[13] 以及鼓勵網路營運者進行自我審查。[14]

這些研究凸顯出中共當局如何控制或設法控制網際網路，但卻不足以提供對於網路治理在特定鉗制手段之外的歷史性與系統性理解。此外，這些研究往往看待中共的管制體系為單一且無區隔的個體，因而難以區分國家對於不同目標採取不同鉗制手段之分野，或瞭解當局採取策略和技巧所涉及的動態因素。以下將以歷史和背景分析方式，探討中共網路鉗制作為的演進，尤其是當局如何漸進採取各種制度性、組織性、技術性和行政性調適手段，以面對網路言論日益增加的挑戰。

中共網路鉗制體系的演進

從1990年代初期起，中共網路鉗制體系歷經一段強化、擴大和微調過程，在不同階段，都有不同重點、特質和影響。鄭永年運用歷史研究方法，主張中共當局在1990年代末期重點在建立一套規範性體系，然後再將重點轉移至鉗制體系。[15] 楊國斌將規範演進區分為三個階段：第一階段(從1994至1999年)置重點於網路安全、服務提供和體制再造；第二階段(從2000至2002年)特點是以更嚴厲內容規範以擴大並精進鉗制手段；第三階段(從2003年以後)是專注於進一步擴大網路規範。[16] 李永剛則認為，網路鉗制行為歷經三個時期的演進。由於運用政策學習的角度，李氏的分析讓人能更深入瞭解中共網路鉗制體系發展，原因是其正確凸顯國家機關的角色。[17]

如同鄭永年、楊國斌和李永剛的著作，本書也認為中共網路鉗制體系演進分成三個階段(如表2.1)，並檢視當局鉗制手段逐漸的升級和擴大，以及其在不同階段的重點改變：從規範到控制，以及從網路安全到內容管制，但劃分的時期也強調，當局鉗制手段演進是配合網際網路的擴張及其不斷增加的社會政治影響力。畢竟，誠如鄭永年的精闢見解，「國家和社會力量會透過彼此互動而轉變。」[18]

為了凸顯中共當局調適作為的過程及其微妙細節，本章將其網路鉗制作為區分成三個主要類別：政策制定(表2.2)、組織調整(表2.3)、技術及行政管制措施(表2.4)。中共當局在建立其鉗制能量時，有意或無意地採取一套不連貫的發展策略。第一階段對於網路言論表達的反應，都受治理鈍重性限制，且多數本質上都是行政和技術手段，因此看起來都是零星且毫無系統性的作為；第二階段是制度面的調整，訂定各種正式規定和規範，以及建立組織能量，中共當局在該階段並未嚴厲落實各種管制規定；第三階段是能量運用、調整和精進，中共當局在該階段更大膽嘗試其他鉗制機制，並針對社會反應不斷進行調整。

理解中國大陸的網路鉗制

網際網路研究專家李永剛表示，中國大陸網際網路的國家治理係透過「垃圾桶」模式進行，其特點就是充滿問題偏好、不明確科技和流動式參與所構成之「分類化治理」模式[19]，在不同領域中運用不同的治理策略。[20] 截至目前為止，中共當局已經建立一套擁有完整組織、制度、技術和行政工具的全面性內容鉗制體系。

就組織面而言，在中央網絡安全和信息化委員會辦公室(亦稱國家互聯網信息辦公室)於2011年成立前，負責網路鉗制的兩套最重要國家系統分別為黨宣傳和政府資訊辦公室，分別由中央宣傳部與國務院新聞辦公室主導。[21] 宣傳系統(暱稱「真相部」[22])負責思想工作且擁有對媒體的最高控制權。國務院新聞辦公室則是

表2.1 中共當局網路內容鉗制手段之演進

	第一階段：1999年以前	第二階段：1999-2003年	第三階段：2004年迄今
網路運用成長過程	由於人民僅擁有少數管道，網路被視為是經濟與科技機會，而非政治挑戰。	網路言論在政治上變得更具挑戰性；例如，孫志剛事件，[a] 當局的因應作為完全趕不上網際網路和網路言論的擴大趨勢。	網際網路變得日益強大，當局加諸更多限制。網路言論持續蓬勃發展，諸如部落格、微信和微博等相繼問世。
當局鉗制手段特徵	重點在於網路安全及促進科技發展。[b] 鉗制手段既不具系統性且被動，通常都是透過技術和行政手段。	制度面與組織面快速調整出現，更針對並聚焦於內容管制，但整體而言，國家鉗制手段仍在嘗試錯誤階段。管制機關經常更換，且管轄權亦彼此衝突。[c]	政策學習終於暫時結束。鉗制手段持續擴大與調整，變得日益強勢且靈活，採取行政與技術行為亦比過去更為大膽。
政策制定(表2.2)	法規置重點於實體網路安全。有關內容管制的相關條文內容往往十分模糊且刻板。	內容管制規定變得更具體，且開始建立一套系統化架構，用於執行許可、註冊、監控及懲罰各種網路活動。	各種規定陸續通過或修訂，以規範各種新的網路應用軟體、微調內容管制措施、釐清責任分工，以及推動國家級部會間的協調。
組織調整(表2.3)	當局嘗試以其既有機關容納網路治理。	既有國家機關的管轄權擴大，開始設立專責內容管制機關並推動自律組織。	進行擴大組織再造作為，加強責任分工與協調，以及推動網路營運者自律。
技術及行政管制措施(表2.4)	技術及行政管制手段十分零星，但必注意的焦點為校園論壇。	強化內容鉗制作法，以宣揚官方論述並打壓不應有的資訊。	更嚴厲與大膽推動各種鉗制作為，明顯透過多機關合作與協調所採取的行動。

a See Zixue Tai, *The Internet in China: Cyberspace and Civil Society* (London: Routledge, 2006), 259-68.

b Yongnian Zheng, *Technological Empowerment: The Internet, State, and Society in China* (Stanford, CA: Stanford University Press, 2008), 50-23; Guobin Yang, *The Power of the Internet in China: Citizen Activism Online* (New York: Columbia University Press, 2009), 48.

c Yonggang Li, *Women de Fanghuoqiang: Wangluo Shidai de Biaoda Yu Jianguan (Our Great Firewall: Expression and Governance in the Era of the Internet*) (Nanning: Guangxi Normal University Press, 2009), 75.

表2.2 政策制定

階段	主要規定
1999年以前	• 1994年，國務院新聞辦公室公布《中華人民共和國計算機信息系統安全保護條例》，明文禁止使用「計算機信息系統進行違反國家利益、群眾利益或人民合法利益的活動。」[a] • 1997年，公安部公布《計算機信息網絡國際聯網安全保護管理辦法》，明文禁止9種形態的資訊。[b]
1999至2003年	• 2000年，國務院新聞辦公室公布《中華人民共和國電信條例》及《互聯網信息服務管理辦法》，兩者均重申1997年公安部所明文禁止的9種形態資訊。《互聯網信息服務管理辦法》還要求網路內容提供者必須註冊及獲得許可。[c] • 2000年，信息產業部公布《互聯網電子公告服務管理規定》，要求論壇必須完成註冊。[d] • 2000年，國務院新聞辦公室及信息產業部聯合公布《互聯網站從實登載新聞業務管理暫行規定》，律定各種網路新聞營運者之資格。[e]
2004年迄今	• 2005年，國務院新聞辦公室及信息產業部共同公布《互聯網新聞信息服務管理規定》，新增兩類違禁資訊：包含鼓動非法集會、結社、示威或破壞社會秩序的資訊，以及非法之非政府組織活動相關資訊。[f] • 2005年，信息產業部公布《非經營性互聯網信息服務備案管理辦法》，以加強對於非商業內容供應者的管制。[g] • 2006年，16個中央黨國機關聯合公布《互聯網站管理協調工作方案》，律定各機關的管制責任。[h] • 2007年，國家廣播電影電視總局與信息產業部聯合公布《互聯網視聽節目服務管理規定》，將管制範圍擴大到多媒體內容。[i] • 2012年，中央網絡安全和信息化委員會辦公室與工業和信息化部聯合公布《互聯網信息服務管理辦法：修訂草案徵求意見稿》對外公開徵求意見。這些規定明顯是要將網路資訊管制與國家安全結合，精進營運者許可與註冊要求條件、推廣實名制登記，以及進一步說明營運者的責任。[j]

a State Council Information Office, *Zhonghua Renmin Gongheguo Jisuanji Xinxi Xitong Anquan Baohu Tiaoli* (*Regulations on the Safety and Protection of Computer Systems of the People's Republic of China*), February 18, 1994.

b 任何單位和個人不得利用國際聯網製作、複製、查閱和傳播下列訊息：(一)煽動抗拒、破壞憲法和法律、行政法規實施的；(二)煽動顛覆國家政權，推翻社會主義制度的；(三)煽動分裂國家、破壞國家統一的；(四)煽動民族仇恨、民族歧視，破壞民族團結的；(五)捏造或者歪曲事實，散布謠言；(六)宣揚封建迷信、淫穢、色情、賭博、暴力、兇殺、恐怖，教唆犯罪的；(七)公然侮辱他人或者捏造事實誹謗他人的；(八)損害國家機關信譽的；(九)其他違反憲法和法律、行政法規的。

c State Council Information Office, *Zhonghua Renmin Gongheguo Dianxin Tiaoli* (*Telecommunications Regulations of the People's Republic of China*), September 20, 2000; State Council Information Office, *Hulianwang Xinxi Fuwu Guanli Banfa* (*Administrative Measures on Internet Information Services*), September 25, 2000.

d Ministry of Information Industry, *Hulianwang Dianzi Gonggao Fuwu Guanli Guiding* (*Regulation on Internet News and Bulletin Boards*), October 27, 2000.

e State Council Information Office and Ministry of Information Industry, *Hulian Wangzhan Congshi Dengzai Xinwen Yewu Guanli Zanxing Guiding* (*Interim Provisions for the Administration of News Publication by Internet Sites*), November 6, 2000.

f State Council Information Office and Ministry of Information Industry, *Hulianwang Xinwen Xinxi Fuwu Guanli Guiding* (*Administrative Provisions of Internet News information Services*), September 25, 2005.

g Ministry of Information Industry, *Fei Jingyinxing Hulianwang Xinxi Fuwu Beian Guanli Banfa* (*Administrative Measures of the Registration of Noncommercial Internet Information Services*), January 28, 2005.

h Chinese Communist Party Central Propaganda Department, Ministry of Information Industry, State Council Information Office, Ministry of Education, Ministry of Culture, Ministry of Health, et al., *Hulian Wangzhan Guanli Xietiao Gongzuo Fangan* (*Work Program for the Coordination of Internet Website Management*), February 17, 2006.

i State Administration of Radio, Film, and television and Ministry of Information Industry, *Hulianwang Shiting Jiemu Fuwu Guanli Guiding* (*Administrative Provisions on Internet Audiovisual Program Services*), December 29, 2007.

j Cyberspace Administration of China and Ministry of Industry and Information Technology, *Hulianwang Xinxi Fuwu Guanli Banfa: Xiuding Caoan Zhengqiu Yijian Gao* (*Administrative Measures on Internet Information Services: Revised Version for Public Comment*), June 7, 2012.

表2.3 組織調整

階段	中共當局網路鉗制機關之演進
1999年以前	• 成立信息產業部以更有效規範及推動資訊科技發展。 • 公安部被賦予內容管制的權力。
1999至2003年	• 國家廣播電影電視總局被賦予進一步權力，以管理網路影音節目；新聞出版總署擴大權力至網路出版品；文化部擴大權力到網路文化及藝術活動、網路遊戲及網咖店。[a] • 2000年4月，國務院新聞辦公室成立網絡新聞宣傳管理局。地方政府隨即跟進成立類似辦公室。[b] • 自律組織，諸如中國互聯網協會、中國青年互聯網協會、無線互聯網信任及自律聯盟等相繼成立。
2004年迄今	• 2006年，16個中央黨國機關聯合公布《互聯網站管理協調工作方案》，律定各機關的管制責任。[c] 各地方政府也成立聯合領導機制以協調網路控制。[d] • 2008年，工業和信息化部成立，從信息產業部、國務院信息化工作辦公室接管所有網際網路規範及管制權力。[e]

2004年迄今	• 2010年4月，國務院新聞辦公室成立第九局，專責指導、協調和督導網路文化發展及管理。[f] • 中共當局持續藉由諸如成立非法資訊報告中心等作為，以推動營運者自律。[g] • 2011年，國務院新聞辦公室成立中央網絡安全和信息化委員會辦公室，作為國務院加強網路內容控制的平行機關。[h] • 2014年，中央網絡安全和信息化委員會重新改組為最高網路審查、監督和管制機關，直屬由習近平任組長的中央網絡安全和信息化領導小組。 • 2016年11月，全國人大通過《網絡安全法》。這項加強網路內容管轄權控制最新作為的法律，重申中共對於網路的國家主權。尤其，這項法律要求網路營運者必須配合當局進行各項刑事及安全調查，將國內所蒐集或產製的相關資料儲存在中國大陸境內，並在提供用戶網路服務前查證其身分。

a State Administration of Radio, Film, and Television, "Guanyu Jiaqiang Tongguo Xinxi Wangluo Xiang Gongzhong Chuanbo Guangbo Dianying Dianshi Jiemu Guanli de Tonggao" ("Circular on Strengthening the Management of Broadcasting Radio, Film and TV Programs via the Internet"), October 1999; State Administration of Radio, Film, and Television, *Huliangwang Deng Xinxi Chuanbo Shiting Jiemu Guanli Banfa* (*Regulations on Broadcasting Video and Audio Programs Through the Internet*), January 7, 2003; General Administration of Press and Publication and Ministry of Information Industry, *Hulianwang Chuban Guanli Zanxing Guiding* (*Provisional Regulations on the Administration of Internet Publications*), June 27, 2002; Ministry of Culture, *Hulianwang Wenhua Guanli Zanxing Guiding* (*Provisional Regulations on Internet Culture Management*), May 10, 2003.

b 2000年6月，北京市政府新聞辦公室成立其所屬互聯網宣傳管理辦公室，負責監督網路資訊服務，參見Beijing Association of Online Media website, www.baom.org.cn/biannian/bn2000.html.

c See Chinese Communist Party Central Propaganda Department, et al., *Hulian Wangzhan Guanli Xietiao Gongzuo Fangan.* 這16個政府機關包含中央宣傳部、國家食品藥品管理監督總局、中國科學院、總參謀部通信部、新聞出版總署、商務部、文化部、教育部、衛生部、信息產業部、公安部、國安部、工商行政管理總局、國家廣播電影電視總局、國務院新聞辦公室及中央保密委員會辦公室等。

d 北京市政府成立互聯網宣傳管理領導小組，參見Wang Hao, "Beijingshi Hulianwang Xuanchuan Guanli Lingdao Xiaozu Huiyi Zhaokai" ("Beijing Municipal Internet Propaganda Administration Leadership Group Conference Convened"), *Beijing Ribao* (Beijing Daily), July 13, 2007.

e 工業和信息化部雖然是主要的主管機關，但其在審查方面扮演不可或缺的角色，因為所有網路資料中心(IDC)、網路服務提供者(ISP)、網路內容提供者(ICP)等，都必須在進入市場前向該部完成註冊。

f Su Yongtong, "Guoxinban 'Kuobian,' Wangluo Guanli Jusi Yi Bian Er" ("State Council Information Office Expansion: One Internet Administration Bureau Becomes Two"), *Nanfang Zhoumo* (*Southern Weekend*), May 20, 2010.

g For instance, see the website of the China Internet Illegal Information Reporting Center, http://iirc.china.cn/or www.12377.cn.

h "Guojia Huliangwang Xinxi Bangongshi Sheli" ("The Cyberspace Administration of China is Established"), *Xinhua Net,* May 5, 2011, http://news.xinhuanet.com/it/2011-05/04/c_121376056.htm.

表2.4 技術及行政管制措施

階段	特定技術及行政鉗制作為
1999年以前	· 被視為具敵意的海外網站會遭到臨時性封鎖，且違犯者會遭囚禁。[a] · 營運者被鼓勵應進行自我審查。[b] · 中共當局高度關切校園論壇；所有主要校園論壇都會被嚴密監控並嚴格管制，若有集體動員顧慮或某些敏感時期，諸如鄧小平逝世紀念活動等，某些網站會遭到關閉。
1999至2003年	· 國營媒體被鼓勵應征服網路「思想與輿論的制高點」。[c] · 「防火長城」開始運作，負責監控網路資訊流通並透過諸如IP和URL過濾等技術封鎖某些「具敵意」網站。[d] · 對未登記註冊的網咖進行打擊，仍繼續營業者必須記錄所有顧客的身分資訊。[e] · 採取更為嚴厲措施，以懲罰違犯者，包含關閉網站和囚禁更多因為「陰謀破壞國家」或「洩露國家機密」的百姓。[f]
2004迄今	· 藉由成立網路內容提供者、IP位址和網域名稱資料庫，讓執法註冊與許可制度更嚴格落實。[g] · 所有終端裝置(如行動電話和網咖使用的電腦)和應用軟體(如部落格、微博和論壇等)都被要求實名制登記。[h] · 校園論壇受到更嚴格的鉗制：2004年「一塌糊塗」BBS網站被關閉，教育部強制要求校園論壇應在2005年春季前限縮所有校外使用權。 · 推出稱五毛黨的網路評論員，負責匿名方式引導輿論方向(詳見第五章內容)。 · 採取更多作為和全國運動以管制色情、政治及其他非法資訊。例如，工業和信息化部引進「綠壩」過濾軟體(其於2009年遭批評後撤銷)。[i] 2013年，中共當局發動大規模反謠言渲染宣傳活動，主要針對微博及其他社群媒體平臺。[j]

a See Seth Faison, "E-Mail to U.S. Lands Chinese Internet Entrepreneur in Jail," *New York Times,* January 21, 1999.

b Jack Linchuan Qiu, "Virtual Censorship in China: Keeping the Gate Between the Cyberspaces," *International Journal of Communications Law and Policy,* no. 4 (2000):12.

c 《央視網》、《手機中國網》、《中國日報在線》、《中國青年報在線》、《中國國際廣播電臺》、《人民網》和《新華網》等，都是最早被國務院新聞辦公室指定為重要網路新聞服務提供者的單位。

d Greg Walton, "China's Golden Shield: Corporations and the Development of Surveillance Technology in the People's Republic of China" (Montreal: International Centre for Human Rights and Democratic Development, 2001), www.dd-rd.ca/site/_PDF/publications/globalization/CGD_ENG.PDF.

e Li, *Women de Fanghuoqiang,* 90-93. 如同李氏所述，此類運動都有規範目的。

f 更詳細列表，參見Zheng, *Technological Empowerment,* 70-78.

g 這項早在2000年通過的規定，直到2004年14個部會聯合發動貫徹執行的行動後，才真正嚴格執行，而且在後續的反色情與非法資訊運動中又進一步加強力道。

h See Jiao Likun, "Shouji Shimingzhhi Zuiwan Xiayue Tuichu, Zhongguo Yi Fengsha Wanbu Shouji" ("Real Name Registration of Cellphones Will Be Implemented Next Month Onward; China Has Banned More Than Ten Thousand Cellphones"), *China News,* December 22, 2005, www.chinanews.com/news/2005/2005-12-22/8/668715.shtml; Ying Ni, "'Wangyou Shimingzhi' Jin Qi Shixing, Xinzheng Zaoyu Zhixingnan" ("Real Name Registration of Online Gaming Effective Today; the New Policy Encounters Difficulty in Enforcement"), *China News,* August 1, 2010, www.chinanews.com/it/2010/08-01/2438659.shtml; "Tencent QQ Jiang Shixing Wangluo Shimingzhi, QQ Qun Chuangjianzhe Xu Shiming Dengji" ("Tencent QQ Intends to Introduce Real-Name Registration; QQ Group Owners Must Register with Real Names"), *Sohu,* July 21, 2005, http://it.sohu.com/20050721/n240175776.shtml; "Boke Shimingzhi Anran Tuichang, Wangluo Guanzhi Yiyou Fansi" ("Real-Name Registration of Blog Services Abandoned; We Need Reflections on Internet Control"), *Nanfang Dushibao* (*Southern Metropolis Daily*), May 25, 2007.

i Wang Qihua, "'Lüba' Huangong" ("Green Dam Implementation Postponed"), *Caijing Magazine,* no. 14 (July 6, 2009).

j For instance, see Chris Buckley, "Crackdown on Bloggers Is Mounted by China," *New York Times,* September 11, 2013.

負責網路新聞服務的發展和控制，為負責網路控制的實際最高政府機關。中央宣傳部與國務院新聞辦公室都設有專門單位負責網路鉗制工作，中宣部底下有輿論信息局所屬互聯網處、新聞局所屬互聯網新聞辦公室及互聯網評論與批判小組，而國務院新聞辦公室底下則有第五局及第九局。[23] 2011年5月，國務院成立中央網絡安全和信息化委員會辦公室，作為負責其網路規範及控制職掌的平行機關。[24] 到了2014年，該辦公室變成中央網路審查、監督和控制的機關，直屬國家主席習近平及後來新成立的中央網絡安全和信息化領導小組。由於中共當局不斷進行組織調整，不同國家機關之間常發生重新分工及權力重新分配。例如，從1990年代開始，宣傳系統逐漸增加對於網路審查的影響力。[25]公安部在內容鉗制方面的角色，也隨著宣傳和國家新聞系統漸漸建立自身組織能量而變得相對次要。[26]

就制度面而言，中共對網路內容審查的主要法源依據來自兩項最重要的規定，分別為國務院於2000年所公布《互聯網信息服務管理辦法》以及國務院與信息產業部於2005年所公布《互聯網新聞信息服務管理規定》。前者律定網站合法經營的條件，包含登記註冊與核發許可等。後者則建立網路新聞發布資格查核系統，將網路新聞提供者區分為三大類型：一、新聞機關經營者；二、非新聞機關經營者；三、由新聞機關成立從事已刊行內容的處理者。只有第一類網站可以報導新聞事件，第二、三類只能從國家核准的新聞來源複製新聞內容。

對於網民和營運者而言，審查規定只有在執法時才會具體呈現，因為中共當局的規定和法律通常在執行條件上都相當模糊。例如，依據2002年和2009年版的《中國互聯網絡信息中心域名註冊施行細則》，一般個人不可以註冊「.cn」的網域名稱。但中國互聯網絡信息中心在2009年前並未執行這項規定，直到中央電視臺批判其在反色情運動中對網域名稱的監督鬆散後才改變作法。[27] 顯然，此一個案中的國家規定比較像是逃避究責的免責聲明，而非真正作為鉗制網路內容的手段。

中共國務院新聞辦公室前主任王晨表示，中共當局的鉗制手段可透過下列各種手段執行：

1. 規定網域名稱、IP位址、登記註冊與核發許可，以及服務管道取得。
2. 設立網路資訊服務的進入與退出管制機制；例如，合法執行思想安全和公共利益相關資訊服務的登記註冊與核發許可；建立與改善諸如定期監督、年度檢討與行政懲處等管理措施；以及成立相關單位的協調機制，以消弭有害資訊並防止其由海外進行滲透。

3. 積極推動實名制登記。[28]

此類管制措施係在各種階層實施並針對個別使用者和所有層級的營運者。這些措施依據其功能可區分為四大類：預防、監控、危機處理、輿論操弄，旨在達成當局之目標。第一類，預防措施係用於過濾網路資訊並防止民眾取得或公布不當資訊。過濾行為可以在不同的層級實施。在國家層次，「防火長城」運用一系列過濾科技，以阻斷中共當局認定有害的各種連結。地方政府機關通常會增加一些禁忌詞彙，以過濾專門針對其業管範圍的內容。多數內容提供者，諸如部落格、網路論壇和微部落格等，也會在貼文刊登前採取自動和／或人工方式進行審查。[29] 網路營運者登記註冊與核發許可、使用者實名制登記措施，是讓中共當局更容易確認違規者並鼓勵自我審查的預防性措施。同樣地，在某些個案中，大學校方正式接管校園論壇是大學行政當局避免麻煩的先制作為。

第二類，網路監控措施係透過自動及人工掃瞄整個網路的方式進行，以檢查那些設法逃避預防性措施的違犯人員。多數觀察家懷疑中共當局可能是使用搜尋引擎科技監控網路言論。此外，網路警察機關、宣傳系統和諸多其他負責鉗制工作的機關，都會派遣查核人員以人工方式監控整個網際網路。營運者與各大學也會密切注意網路言論並在當局通知或在當局採取干預手段之前，先行移除所管轄網站範圍內的「不當」內容。國家監控手段還輔以非法資訊回報系統，鼓勵彼此相互監控。

第三類，網路危機處理已成為中央和地方政府的例行性工作。[30] 網路危機在本文中採廣義界定方式，包含討論任何被視為禁忌的主題、官方醜聞、網路內外集體行動的動員，以及任何當局認定為可能失控的有害網路事件等。為了消除危機，監督機關會透過電話、電子郵件或即時訊息管道，對營運者下達指導，要求這些單位採取特定行動，諸如在時限內刪除訊息、停止使用者權限、警告或處罰違規網站，以及暫時或永久關閉部分或整個網站。個人違犯者可能會被「請喝茶」(意指網民被私下拘留並遭當局訊問的情況，只是表面上形容得像是喝杯茶一樣輕鬆的會面)甚或直接遭到囚禁。有時，當局在危機處理作為時也會採取發動大規模行動作為部分手段。例如，在重慶市委書記薄熙來於2012年初遭到撤職時，中共黨國體制關閉42個網站並囚禁6位民眾，指稱他們在有關薄氏同黨企圖在北京發動政變的消息上「捏造並散播謠言」。[31] 此外，中共當局對中國大陸兩大電信龍頭新浪與騰訊祭出懲罰，強制要求這兩家公司的部落格系統評論功能從3月31日至4月3日停用3天，以消除所有「有害訊息」。[32] 在2013年，中共當局發動另一波大規模反謠言運動，主要打擊對象包含新浪微博在內的多家社群媒體平臺。許多網路意見領袖都遭到消音甚至囚禁，其中包含在中國大陸擁有1,200萬微博粉絲的薛必群，一位在網路上大膽敢言的美籍華人合資創投資本家。據悉該項運動讓微博意見領袖的活動比前一年減少四成。[33]

第四類，輿論操弄是中共當局針對網路言論挑戰採取更積極、更聰明的適應手段。此種措施並非設法防止或消除所謂不當資訊，而是讓當局可以接觸民眾、宣揚其所偏好意見，以及直接形塑網路論述。例如，中共當局經常要求諸如新聞入口網站及論壇等內容提供者，必須配合當局的宣傳計畫。[34] 其同時亦敦促各政府機關設立電子政府平臺、[35] 在網路吹捧國營新聞媒體、[36] 設計受歡迎社群媒體網站的官方帳號、[37] 以及採用諸如「意識形態娛樂化」(ideotainment)(將官方思想建設及流行網路文化兩字相結合)和「網路帶風向」(運用五毛黨一般網民身分掩護去產製支持政府內容)等創意宣傳手法。[38] 透過這些措施，中共當局將網路言論變成國家宣傳的新戰線，並在網路空間內積極宣揚其所偏好的內容。

外在與內在挑戰

中共黨國體制是一個強大、組織嚴密且學習快速的機器，因此為了「統合化」網際網路，已針對其鉗制體系進行調整。[39] 某些人認為，中共當局到目前為止，只有收割經濟利益，完全沒有讓其威權統治受到重大政治衝擊。[40] 然而，鉗制網路言論的困難和國家的內部分殊，已削弱中共當局的審查作為，使這項工作最多只能算成敗參半。本節將中共黨國體制視為大量匿名網路資訊交流之複雜環境中的一個內部山頭林立組織，並說明外在和內在挑戰如何造成中共審查行為的僵化和專斷性。

審查體系的外在挑戰

中共當局矯正「可接受」言論的能量絕對是無庸置疑。但網路言論表達在其他多個方面仍對黨國體制構成挑戰。例如，當局必須將無比龐大資訊限縮至可處理的程度、解決網路言論匿名問題以追蹤並懲罰違犯者、同時推動各項宣傳計畫。這些外在挑戰左右中共當局所制定戰略的條件，迫使其必須：一、讓網際網路融入既有體制以「鞏固」虛擬空間，藉此降低流動性並強化責任歸屬；[41] 二、運用自動化手法、列舉黑名單，以及近期採取的列舉白名單，以減少當局必須處理的資訊量。

中共政權想要讓網際網路變得更不具匿名且更容易追究責任，以利將虛擬空間融入實體世界。其在建立營運者登記註冊與核發許可的複雜系統過程中，也開始推動網際網路使用者的實名制登記，這就是直接對付匿名的手段。中共當局截至目前為止已在某種程度上有效控制網咖，因為現在多數網咖都會要求消費者必須出示身分證件。[42] 行動電話實名制登記則僅有部分成功，因為出售SIM卡的商家鮮少檢查顧客身分。中共當局強迫網民註冊使用論壇、部落格和微部落格則遭遇更強烈抵抗。除了某些校園論壇會要求提供學生電子郵件帳號和學生證號碼，多數論壇都只要求提供有效電子郵件帳號即可註冊帳號。由於校園論壇自從中共教育部在2005年強制要求其改組為校園專屬平臺後，在網路言論的勢力已逐漸式微，因此實名制登記的影響多半僅具象徵性意義，並非真有重大影響。[43]

中共當局也將審查責任委由中介行為者執行，包含網路營運者、網路內容提供者，以及研究與教育機關。透過包含登記註冊與核發許可等措施，網路營運者及其他相關中介行為者必須負責防止不當資訊出現在網際網路，諸如新浪與搜狐等大型服務提供者，都設有專責單位負責監控內容。[44] 針對較小型的網站，網路管理者必須親自負責，而地方網路監控機關通常也會要求他們必須全天手機待命接聽。[45] 多數校園論壇都是由大學的學生事務辦公室、共青團委員會或黨委員會直接督導。大體上，這些中介行為者都有相當大的權力可以監控日常網路活動，但中共當局偶爾也會介入進行查訪、指示或懲罰違犯者。

由於中介行為者通常比個別網民更有利害關係，因此將審查責任委由其承擔，有助於降低當局工作負荷並鼓勵自我審查。對於多數網民而言，觸及禁忌主題的風險就是貼文被刪除或帳號被封鎖，這種懲罰根本無關痛癢。但對中介行為者而言，容許某些具政治敏感性的言論出現在網路，可能要承受鉅額罰款、行政懲處、甚或喪失生意。然而，這套責任下授的制度往往毫無效果，甚或產生反效果。毫無效果的主要原因是中介行為者通常可以規避國家的管制措施。許多中、小型論壇會設法轉移到海外或尋找不會查驗資訊的掮客，擺脫登記註冊與核發許可的約束。[46] 這套制度有時也會產生反效果，原因在於其造成審查系統的不確定性和獨斷性：即便中介行為者可能嚴格遵守當局的限制條件，但也可能基於商業考量或個人態度傾向，選擇不忠實地執行這些限制條件。尤其，用於要求中介行為者負責的措施，有時反而造成其政治化。這就是許多小型網站經營者在谷歌於2010年初決定從中國大陸撤資時，會表態支持谷歌的主要原因。

除了設法將網路空間融入既有體制外，中共當局的網路鉗制也依靠將禁忌主題和行為者納入黑名單等手段。組織選擇的網路控制論模式顯示，當面對重大不確定狀況時，大型組織往往會採取一種服從機關的決策形態；換言之，它們會依據重要徵候下達決策，且只有當這些徵候到達某種門檻時才會採取反應。[47] 網路言論的龐大數量和極端創意性，使網際網路成為一個在中共黨國體制下充滿不確定且複雜的環境。透過監控禁忌詞彙(敏感詞)和某些被視為危險的團體與個人等清單，中共當局將其審查工作予以簡化：現在只有當偵測到禁忌主題或針對某項危險主題的討論已到達一定強度時，才會採取反應。這說明為何當局的審查往往都是在某項主題的討論參與度大爆發後才會發動。[48]

這種黑名單策略不但縮減當局必須監控的徵候數量，同時還促成自動過濾行為。除了色情之外，多數禁忌都屬於政治性質；換言之，任何中共政權視為對其穩定有所威脅或損害其形象者，尤其是那些像1989年天安門廣場民主運動[49]跟任何被視為可能導致集體動員的網路言論。[50] 例如，「防火長城」的主要功能是防止網民連結列入黑名單的敵意網站或任何內含禁忌關鍵字的網頁。假如偵測到這些敏感字眼，這套系統不僅會中斷連結，還會阻止任何連結該伺服器的後續動作長達數分鐘以上。同樣地，工業和信息化部在2009年原本要所有個人電腦強制加裝「綠壩」軟體的企圖也遭到挫敗，曾經駭入此種軟體的網民發現，綠壩軟體也是利用將關鍵字和特定網路位址列入黑名單的方式。[51] 網路內容提供者也使用相同方法偵測某些具政治敏感性的言論。大型網路論壇、部落格服務和微部落格平臺等，都會自動過濾某些使用者試圖上傳的貼文。當發現敏感字眼時，過濾系統會直接拒絕貼文、要求使用者修改內容、或由審查人員將貼文送交非公開版面進行人工審查。

建立黑名單的機制也應用在「危險團體或個人」，諸如異議分子和網路意見領袖等。中共的專責人員會密切監控這些團體和個人，以防止其在網路上發表擾亂性資訊。例如，民主運動人士及2010年諾貝爾和平獎得主劉曉波就經常遭到軟禁，且在具政治敏感性的期間只容許他使用限制性電話和網路連線，後來到2009年又再次將之監禁(劉氏過去從1980年代末期到1990年代曾數度入獄)。[52] 然而，對付高知名度異議分子的行動往往只會造成反效果，因為反而讓這些人成為國際矚目的英雄，正如同艾未未的個案，這名藝術家因為調查2008年汶川大地震的學校房屋倒塌事件等異議行為，在2011年遭到監禁(第四章內容將進一步討論此事)。如果目標對象不太具政治性，中共當局的形象在一般網民中會受到更大傷害，如同高耀潔的個案，這位知名且受尊重的內科醫生兼愛滋病防治運動分子，因為中共當局想阻止其在美國所做研究成果接受某項國際大獎，就將之軟禁數週。[53]

建立黑名單或許能有效降低國家審查的工作負荷，但卻缺乏下達語境判斷所需之情報。有時，黑名單還會讓國家的黑手曝光而招致反效果。黑名單系統只有在偵測到關鍵字時才會啟動，此舉意味著任何關鍵字的衍生變化都可能規避這套系統。例如，網民不會輸入「89」(意指1989年天安門廣場民主運動)，而是在兩個數字之間加星號(8*9)，以規避自動過濾作為(網民利用國家審查機制漏洞所採取的類似創意性手法在第四章中有更系統化的討論)。比起毫無效果更嚴重的情況是，不分對象的過濾行為往往會激怒原本漠不關心世事的網民，並導致其政治化。當出現諸如「十之八九」等字眼都被封殺的個案，只因為字串中有「8」和

「9」兩個數字，原本對審查毫無所悉或漠不關心的網民就會開始抱怨，或是對被列為黑名單的主題感到好奇。此外，不對分對象的過濾行為也會扼殺支持中共政權的聲音，因為支持中共政權的網民也會被審查。因此，他們可能感到沮喪並開始發現捍衛中共政權諷刺的地方，同時就也禁止了自己宣揚支持的言論。

中共黨國體制一直持續更新並精進黑名單，但其調適作為都太晚，導致無法兼顧某些微妙且針對性的情況。例如，新的禁忌詞彙往往要到一定門檻後才會被列入，屆時這個主題早就在整個網路傳播開來，甚至已被主流媒體所報導。中共當局的「統合化」作為通常只會招致批評，且在某些個案中還因為主題被改寫成反高壓統治的故事而更具對抗性。不僅如此，國家審查指示一般都會忽略針對性情況，往往都是要求營運者刪除某些標題的所有貼文，完全不管這些貼文目的是否在於支持中共政權，或只是中共官方新聞機關《新華社》的通訊稿。[54] 此種「一體適用」作法也被運用在2005年以來的一系列規範制定運動。在這些運動中，許多小型網站都是因為少數網站發現某些不當內容，導致架設伺服器的網路資料中心遭到關閉，成為網站被關閉的間接受害者。[55]

審查體系的內在挑戰

中國大陸學者長期以來都知道，中共威權體系並非單一性質的完整個體，而在水平與垂直面向上都呈現分殊現象。[56] 假如網際網路本身的不確定性與複雜環境對黨國體制構成外在危機，中共當局的內部分殊則是其審查系統的內在挑戰。相互衝突的職掌與利益，加上當局內部的意識形態差異，使網路言論有機可乘，而分殊現象則導致專制的審查行動。

首先，當局網路治理機關的職掌與利益互異，導致彼此競爭及不同訴求。除了設法圍堵網際網路的破壞性效應外，中共黨國體制也一直在推動產業方面的資訊科技。

追求這些某種程度上互不相容的目標，不僅需要鉗制體系，也需要法規體系，以利依據市場原則規範資訊科技產業。[57] 相較於意識形態導向的宣傳系統，工業和信息化部(前身為信息產業部)強調此一產業領域的發展，因此往往不偏好採取限制性政策。例如，聽命於工業和信息化部的中國互聯網絡信息中心，一直到中共中央電視臺在2009年反色情運動中批評其「被動地提供情色網站方便之門」之前，根本不太關切網域名稱註冊問題。[58]

> 「在2007年以前，無人關心網域名稱或網站註冊，但現在如果沒有註冊，政府機關就會將網站關閉，這毫無疑問會有嚴重的後果。自從網路稽核運動開始，中國電信[59]已經關閉超過13萬個未註冊網站，還有數萬個其他網站遭到意外波及。」[60]

高層壓力不僅使工業和信息化部加強各項作為，還迫使其採取某些拙劣的手法：所有小型網站都被暫時關閉，以進行詳細稽核，工業和信息化部部長李毅中還稱此舉為必要的過度修正手段。[61]

國家審查也讓涉及此事的國家機關與官員有機會從中謀利。換言之，審查也能作為商業目的。例如，某家跨國企業的公關經理就誇稱該公司與中央宣傳系統有良好關係，他會這麼說是因為這比任何其他典型公關技巧還來得更為有效。在促銷優惠券跳票引發公關危機後，這家公司並不關心網民怎麼說，因為「不論他們抱怨什麼都會被消音。」[62] 目前仍不清楚宣傳系統如何從這個過程獲得好處，但其不太可能完全免費做一切事情。事實上，官方報導就揭露多起與審查有關的貪腐案件。在地方層級，河南省某位網路警察疑似接受其他地方同儕網路警察轉交他人給與的賄賂，移除某些對其不利的公開訊息。[63] 在更高層級，國家互聯網信息辦公室第五局前副局長、中央對外宣傳辦公室(對外名稱國務院新聞辦公室)前副主任高劍雲，就因為涉嫌收受賄賂刪除網路貼文而被起訴。[64]

審查所牽涉的政治與經濟利益，可能導致國家機關之間彼此爭奪網際網路的法規制定與管制權力。[65] 例如，文化部與新聞出版總署就公開爭奪審查網路遊戲許可的權限。[66] 同樣地，某些觀察家懷疑2009年發動的反色情運動可能來自工業和信息化部跟國家廣播電影電視總局之間的長期角力。[67] 此種競爭不僅發生在政府機關之間，也發生在黨務和國務體系。消息來源宣稱，部落格實名制登記就是一項由中央宣傳部發動，企圖從國務院新聞辦公室手中奪取網路資訊服務控制權的作為。[68]

各個國家機關可能會有不同的風險與利益認知。例如，教育部在2005年推動校園論壇實名制登記，是想將這些論壇變成校內平臺。藉由隔離校園論壇並使之降低接觸熱門社會主題的機會，教育部是想將自身責任限縮在此一領域。但共青團中央委員會對校園論壇很感興趣，是因為其認為可藉機擴大法規面的影響範園。在全國校園BBS管理員大會上，主辦該項活動的共青團中央委員會所屬單位，對於透過校園論壇成立自律協會、推動網路思想灌輸、就業輔導和企業經營，特別感興趣。這些目標顯然對於共青團中央委員會相當安全，因為不會威脅網路言論控制權——且達成這些目標有助於提升其所屬官員績效評比成績，同時展現共青團能力。[69]

中共黨國體制內部的意識形態衝突，對於審查系統的嚴整性是一個更基本與更根深蒂固的威脅。1989年民主運動期間不同派系的鬥爭就是最明顯例證，不斷鬥爭充分顯現共黨內部的意識形態分裂。許多黨國體制的前官員叛逃海外[70]或去職，大部分都是因為害怕共黨的懲罰。他們開始要求憲法賦予的權利，諸如言論、新聞、集會、結社和遊行等自由。[71] 此種意識形態和派系鬥爭，現在已擴大到網路空間。例如，在重慶市委書記薄熙來於2012年遭到罷黜後，網路辯論爆增，許多網民和諸如「烏有之鄉」(www.wyzxsx.com)等多個左派網站，大膽支持薄氏對抗中央領導。[72] 為了消除這些聲音，中共宣傳機器採取一系列措施，包含關閉網路平臺等。此種「定向審查」凸顯出網路言論和審查體系已成為黨國體制內政治鬥爭的象徵。

日益擴大的意識形態多元化與媒體商業化，已開始動搖國家宣傳的基礎。如同辛優漢(Johan Lagerkvist)正確點出的問題，國家執行人員和政治領導人可能「慢慢開始質疑鉗制與審查體系的適用性與持久性」，[73] 而媒體高層、改革派官員和宣傳幹部等可能會彼此影響，因而創造出更自由的論述空間。[74] 某些主流媒體集團(諸如《南方周末》雜誌)，即便面對當局高壓鉗制，仍被外界視為自由派據點。[75] 當原本應為意識形態據點的宣傳系統與黨國體制的傳聲筒無法發揮功能時，鉗制體系就非常難以發揮中共政權所望之效果。

各立門戶問題不僅存在於黨國體制的各個部門，也存在於各個層級。由於網際網路控制權力是採取下授方式，因而出現主導執行單位的問題。[76] 忠實履行審查政策，若與其他優先事項衝突時，下級單位可能就不認為是明智的選擇。例如，廣州的地方人民代表就憂心，過度嚴厲的網咖登記要求可能對大眾和小型企業造成衝擊。[77] 這個例子有助於說明為何在各個地區甚或各個網站，出現內容鉗制行為的變異性。[78] 此種垂直區隔現象給予網路言論有機可乘，但有時也導致更為嚴厲和武斷的審查措施，因為地方政府機關往往會想表現自己能力，或因為幹部究責系統的壓力，掩蓋某些負面公眾事件。[79] 這說明為何地方政府要積極設法消弭「有害」網路資訊，並強力打壓那些勇於揭穿地方醜聞的網民。例如，有個名叫王帥的年輕人在上海遭到拘禁，只因為在網路貼文抱怨家鄉河南省靈寶市當局的非法徵地。[80] 此種跨省追捕網民的舉動，顯示出地方政府的力量有多大。[81] 地方政府「維穩」作為的最高關切重點，顯然不只是維護中共政權的統治合法性，還有減少地方政府自己困擾。[82]

結語

中共媒體專家班志遠(David Bandurski)指出，中共當局主要鉗制手段是採「模糊界線」，並未明確定義哪些內容是可接受，哪些是不可接受，而其鉗制機關就建立在「製造這種不確定與自我審查的恐怖氛圍」基礎之上。[83] 本章分析結果顯示，國家審查行為的模糊性有故意和非故意兩種性質，稱其故意是因為這套策略事實上相當符合成本效益，因為對國家是最佳選項，而稱其為非故意是因為「模糊性」來自結構性因素和當局有限的控制能量。事實上，中共的網路鉗制體系是歷經一段政策學習過程，中共當局在過程中逐漸建起制度面、組織面、行政面和技術面的能量，進而駕馭網際網路。然而，這個表面上極為強大的內容鉗制體系仍遭遇嚴重的內在和外在挑戰，導致網路審查行為的緊張關係。一方面，匿名與創意的網路言論迫使中共當局必須靠伺服器機器方式的監控技巧，以及下授審查權力給予中介行為者。雖然這些策略有助於降低審查機關的工作負荷，但也導致這個審查體系極為僵化、武斷及模糊，因而讓中介行為者和網民找到遊走其間的空間。另一方面，威權國家的內部分殊現象，尤其是各政府機關之間的利益和價值衝突，導致整個國家審查機器發生異質性，產生網路言論在某些個案中的機會，因而衍生在其他個案中更為嚴厲的審查行為。[84]

網路內容鉗制不僅是中共當局因應數位挑戰的一個過程，也是非國家行為者發掘網路言論機會與限制的過程。尤其，諸如各種網路營運者與網民團體等非國家行為者，一直不斷設法反制中共黨國體制的審查作為。在本章內容中，已可看出這些非國家行為者的角色，但還不夠詳細。以下兩章內容將檢視被統治者，尤其是論壇管理員和使用者，如何對付國家審查作為。

3

屈從或抗拒？

中介者的兩難

雖然中共黨國體制不斷增加掌握網路空間資訊流通的能力，但網路言論的龐大數量和網路使用者的創意性，仍遠超過中共當局所能應付的程度。其中一種處理此種挑戰的策略，就是將審查工作委託中介行為者執行。除了當局自行採取行動及諸如「防火長城」等一些全國性鉗制措施外，真正負責執行中國大陸網路空間日常監控與審查工作的其實是中介行為者，特別是網路營運者和高等教育機構。本章將檢視中介行為者在審查方面的關鍵角色，置重點於諸如論壇等網路內容提供者，如何在由上而下的國家鉗制要求和由下而上的網民挑戰之間取得平衡。內容中主張，許多中介行為者顯現出一種「不情不願的配合」(discontented compliance)形態：亦即雖然其普遍對國家審查行為感到不悅，但因為公然反抗的代價太高，只得屈從於中共政權。然而，由於屈從往往是非志願性，因此中介行為者有太多誘因在越界言論出現時予以容忍，甚至加以鼓勵。[1] 畢竟，國家審查不僅與許多個別中介行為者所奉行親自由的政治價值背道而馳，而且也提高網路營運者的經營成本，使其陷入一個政策與市場充滿不確定性的環境。不僅如此，從網路營運者角度看，越界言論可能有其好處，因為往往造成爭辯並吸引網路流量，進而帶來更大利益。

中介行為者在審查的角色

中介行為者在中共政治生態的角色，長期以來都是中共政治相關著作探討的主題。學者一直批評國家主義者的模式，將地方官員當成國家政策的傳動帶，[2] 而中共黨國體制則被許多發現在政治經濟體和角力政治生態等日趨多元化政策執行的學術研究中描述成是「分殊」。[3] 政治學家墨薩(Andrew Mertha)在其所提出之「分殊威權主義2.0」的推導概念中，進一步強調新的政策利益冒險者，諸如遭邊緣化的官員、非政府組織，以及政策運動分子，如何開始影響決策行為和政策執行過程。[4] 雖然他們有多元化的主題，但這些研究都強調中介行為者在行使國家權力中的代理角色。

網路營運者和內容提供者等中介行為者，是中共網路鉗制系統中不可或缺的一環，因為他們不僅是主要的資訊匯集者和分配者，[5] 也被正式賦予網路言論審查的責任。一如學者和人權觀察家記載的資料顯示，網路營運者和內容提供者配合並協助中共當局的審查行為。事實上，中國大陸所有主要網路內容提供商，諸如百度、新浪、騰訊等，都有許多和中共黨國體制配合甚至合作的紀錄。即便連跨國資訊科技集團巨頭也選擇在中國大陸採取「只是做做生意」的立場──亦即與中共黨國體制合作──而非「做正當生意」。[6] 例如，思科系統(Cisco Systems)提供中共「金盾工程」(Golden Shield Project)所需設備，而這套系統後來成為「防火長城」的骨幹。[7] 雅虎則是因為提供中共當局用戶帳號資訊，造成多名中國大陸異議分子遭到定罪，而被外界嚴厲批評是為虎作倀。[8] Skype公司則是容許其中國大陸改良版「TOM-Skype」以關鍵字審查用戶的對話內容。[9] 同樣地，外界也知道微軟公司曾對其在中國大陸的部落格服務進行審查。[10] 因為在2010年從中國大陸撤資而被許多人視為勇於對抗審查正面範例的谷歌公司，在撤出中國大陸之前，也曾審查搜尋結果，雖然該公司或許是被迫這麼做。[11]

事實上，中介行為者所從事工作已是中共審查作為中日益重要的環節。[12] 如同中國大陸政治學家李永剛所述：

> 「全國防火牆」的「核心」直接受國家控制，「外圍緩衝區」是由網路營運者和個別網民所建構。這些組織的自我審查和網民的自律行為，將阻止或壓制中共政權所不容許的資訊和意見，因而構成先制和過濾行為的第一道防線。」[13]

很明顯地，李永剛認為中介行為者是中共審查體系的第一

「道」防禦。然而，核心和外圍的隱喻淡化了身為審查體系樞紐的中介行為者所扮演之角色，因為其在多數個案中，都是負責貫徹當局的審查指示，而中介行為者自我審查的範圍更遠大於當局的審查。[14] 簡言之，中共當局是透過中介行為者控制網際網路。多數中共當局的審查都不是由國家機器執行，而是透過各種提供大眾言論表達的網路論壇行為者，其行動大多數都發生在當局偵知某些「不當」內容前或是發生後當下。

然而，中介行為者被描述成當局的忠誠共謀者有失偏頗，尤其考量許多中介行為者在市場誘因和個人動機方面，往往與審查背道而馳的情況下更是如此。例如，網路自由推動者兼新美國基金會(New America Foundation)智庫所屬「數位權利排行」(Ranking Digital Rights)項目主任麥金南(Rebecca MacKinnon)，就發現各種網路營運者基於各種理由如公司特質、公司所有人背景和負責管理入口網站的編輯人員等，導致在執行審查方面採取不同方式。[15] 但麥金南並未詳細說明上述因素如何影響網路營運者執行審查的方式。同樣地，中共研究學者辛優漢(Johan Lagerkvist)主張，資訊科技企業僅止於有條件配合中共黨國體制的鉗制政策，原因在於國家規範和社會控制存在「委託──代理兩難」(principal-agent dilemma)的情況。[16] 辛氏認為中共資訊通信科技企業受制於「消費者行為、社會利益和國家鉗制等不同方向力量的拉扯」，黨國體制只能透過威脅制裁和政策獎勵等方式設法控制它們。[17] 辛氏的分析具有理論上的重要性，因為其凸顯出審查行為在執行上的「委託──代理」問題，尤其是針對國家與資本家合作方面開始出現裂痕的現象──過去文獻曾將此種合作關係描述成是威權韌性存在的原因。[18] 然而，其經驗性證據仍略有不足，因為辛氏主要採用單一案例，亦即類似推特功能的新浪微博，雖然其從2009年設立後一直是網路言論表達的重要且普及平臺，但其僅能看出中共當局、中介行為者和網民彼此互動中一個特定機制。

本章問題意識如下：各種本質、目的和規模不同的中介行為者如何定位自己在審查體系中的角色，以及這些中介行為者如何看待自己情況？當必須在國家與使用者不同要求之間取得平衡時，市場考量和個人對於審查態度如何影響中介行為者的策略？為了探討這些問題，研究方法是透過檢視論壇經營者在審查所扮演角色、其忠實執行審查程度，以及在其版面和論壇生存與發展時的相關考量因素及採用手法。雖然分析大體上依據「委託——代理」模式，[19] 但內容將更具體說明委託者(如中共當局)和特定代理人(如不同規模、不同從屬關係、不同目的之網路營運者)彼此間的互動關係。

找出網路論壇在當局和網民之間的定位

網路營運者等中介行為者往往「被夾在」當局和網民之間。一方面，他們被當局賦予執行審查的責任。對於威權國家而言，要求網路營運者及其經營者負責控制網際網路和網路言論，遠比國家直接監控大部分匿名的龐大網民，更為符合成本效益。因為中介行為者的數量更少、更容易透過註冊登記與核發許可方式進行追蹤，如果違反國家指示時，會比匿名網民付出更大代價。此外，他們通常對於使用者的違犯行為，比當局做出更快、更有效的反應，因為中介行為者擁有第一手使用者資料(如帳號資訊或IP位址)，掌握能消弭偏差言論的工具(如刪除貼文、封鎖使用者帳號或禁止IP位址等)。不僅如此，強迫中介行為者執行多數審查工作，可以將其當成外界批評國家審查行為的代罪羔羊。

另一方面，從使用者角度觀之，諸如網路論壇等中介行為者，都不僅扮演平臺提供者，而且也以志願或非志願方式與國家為伍。多數使用者在大部分時候都不會感受到中共黨國體制之審查；論壇經營者反而是主要審查者，直接掌握網路討論、刪除敏感文章和懲罰偏頗言論。然而，雖然許多網民厭惡審查並提出怨言，但他們都瞭解沒有網路營運者就不會有網路言論和虛擬生活。因此，許多網民並不希望為了某個具有政治敏感性的討論內容，進而危及整個平臺的存續。例如，在主要由北京大學學生成立與運作的BBS校園論壇「一塌糊塗」被強制關閉後，該網站一些使用者就指責那些發動政治挑釁的使用者，抱怨他們不僅造成政治版被封鎖，連笑話、圖片和性愛等一般網民比較愛用的非政治性版面都被關閉。許多使用者也認為有義務自我審查內容，尤其是在他們和某個平臺有體制面或情感面的關連時，這種情況在多數校園論壇都是如此。例如，「北大未名」網站在2003年被北京大學強制接管時，許多人就認為基於「對於BBS網站和學校的真愛」之立場確有必要。[20]

然而，對於中介行為者而言，諸如市場誘因和經營者個人動機等因素，通常與當局的審查行為背道而馳。[21] 例如騰訊公司(QQ網和微信)創辦人兼董事會主席馬化騰以及前新浪公司(新浪網和新浪微博)執行長王志東等頂尖網際網路創業家，都曾公開抱怨過度的審查。[22] 即便將個人政治傾向放一邊，這些商業網路營運者都得爭取使用者的注意力，才能夠生存和茁壯。然而，當局打壓的風險千真萬確，像傳言中某些網站被關閉，而大膽的論壇管理員被「請喝茶」，都是作為警告中介行為者不要跨越紅線(劃分容許和禁忌區域界線)的手段。[23] 在當局壓力下，屈從成為明智作法，即便是那些懷著自由的政治取向者亦不例外。誠如「凱迪網絡」創辦人蕭增健(化名「牧沐」)的解釋：

> 「不違背我們的意志是不切實際的。只要我們能推進政治文明建設，妥協就有所必要。即便只推進一毫米也是進步。如果我們不妥協，就連那一毫米也不可能。」[24]

因為感到困坐愁城，多數中介行為者表現出一種稱為「不情不願的配合」行為模式。一方面，他們選擇與當局合作，因為難以承擔公然反抗的後果。另一方面，由於並非自願配合，中介行為者往往會從事低調，但有時較為激烈的抗拒。以下分析內容將置重點於論壇管理員「不情不願的配合」，並解釋為何論壇在此種情況下會有各種不同程度的舉措。

生存為先：論壇經營者被誘導配合

多數論壇都有一套以生存為優先的現實策略。例如，「水木社區」網站的使用者協議述明，「本論壇將採取任何可用手段，阻止使用者可能威脅本論壇生存的活動。」[25] 顯然，對於多數網路論壇而言，確保生存之「可用手段」包含貫徹當局的審查方案、執行自我審查，以及設法贏得主管機關的信任。

最基本配合的舉動包含遵循審查法令和服從網路服務與網路言論的法律和行政法規；而在當局非常嚴肅看待違犯行為時，就會特別貫徹到底。例如，由於2009年的反色情運動，網路內容提供者的註冊登記與核發許可，變成所有中小規模論壇的大事，多數在這次運動前根本不理會當局所要求的註冊登記與核發許可。[26] 因為這次運動的結果，中小型論壇只有三個選擇：註冊、關站或遷移海外。[27] 同樣地，中共教育部在2005年發動將校園論壇轉變為校內溝通平臺的行動，就迫使許多論壇將註冊對象限縮到該校學生並管制校外的連結。北京大學官方BBS網站「北大未名」，從此就經常管制海外或校外的連結。即便在管制措施偶爾鬆綁時，廣受歡迎的政治敏感「三角地」留言版也會拒絕校外匿名使用者連結，並限制已註冊的校外使用者(多數為校友)僅能使用唯讀功能，不容許他們貼文。同樣針對這次運動，清華大學官方網站「水木清華」(Smth)的經營者在沒有選擇下，只能將網站移出校外，以逃避教育部的監管，而變成一個更為商業化的網站並重新將論壇命名為「水木社區」(NewSmth)。此外，該論壇必須禁止任何匿名連結使用其最受歡迎的公共討論版：水木特快版(NewExpress)，接著在2005年後又推出一套計分系統，從2006年2月開始，只容許長期使用者貼文。[28]

網路論壇和其他網路營運者必須負責落實當局的審查指示。大型商業入口網站，諸如「新浪網」、「搜狐」和「天涯社區」等網站，通常都設有特別部門與當局業管機關連繫，將審查要求通報當值編輯或留言版管理員。自當局推出網路內容提供者註冊登記與核發許可制度後，小型論壇管理員必須將個人連絡資料提供給業管機關，以便隨時處理當局的要求。針對校園論壇，審查命令通常都會間接透過所屬大學轉達，如「北大未名」和「水木清華」等具有政治敏感性的校園論壇，管理員通常會全天24小時排班。為了確保快速處理當局的審查要求，大學主管部門有時會要求管理員權限，以便在無法找到管理員時直接介入。

除了處理審查指示外，諸如論壇等網路營運者也被期待於接獲要求時，將使用者資料提供給有關當局。[29] 使用者協議通常會明確要求，論壇經營者必須向當局有關機關提供使用者資料。例如，「天涯社區」的使用者協議就述明，該論壇將在以下相關條件下提供當局使用者的帳戶資訊：一、已獲得使用者事先授權；二、依據相關法律和行政法規釋出；三、在相關政府機關提出要求時；四、基於公共利益考量。[30] 假如第二項條件反應出論壇的法律義務，則第三條就顯示出其並不願意為了保護使用者隱私而去違背國家機關或執行人員之要求。同樣地，「水木社區」宣稱其將拒絕任何檢查使用者資料的要求，不過但書是除非政府方面提出此種要求。[31]

除了配合國家審查，各個論壇也被賦予隨時監控網路言論之責，以防止「偏頗」言論。[32] 對多數論壇而言，這意味著為避免得罪當局，應採取嚴格自我審查。這方面是透過一系列措施，嚇阻、偵測和懲罰違反規定的使用者，以達到所望之目的。

多數論壇都會實施針對性規定，重申當局禁止的項目。某些論壇還會擬定專屬特定佈告版使用者指南，律定禁忌主題及使用者未遵守規定的懲罰措施。此類規定通常都是表達不對使用者的行為負責，並讓論壇經營者監控使用者有權且在適當時機採取動作。此外，相關規定還鼓勵使用者間相互自我審查，以隨時提醒某些項目是否可以討論。

多數論壇都會透過自動化系統先行過濾貼文，以發掘並阻止任何內含禁忌詞彙的貼文。[33] 所有大型商業論壇都安裝此種過濾系統，但目前仍無從得知其是否從當局獲得某些關鍵字清單——現有證據顯示並沒有。[34] 校園論壇和小型個人論壇也費了一番力氣，建立自己的自動過濾系統。事實上，在共青團中央委員會主辦的2010年北京全國校園BBS管理員大會中，校園BBS網站管理員就要求當局應提供關鍵字清單，讓他們不需要自己設計此種清單，但委員會官員並沒有理會這項要求。我也親眼目睹小型論壇的經營者在其他論壇和QQ群組上交換關鍵字清單。從網路營運者必須自行設計關鍵字清單的事實，不僅證明他們在中共審查系統中是不可或缺的角色，同時也對審查執行作法的不同面向提供技術性解釋。[35]

論壇管理員也會密切監控已公開的言論。大型商業網站通常會僱用專門的佈告版和頻道編輯人員，負責清除那些可能違反當局審查規定的貼文。[36] 在佈告版管理員通常是由論壇使用者中選出的校園論壇中，受歡迎的政治版則經常由跟該大學共黨委員會和共青團校園支部等監督機關關係密切的經營者直接指定。小型論壇，尤其是個人經營者，通常沒有充分技術和人力資源可以持續對使用者進行監控，因此有時會直接避免所有政治性主題。許多小型論壇為了避免可能的麻煩，決定僅提供非政治性討論版。

這似乎是一個相當合理的選擇，因為即便是那些願意接受風險吸引網路聲量的論壇，網路聲量雖能帶來利潤，但政治性主題將付出代價通常比其他如軟性色情片、暴力和大眾娛樂等高太多了。

除了執行國家審查方案和自我審查外，中介行為者有時會透過經營與國家機關的關係，設法降低當局制裁的風險。網民相信如「凱迪網絡」和「天涯社區」之所以敢偶爾討論一些具政治敏感的主題，就是因為與地方宣傳部門關係密切。「水木社區」則是另一個明顯例證。在2012年初時，該論壇在歡迎首頁上公告由當地警察機關提供的通告和新聞，這些內容顯然是想藉此取悅當地政府，並顯示其與當局的關係。[37] 這些例證呼應辛優漢在「世紀中國」(Century China)所發現的情況──該網站是許多知識分子聚集最具影響力的網站之一──該網站就是和中共黨國體制密切合作，以取得財力資源和政治關係。[38]

對所有校園BBS網站而言，和所屬大學保持良好關係是一項非常重要的工作，這不僅為了爭取資金和技術資源，[39] 也為了獲得學校保護以避免當局干預，而國家干預通常都是通過大學當局進行。[40] 然而，為了獲得信任，校園BBS網站必須進行嚴格的自我審查，向大學當局保證其不會製造困擾。此外，其網站管理員通常會設法說服大學當局，校園BBS網站可以帶來諸如讓校園文化更豐富、促進與學生對話，以及加強教育機關形象等好處。[41]

為了向中共當局展現配合度並贏得其信任，論壇有時甚至會設法讓自己更進一步融入審查體系。我曾參加兩次全國校園BBS管理員大會，會上一群論壇管理員就想辦法要加入共青團系統。他們甚至還推動一項要求針對性審查指導的提案，同時承諾要採取嚴格的自律措施。顯然，這些論壇管理員都是想用自動自發以換取安全。如同我訪問的某位人士所言，他們的希望是「從國家機關得到某些指導，以避免不小心的違犯行為。」[42]

自我克制的不滿：管理階層對於審查的抗拒

雖然多數中介行為者在大多數情況下都選擇配合國家審查，但他們許多人並非真心支持審查。坦白說，他們承擔不起公然反抗的代價，因為需要政府的核准與支援，也是因為國家威脅將採取制裁措施。[43] 然而，他們會透過一系列低調的手法表達不滿，尤其是採取抱怨、怠惰、技術杯葛、管理階層行動主義，以及退場與借屍還魂等方式。[44]

幾乎所有我見過的論壇經營者都不滿審查制度。某些人批評中共當局審查行為是因為自己偏自由派的立場。例如，我曾訪談的某位「強國論壇」編輯人員就以非常隱晦方式表達自己不滿審查。雖然他拒絕說出自己過去從事什麼工作，但在知道我是北京大學畢業校友後，就開始批評北京大學沒有實現「思想自由、兼容並包」的校訓。他主張中國大陸的黃金時期是從1976年(毛澤東去世)到1989年(天安門廣場民主運動)之間，那段「充滿熱情的理想與現實互動良好」的年代，而今日中國大陸知識分子缺乏獨立的個人特質，因此都是一些「寄生蟲或奴才」。[45]

許多論壇管理員都抱怨自己夾在當局和網民之間，且雙方都把一些非其所能控制的事情怪到他們頭上：當局要他們對網民的偏差行為負責，而網民則責怪他們審查言論。即便是那些認為規範具有某種程度必要性的人，也會抱怨審查措施的專斷、嚴苛及模糊。「我們得非常小心，否則總有一天會喪失平臺。」[46] 抱怨行為就不足以削弱審查體系，但有助於促成所有論壇經營者的團結，並作為一種向當局和網民表達中介行為者不滿的信號。事實上，某些論壇經營者甚至半公開地在網路上或直接向當局抱怨。例如，在蘇州舉行的2009年全國校園BBS管理員大會上，某位論壇管理員就抱怨實名制登記沒必要，因為「真理從不怕辯論，審查只會導致不信任感，並助長謠言散播。」[47]

除了抱怨外，論壇經營者為了表達不滿，還會以散漫方式執行審查；例如，容許越界言論表達和延遲執行審查指示等。大膽的論壇管理員在其論壇未被當局盯上時，會故意視而不見越界言論的表達。例如，當民權運動分子兼北京郵電大學文法經濟學院講師許志永於2009年7月入獄時，該項主題在許氏所屬大學BBS網站以及諸如「水木社區」的水木特快版等佈告版被禁止，因為這些網站都遭到中共當局的嚴密監控。然而，「水木社區」的北京郵電大學佈告版卻容許討論此一議題，主要原因在於這個非政治性校友版並非主要監控對象。同樣地，一些討論1989年天安門廣場民主運動的貼文，這個受到嚴格檢查的主題，也在2016年4月出現在「水木社區」的網路小說版上，該版管理員有幾個星期時間完全忽視這些貼文。[48]

持視而不見態度的論壇經營者有時還會故意延遲執行當局的審查規定。許多小型論壇和網站在當局開始嚴肅看待網路內容提供者註冊登記與核發許可的政策之前，根本不理會這些規定。這項政策早在2000年就已在國務院新聞辦公室所公布《互聯網信息服務管理辦法》中律定，但後來還是透過當局一連串的全國運動才逐漸被落實。該項規定的執行在2004年14個部會發動聯合反色情運動時首次被強調。[49] 隨後，在2007年，另一波反色情運動才迫使信息產業部(譯註：在2008年併入工信部)更嚴格執行該項規定。[50] 到了2009年反色情與反非法信息運動時，壓力又進一步加強。[51] 同樣地，有一段時間，論壇經營者並不太用心執行實名制登記。這項政策在2005年中共教育部強制將校園論壇轉型為校內溝通平臺後，開始被部分大學忠實執行，但某位非官方校園BBS網站的管理員向我表示，部分論壇經營者從未嚴肅看待這項要求。以下就是他非常聰明的理由：「我們要求以合法電子郵件帳號註冊。這樣就應該可視為實名制登記，因為人們在申請電子郵件帳號時都是使用其真實姓名註冊。」[52]

論壇經營者有時甚至大膽到敢於延遲執行某些有期限要求的針對性審查指示。據某位大型商業論壇編輯表示，在接獲當局要求刪文的指示後，其同僚通常不會立刻採取行動，而是等到最後一刻才執行。她解釋說，「貼文存在每多一秒，就會有上千名網民看到貼文。」[53]

有時論壇會設下技術性障礙，讓當局的審查效率或效果降低。由於被賦予常態監控的責任，因此論壇會一直被當局關切，以確保其配合：當局的監控機關會以人工方式掃描論壇活動，並使用類似搜尋引擎的關鍵字過濾科技。人工監控方式難以避免，但論壇還是可以使用簡單的技術障礙愚弄掃瞄軟體。例如，「水木社區」防止其水木特快版被匿名連結的其中一項理由，可能就是要防止審查軟體掃瞄貼文。某些論壇是以僅限受邀對象的方式接受新使用者，因而讓當局的監控行為無法更為有效。其中一個很好的例證是1984BBS(1984bbs.com)。這個BBS網站向以親自由派和反審查立場著稱，其僅接受既有使用者提出邀請的新使用者，且在2010年被強迫關閉前已擁有超過1萬名註冊使用者。[54]

論壇經營者甚至會鼓吹諸如地方醜聞等越界主題的討論。例如，在2012年6月11日，某位網民在「華山論壇」上貼了一篇文章，指控陝西省安康縣某位家庭計畫官員恐嚇一位婦女在懷胎7個月時墮胎。[55] 這個主題很快在網路上醞釀，導致相關幹部遭到調查和懲處。論壇經營者扮演著一個重要但鮮少人瞭解的角色：他們有時不會刪除貼文，還在其出現後的9分鐘予以凸顯，並在5天後將其放在論壇網頁的頭條(如圖3.1)。當然並不是所有論壇管理員都願意冒這種風險，同樣這種策略也不適用於所有主題。但這個案例證明論壇管理員如何幫助中國大陸網民進行越界言論的抗議行動。

除了容忍或鼓吹越界網路行動主義，中介行為者本身也會採取行動抗議當局審查或整體威權統治。例如，儘管論壇經營者一般都會避免公然挑釁當局，但當當局的高壓舉動危及平臺的生死時，他們也可能選擇採取網路行動主義。例如，當北京大學於2003年初接管論壇時，許多「北大未名」的論壇和佈告版管理員選擇辭職。許多佈告版管理員為了表達抗議，還封鎖北大校長的帳號登錄其佈告版。[56] 「水木清華」BBS網站經營者(後來移出校園到海外改名「水木社區」)和清華大學當局在2005年中共教育部校園網站論壇的鬥爭，就沒有那麼激烈。許多管理員選擇辭職，其中數百名藉由貼出抗議訊息或刪除其所屬佈告版的貼文以破壞論壇，不然就是貼一些諸如質數清單的雜亂貼文。更重要的是，

圖3.1 論壇管理人員鼓吹揭露醜聞

註：「慘絕人寰！7個月的胎兒被強制引產，孩子屍體就放在媽媽身邊！」http://bbs.hsw.cn/read-htm-tid-3697258.html, retrieved Sept. 25, 2012. 文字框內的貼文顯示論壇經營者所採取的行動。其中一位經營者在2012年6月11日強調這則貼文，另一位經營者在2012年6月16日將這則貼文放在論壇頭版。

部分高層管理者非常努力「偷取」使用者資料，這些原本儲存在清華大學伺服器的資料被成功移出，後來他們才能成立「水木社區」。[57]

退場和借屍還魂也可視為是一種反制當局審查及表現不滿的方式。論壇會因為經營的理由而採取退場選項。許多小型的非政治性論壇退場，以避免專斷的審查，因為這將阻礙其服務並摧毀該論壇辛苦建立的使用基礎，假如某個論壇下線後，使用者往往就不會回頭了，即便只有短短幾天也不例外。在中共當局強化註冊登記與核發許可，以及接續谷歌決定退出中國大陸市場後，隨即引爆大規模出走潮。此種情況相當類似赫緒曼(Albert Hirschman)所提出的退場概念，亦即退出某個關係。[58] 但論壇也可能因為遭到當局強制關閉而不得不退場。就這些個案而言，他們的使用者資料和聲譽有時會被原有的經營者和忠誠使用者帶走。例如，在2005年中共教育部的行動中，當年全中國大陸第二大校園網站南京大學「小百合」BBS網站的某些經營者，就拒絕與校方合作，選擇另立門戶設置「野百合」網站。[59] 事實上，海外最大華語論壇「未名空間」，就是早年北京大學和中國科學院兩個遭到當局關閉BBS網站的繼承者。當年最大校園BBS網站「一塌糊塗」則提供另一個更佳例證。在該網站於2004年遭到關閉後，至少有3個論壇宣稱是該網站的繼承者。[60] 一個受到「一塌糊塗」BBS網站自由精神啟發的北京大學畢業生，也想重新建立新的「一塌糊塗」網站。他堅持將「一塌糊塗」融入網域和論壇名稱的行為，為其個人帶來許多麻煩，因為此舉被視為對中共政權的挑戰。此人經常被「請喝茶」，就算該網站只吸引數十名使用者，但在某些敏感時期仍會被強迫關閉。

瞭解不同程度不情不願的配合行為

假如像論壇等中介行為者展現出配合與不滿，則在不同範圍「不情不願的配合」時造成不同行為的原因是什麼？論壇經營者如何對其所容許的言論「把握尺度」，並在當局要求和網民期望之間取得平衡？深入檢視後可發現，除了個人因素之外，主要訴求、從屬關係和網站規模等因素，往往影響論壇經營者與當局和使用者討價還價的能力和意願。表3.1將本書所取樣的論壇，依據其訴求、從屬關係和規模等劃分為五個類型，並評估其在內容鉗制的議價能力與選項。

表3.1 各種論壇及其議價選項的分類

	國有論壇	商業／營利網站		校園論壇	
		大型	小型	官方	非官方
例證	強國論壇	凱迪網絡 新浪網 搜狐 天涯社區	許多	北大未名 小百合 水木清華	水木社區 一塌糊塗
從屬關係	國營媒體	大型企業	無	學院和大學	無
主要訴求	政治	營利	營利	非營利	非營利或營利
關站風險	低	低	高	中	高
議價能力	強	強	弱	強	弱
選項和策略	避免禁忌	越界言論	避免政治主題	越界言論	避免政治主題或越界言論

對於國營媒體集團所經營的論壇而言，主要關切重點是政治正確性，因而衍生嚴格的監控措施。以「強國論壇」為例，該論壇吸引上千名使用者，且其主題多數具有政治性。各種貼文在發布前都必須通過軟體過濾和編輯人工審查。同時，不像多數論壇都是一天24小時運作，該論壇在2012年7月升級前，每天都會在晚上10點到早上10點期間關閉。[61] 在開放時段，至少會有一位值班編輯負責監控討論內容。我曾與某位「強國論壇」所屬編輯的

互動，顯示出這些編輯都具有高度政治警覺性。當我向其說明個人研究計畫目的後，他就拒絕談自己工作內容，但從他在其他主題的見解卻透露個人支持自由派的立場。[62]

「強國論壇」雖然受到嚴密監控，但仍容許各種立場互異甚或有時具批判性的聲音。此種狀況可能有兩個原因：一方面，該論壇與當局的從屬關係可使其管理員原本就知道界線在哪裡，因此降低其他版塊面對國家審查時存在的不確定性；另一方面，如同金恩(Gary King)、潘恩(Jennifer Pan)、羅伯茲(Molly Roberts)所言，審查體系的主要目標可能在於遏阻集體行動，而非消除針對國家領導人或政策的一般性批評。[63] 論壇上的討論，事實上與抽象的意識形態辯論較為一致，而非某些可能激發集體群眾動員的對話。

大型商業網站必須靠使用者創造利潤。表面上若遭強制關閉，他們所須付出的代價高於小型論壇，但由於大型商業網站在面對當局時也擁有較強的議價能力，因此風險反而比較小：他們代表當局所支持的高科技產業，且通常跟當局有較佳關係。[64] 不僅如此，這些網站受歡迎程度也迫使國家在考量是否強制關站時，三思而後行，因為關閉可能會影響使用該平臺的數百萬非政治性使用者。[65] 因此，對於諸如新浪(新浪網和微博)、騰訊(QQ網和微信)、天涯社區等最大型平臺而言，遭強制關閉的可能性是幾乎難以想像；比較可能受到的處分是負責人被罰款、訓誡和處罰。例如，據某項中共官方內部宣傳通報內容，中國大陸最大入口網站之一的騰訊QQ網，在2009年初就曾遭到嚴重訓誡，因為該網站產製數篇以騰訊為名的批判性報導，並容許某些嚴厲的新聞評語貼上網。[66] 然而，這個入口網站並沒有受到更嚴厲的懲罰。簡言之，雖然大型商業網站會遠離禁忌區域，他們的商業利益——以及其高層主管和經營者的親自由派立場——往往讓他們有默許的理由，甚或鼓勵某些越界言論。據卡特中心的劉雅威(Yawei Liu)表示，騰訊公司在其部落格平臺對那些像他這種具有政治敏感性的社會名流採取一套「促銷與保護策略」。雖然劉氏是一個經常被查核的使用者，但騰訊有時會在他上傳某些敏感性貼文時，會暫時移除其認證過程。這是保護劉雅威的一種間接方式，因為騰訊在發現當局正在追蹤他時，就有合理藉口宣稱完全不知道此人身分。[67]

小型營利論壇，許多都是由個人經營，不僅缺乏規模或與機關的堅實從屬關係、或與當局討價還價的龐大事業，同時其使用者基礎與大型論壇甚或校園論壇相較之下，顯得又小又弱。因此，它們會非常容易受到政策或市場動盪的影響。為了避免風險，小型論壇會勸阻政治性討論，有時甚至只經營非政治性佈告版。小型營利論壇為求自保，往往設下更嚴格的自我審查。例如，當中共當局在2012年初想要壓制一些已遭罷黜重慶黨委書記薄熙來為主題的謠言時，小型論壇就提高本身的自我審查。開發許多小型論壇所使用之熱門平臺軟體Discuz!的康盛(Comsenz)公司，就加掛一種特殊搜尋功能，讓經營者可以更有效鎖定敏感資訊和監控使用者活動，而論壇管理員非常喜歡這項功能。以下這段話充分顯露這些論壇管理員的思考邏輯，那就是「現在是非常時刻，我們必須嚴肅以對！留得青山在，不怕沒柴燒。」[68]

話雖如此，小型論壇的經營者並非全都是毫無政治色彩。

由某個很受各論壇經營者歡迎的論壇，在其所做的一項網路調查發現，絕大多數的受訪者在谷歌決定退出中國大陸市場時，都對該公司表示同情。[69] 不僅如此，許多小型論壇將網站移到海外以逃避中共當局的干預，然而這樣舉動很容易摧毀脆弱的企業。畢竟，小型論壇對中共當局幾乎沒有議價能力，也承擔不起更激烈或公開行動的代價。事實上，即便他們冒險吸引群眾，往往也是以暴力或色情內容而非政治主題達成目的。中共當局對於暴力和軟性色情內容較為容忍，只要經營者能保持低調並在運動開始前清除網站不應有內容即可。

不像早年由學生自力經營的BBS網站，今日多數官方校園論壇都獲得所屬大學支持並受其管制。此種官方地位產生兩種影響：一方面，官方地位代表這些論壇可以得到所屬大學的技術、資金甚至行政支援；[70] 另一方面，官方地位亦須付出論壇得接受大學共黨委員會、共青團支部和學生事務辦公室等單位監督的代價。此外，擔任論壇和敏感討論版經營者的學生，為取得他們的合作，大學通常會提供津貼、躋身學生幹部機會甚至是獎學金。[71] 因此，校園論壇所擁有自由程度完全取決於論壇和校方的關係，以及避免政治風險最佳條件的私下共識，此種情況在2005年中共教育部發起限制校外連結的運動後更為明顯。這場反抗中共教育部的鬥爭，可說是多數校園論壇對審查發起的最後一波大規模行動主義。

非官方校園論壇往往會有各種不同存在目的。許多此類論壇都是由有興趣服務同學的學生所成立，因此利潤並不是他們的優先目標。然而，這些論壇仍必須籌募經費，以維持自身開支和擴大規模。[72] 許多非官方論壇開始變得越來越像小型營利論壇，因為其創辦人將自己計畫視為創業行為。在沒有官方從屬關係的條件下，這些論壇無法得到來自大學的保護。其微小的使用者基礎和有限資源也意味著他們對當局幾乎沒有任何議價能力。因此，這些論壇無法承擔某些可能導致後續衝擊的政治敏感性討論。然而，由於這些非官方校園論壇的使用者大部分都是學生，因此有時理想派學生主導時，也會容許較為自由和大膽的言論表達。此種情況在BBS網站出現的早期幾年，當其仍非一種商業模式尤其如此，如同「一塌糊塗」和「新一塌糊塗」即是此種例證。[73]

顯然，網路平臺的從屬關係、網站規模及其主要訴求，會影響其與當局談判的意願和能量，因而左右其所採取的策略。由於具有和當局的從屬關係，大型企業和大學通常會對論壇加諸各項限制，但也提供諸如避免國家審查或市場動盪等保護。[74] 國營媒體的附屬論壇會受到最嚴格的監控，不會像商業論壇那樣必須吸引使用者，較無可能挑戰網路言論的界線。然而，因為此類論壇較清楚界線何在，也更容易容忍政治性言論。大型商業論壇由於受制於市場誘因，迫使其必須設法規避當局鉗制，以免妨礙市場所需的適時和有趣資訊。[75] 其強大的使用者基礎──尤其在與小型論壇相較下更為明顯──和與大型企業的關係，也增加與當局議價時的籌碼。上述諸般因素使其更可能容許那些已受到當局密切監視的越界言論活動。中共當局同時使用「蘿蔔」和「棒子」以確保這些論壇的配合。[76] 官方校園論壇通常受到大學監督機關的控制，但卻擁有穩定的使用者基礎，以及來自所屬大學的資金、技術和行政支援。因此，只要不惹惱其監督單位，就可以容許某些越界言論表達。

網路平臺規模比從屬關係更直接影響其與當局和使用者的議價能力。大體上，較大型的網路平臺比較能跟當局討價還價：一、假如當局想要將其關閉，必然造成更大的影響；二、其掌握更多可以動員的財力和社會資源，能用以經營與當局的關係或發動抗議。例如，中共當局幾無可能完全關閉像新浪微博和天涯網等巨型商業網站。[77] 但其卻能大膽地結束諸如「一塌糊塗」等受歡迎的論壇，因為此種網站和前述商業網站相比，其使用者基礎會小很多，但卻有相當政治性。此外，在「一塌糊塗」網站被強迫關閉後的批評聲浪中，數以萬計的較小型論壇卻只能靜悄悄結束。例如，僅在2009年反色情運動中，就有超過13萬個小型網站被迫關閉，其中有許多根本就是「間接受害者」。在工業和信息化部部長李毅中的眼中，這些網站的消失只不過是「必要的過度修正」結果。[78]

假如網站規模和從屬關係是影響網路平臺與當局議價能力的主要因素，則網路平臺的任務就會左右經營者能使用的策略。國家傳聲筒所經營的論壇，在乎政治風險的程度遠高於利潤，這說明為何「強國論壇」在過去每天都會在晚上10點到早上10點關閉網站。官方和非官方校園論壇，通常都是用來服務學生；因此，其訴求受到使用者和大學當局的左右。大型商業論壇生存在必須競逐使用者網路聲量及其重視的市場環境中；因此，它們會願意容許有限度的越界言論。比較容易受到當局和市場動盪影響的小型營利論壇，會努力吸引閱聽群眾，同時避免政治性言論。即便是尚未討論到的海外論壇，在設法吸引中國大陸閱聽群眾時，也會選擇向中共當局妥協。例如，「未名空間」網站就加設一個「比較乾淨」的鏡像網站(mitbbs.cn)，希望爭取中國大陸市場管道。即便是美國境內支持中共政權的「西西河中文網」(Ccthere)，也會將一些政治性主題，尤其是和中共內政有關的主題，劃分到另一個新網站，以避免遭到「防火長城」的封鎖。[79]

結語

本章內容檢視網路資訊網路營運者，尤其是網路論壇，如何設法讓自己在當局審查和大眾對自由言論的兩個要求中找到定位。在中共當局打壓的持續威脅下，網路論壇及其營運者往往必須選擇與當局合作。但許多人仍表現出某種程度的不滿。畢竟，當局審查不僅和那些抱持自由派理念的論壇經營者在政治取向上背道而馳，而且要求其執行審查以及增加論壇所面對政策和市場不確定性，亦會擾亂論壇的經營。由於網路論壇複雜多元且數量龐大，因此本章分析內容並未涵蓋所有不同類型的網路平臺。[80]同時也未能檢視論壇治理的所有面向，抑或區隔組成管理群體的個人。但顯然從屬關係、網站規模和論壇訴求等因素，都會影響論壇與威權當局、網民和市場的互動模式。

誠如史塔克曼(Daniela Stockmann)所主張，中共黨國體制對於傳統媒體的控制，是建立在當局行使「對組織、人事決策和編輯過程的控制」之制度面框架下。[81]但將審查責任賦予中介行為者後，黨國體制已建立一個類似但截然不同於治理傳統媒體的新制度框架，一個能強化對網際網路控制的框架。就此一方面，中共黨國體制是想將網際網路控制回歸到其擁有豐富經驗、強大能量和豐富資源的範圍。然而，如同本章內容所述，當局對於中介行為者的控制並未能貫徹執行，因為中介行為者會以不同定位去面對黨國體制。因此其選擇各式各樣的策略，以求在當局審查和網民要求之間取得平衡。

然而，中共黨國體制與中介行為者並非這場爭奪網路言論控制權鬥爭中的唯二參與者。畢竟，網民是當局審查的最終對象，其同時扮演著消費者和產製者的雙重角色。在當局和論壇管理階層所安排的舞臺上，中國大陸網民如何追求其虛擬體驗呢？尤其，網民在其多元化利益與動機下，要如何對付審查體系呢？第四章內容將以中國大陸網民的流行行動主義為重點，完整分析中國大陸審查遊戲的樣貌。

4

流行行動主義

網路政治生態中遊戲人間的網民

「武器是戰爭的重要因素，但不是決定的因素，決定的因素是人不是物。戰爭力量的對比不但是軍力和經濟力的對比，而且是人力和人心的對比。軍力和經濟力是要人去掌握的。」[1]

毛澤東，《論持久戰》

鑑於網際網路的影響力和當局試圖掌握網際網路，中國大陸的網路空間具有高度競爭性。[2] 據此，學者往往從數位競爭的角度研究網路言論。然而，此種角度淡化網路行動主義的豐富性，以及不適切地將網民的行動主義以自由化框架進行推論。畢竟，中國大陸網路空間十分多元化，中共當局及其批評者、各式各樣網民團體每天都在網路上宣揚各種獨特的信仰、價值和認同。值得探討的是，這些行為者如何彼此互動，以左右網路言論？基於各種不同理由使用網際網路的一般網民，如何看待與因應中共當局及其他行為者形塑網路論述的作為？影響政治言論表達的格式與內容，背後的變動因素又是什麼？

本章將透過檢視中國大陸網路言論如何模糊政治和網路文化的界線，衍生出一種以創新言論表達手法融合政治內容的新形式傳播行動主義，藉此研究上述問題。此種「流行行動主義」具有三大明顯特質：第一，其消費政治的方式是高度依賴創意使用語言、表演和媒體工具。然而，此種表達性工具，本身既是手段也是目的──除了被用來傳達各種政治訊息，也將政治主題完全轉變成文化和娛樂議題。第二，流行行動主義的「流行」，是指政治內容及其表達手段都是透過包含中共當局、政權批評者，以及各種不同類型的網民團體等諸多行為者在網路互動的動態過程，並以社交方式建構而成。這些行為者的多元性、創意性和自發性，造成網路政治和網路文化變得高度模糊且高度流動。第三，流行行動主義同時代表網路言論表達的內容多元化和格式統一──雖然不同行為者追求截然不同主題，但他們都使用類似的流行言論表達工具。因此，流行行動主義不僅是一種可引燃社會行動主義的武器，同時也讓行為者有能力追求其他政治或非政治性目標。

流行行動主義的定義集中在共同行為模式──亦即流行文化和政治的融合──而將行為者的動機列為次要因素。就一方面，其避免將文化降格為政治工具並強調網路文化與政治的相互轉型，尤其是前者如何形塑後者的形式和實質行為。就經驗上，此種觀點涵蓋不同類型行為者所從事更廣泛的活動範疇，同時也使人們可以用更平衡且精確方式，評估網際網路對於中共政治生態的影響。尤其，此種概念充分掌握到一般網民的角色，就是網路內容的主要產製者、散播者和消費者，這些網民多元的信仰、價值和認同等，很可能促成多元化的論述，而非造成二分法的國家──社會鬥爭。事實上，如本章內容顯示，流行行動主義不僅是異議分子和心懷怨恨的網民相互對抗的工具。其係由國家控制與反控制、不同網路團體的話語權競爭(包含所有支持和反對中共政權的團體)，以及網民追求樂趣等動態因素共同促成。由於流行行動主義凸顯網路政治生態的流動性和模糊性，不能將戲謔性言論當成完全非政治性或僅將其解讀為是一種數位競爭形式。玩樂性質之認清雖然有助於理解人們規避當局的審查，並讓挑戰中共政權的言論獲得動能，但其亦稀釋此種言論具有的政治訊息，因而將網路言論變成一種單純的娛樂體驗，或被用來宣揚支持中共政權的聲音。

網路言論的文化和政治生態

社會學家楊國斌指出，「就文化手段而言，網路行動主義是最優越的行動主義，因為其透過創造與傳播象徵、影響、文字、聲音之集體動員行動。」[3] 雖然僅從數位競爭的觀點評估網路言論有其侷限性，但楊氏論點十分重要，因為其點出網路政治生態的文化面向。顯然，文化與政治是網路言論不可或缺的環節。[4] 許多研究都在探索政治文化和民主制度的關係，以及政治文化或大眾文化的改變如何影響民主國家。[5] 還有人視文化為競爭性政治生態的工具。例如，社會運動專家塔羅(Sidney Tarrow)就認為文化主義是解釋社會運動的主要典範，其有助於將焦點從結構性解釋轉移至集體行動的「架構」。[6] 在其綜合分析中，文化在形塑「抗爭行動形式庫」(repertoires contention)、動員共識和運動認同等方面扮演核心角色。更多近年來的研究則將重點置於特定流行文化來源對於抗議活動的影響。例如，英絲德(Nan Enstad)就曾探索廉價小說和電影如何鼓舞勞工婦女在19世紀末期和20世紀初期投入政治行動主義。[7] 羅森索(Rob Rosenthal)和富雷克斯(Richard Flacks)運用結構互動主義的方法，證明音樂作為社會產物如何幫助示威群眾推想出另一個不同社會、清楚界定運動認同、召募行動分子和維持長期成員的忠誠度，以及闡述運動目的等。[8] 中國大陸學者也從類似觀點研究文化──政治的關係。一些人透過問卷調查，瞭解中國大陸民眾的政治信仰、價值和認同，以探索其對於中共威權統治制度的潛在影響，以及中國大陸未來民主化的前景。[9] 另一些人則檢視抗爭文化，並將分析專注於研究民眾示威活動的舉辦方式、表現和言論等。[10] 雖然這些研究有許多不同的主軸，但在許多方面仍深具參考價值，尤其是從說明文化如何引導與形塑政治進程的角度觀之。

不過，單純將文化描述成是達成政治目的之一種工具並不適切，因為文化本身就是一種社會產物。這點值得強調，因為網際網路讓當局和社會行為者都能以截然不同於往昔方式體驗文化和政治。過去大體上只能被動接受文化與政治影響力的一般民眾，現在可以連結在一起，因而能以非階級性、網路化形式，更積極從事文化與政治建構的產製、傳播和消費。因此，有人或許會認為「文化」和「政治」的構成要件越來越不是依據「特定劇情、媒體或主題的既有特質」，而是更為強調其如何透過社會化方式建構。[11] 儘管表面上相當明顯，但這種觀點卻未曾充分融入當前中國大陸網路政治生態的各種研究。

事實上，學者在檢視網路言論角力時，往往是以數位競爭的觀點，指標性地將網路文化列為一種抗議手段。似乎不曾遭到質疑的假定，是民眾參與網路言論表達主要為了表達不滿、提出申訴和挑戰威權統治。此種觀點又獲得針對中共當局鉗制網路言論相關研究的進一步確認。[12] 尤其，許多學者經常會驚訝於網民的創意、老練和趣味性，這些都被解讀為規避和抗拒中共當局鉗制手段的必要條件。例如，許多網路言論都是在嚴密審查下，以各種不同巧妙競爭形式或「數位隱藏稿」推出，範圍從創意性反審查手法到惡搞等，以及從異議分子策動的聳動內容到對中共政權的自發性批評等。[13] 如同楊國斌所言，此種創新性表達手法凸顯競爭形態已從網路時代前悲壯風格的特色：「為達成神聖理想的壯志凌雲與視死如歸」，轉變成網路行動主義常見「稀鬆平常且玩樂性質」的特色。[14] 藉由尋找此種輕浮、趣味和低調數位競爭的道理，此類研究範圍已超越僅從單純直接逐鹿國家權力角度去瞭解政治[15]，並挑戰大多數中國大陸網路人口都是對政治漠不關心的觀點。

然而，某些學者對於此種置重點於國家與社會對立之數位競爭觀點抱持懷疑。對於丹姆(Jens Damm)而言，完全將重點放在國家鉗制對上社會抗拒行為，忽略中國大陸城市消費主義擴大的事實，此種情況已使中國大陸網路空間形成分殊與地方化。[16] 畢竟，大體上，中國大陸網民並非以政治觀點出發，而絕大多數網路言論往往都偏重在私人生活議題和個人體驗。事實上，雷博德(James Leibold)表示，「華語部落格圈所產製的是與世界其他地方相同類型的膚淺資訊娛樂、惡性假訊息，以及利益導向小團體等。」[17] 江敏(音譯，Min Jiang)等學者更近期的研究發現，網路上同時存在著文明活動和不文明的論述與行為，顯示網際網路、「不文明」社會、威權主義同步演變的情況。[18] 這些研究認為將網路言論視為數位競爭的觀點，不僅可能導致高估網際網路促成政治改變和公民行動主義的潛力，而且意味著流行文化可能讓網路言論去政治化或消弭其對於威權統治的影響力。

不過，光憑網民只是在網路上玩樂，就認定他們不具政治性，顯然並不妥切。[19] 畢竟，網路角力「是分散、流動、如游擊隊般、有組織和沒有組織、內外在的網路化、在網路內和網路外進行。」[20] 然而，認定網路行動主義有其破壞性亦有其限制，因為創意與巧妙的言論表達，往往會淪落到被視為只是一種抵抗手段。即便網路言論與審查或當局高壓手段並無直接關連性，其往往被解讀為是一種「宣洩機器」或「弱者的武器」，意味著網民採用一些創新的言論表達手法，只是要保護他們的表達空間不受當局侵犯。[21] 就此一方面，那些持懷疑態度者就有了合理論點，認定有高估網路言論重要性的風險。

文獻顯示針對中國大陸網路言論的政治影響有各種相互矛盾的觀點。原因是學者從數位競爭觀點，太過於深入考究網路行動主義嗎？人們是否應該排除網路行動主義，因為多數網民在大半時間都不是被政治議題所驅使？本章希望為這些表面上完全不相容的可能性找到橋樑，並從強調形式和內容的觀點解讀網路言論的政治和文化生態。本章凸顯當局鉗制、話語權角力和網民追求趣味之間的動態模式，已促成政治和網路文化在網路言論方面的融合與相互改變，促成流行行動主義的崛起。此種傳播行動主義的形式由數個交互性、互連性和互動性的程序所構成。第一，透過將數位競爭融入大眾網路文化，流行行動主義幫助中共政權批評者迴避當局的審查，並讓自己能對威權政權進行抗議。[22] 第二，流行行動主義是所有政治行為者的共同工具——包含政權批評者、中共當局及其支持者，以及一般網民——用於推銷其偏好的論述。其普及性與吸引力在這場話語權角力中尤為重要，因為網民注意力是資訊豐富的網際網路上一個稀有資源。第三，由於並非所有網民都有政治動機，流行行動主義通常具有將政治主義轉化為以娛樂為目的之特殊形態消費品。就此一方面，政治變成大眾網路文化的必然環節。透過分析這些相互關連的程序，本章凸顯政治和文化生態在中國大陸網路空間中是如此流動且模糊，因此不應否定網路言論為非政治性，也不應視創意言論表達的形式，只不過是數位隱藏稿。

政治與流行文化的融合並非新現象。但流行行動主義值得一提之處，在於其因為網路溝通的互動性、開放性和參與性本質，並真正由大眾所產製、散播和運用。不僅如此，在網路環境中，產製、散播和運用過程可能會以相互連結的方式同步解放，因而促成共有的流行網路文化和具有特定背景的行為、價值和認同。因此，任何想要針對網路文化或網路政治發展出一種簡化單純性質觀點的嘗試，最後必然都是徒勞無功。以下各節將探討流行行動主義如何成為對抗當局審查的有效武器，以及網路言論為何必須從各種不同目的之政治性內容的產製、散播與運用過程，以更廣泛角度進行理解。

數位競爭觀點下的流行行動主義

對抗審查的游擊戰

雖然擁有諸多不同形式，但大半網路行動主義都是來自於對抗審查的必要性。面對世界上最精密的審查系統，[23] 異議分子和心懷怨恨的網民一直不斷在各種意料之外的時間點、平臺和方式對威權當局發動游擊戰。中國大陸網民以創意方式，找出當局審查弱點。其規避審查的終極策略，就是跳脫「防火長城」走出去。繞越「防火長城」──網民一般稱之為「翻牆」──是常做的事情。運用代理伺服器、穿透軟體和虛擬私人網路(VPN)服務等，網民就能連結遭到黨國體制封鎖的網站。

網民還學會如何利用審查上的漏洞。雖然自動過濾系統通常會24小時運作，但人工監控強度在一天中的不同時段會有所差異。[24] 例如，「水木社區」使用者注意到，半夜時分是討論越界主題的好時機，因為論壇管理員的人工監控在此一時段較弱，使某些敏感主題存活到足以進行討論的時間。[25]

另一個策略是在甚少受到監控的論壇或留言版上討論政治敏感主題。以公共事務為主的大型論壇，一般都會受到中共當局和論壇管理員較為密切的監控。然而，政治敏感的討論內容卻常出現在那些名義上完全不具政治性的論壇或留言版。例如，當民權運動分子兼北京郵電大學文法經濟學院講師許志永在2009年7月入獄後，討論許氏的內容在其所屬學校BBS網站上受到嚴密監控，包含北京郵電大學及諸如「水木社區」的水木特快版等其他大眾留言版。但網路聲量較低的北京郵電大學校友留言版「BUPT@NewSmth」上的一篇貼文就得以存活數日之久。[26]

網民也利用論壇某些功能降低遭到審查的風險。例如，許多論壇容許使用者編輯自己貼文。因此，人們可以上傳一則完全無害的貼文，接著在透過編輯方式增加較為敏感的內容。[27]「百度貼吧」使用者就以類似策略變成日常行為。許多人會在一開始的貼文只寫上「一樓百度」或「一樓獻給度娘」等內容。網民會這樣做的原因在於最初貼文會受到最嚴格審查，因此如果初次貼文沒有通過系統審查，可能就會被直接刪除。[28]

審查系統是使用各種不同的關鍵字查詢。因此，網民在從事政治行動主義的其中一項核心工作是對抗並規避這些關鍵字。最簡單常見的規避禁忌字彙過濾方法，是在禁忌字彙中加入一個星號或某些其他符號。在某些情況，會使用隨機符號來取代禁忌字彙，讓閱聽大眾自己依據內文猜測真正意涵。[29]網民也發現，將文字重新格式化，[30]使其從原本HTML或TXT純文字變成圖片格式，就可以發揮效果，因為審查軟體無法搜尋圖片檔內含的關鍵字。

對審查的表達性抗拒

如果前述的應付方法被視為被動、沈默和防禦性作為，則網民採取的傳播行動主義就可以被視為是一種更積極的挑戰作為，部分在於其更明顯公開。此種表達性作法隱含著一種新形態的「數位隱藏稿」──其融入創意運用語言、敘述場景和多種表演性形式和媒體格式等作為──其較不依靠低識別度，而是以共同網路文化擊退當局審查。網民的創意能力在此一領域上完全展現。除了譏笑官方論調、語法和宣傳儀式，網民還發展出一套全新的網路語言，以規避審查和抗議中央政權。

首先，網路會使用官方論述作為挑戰當局審查的手段。例如，中共前總理溫家寶在講話中表示，政府應創造「讓人們批評政府的有利條件」後，溫氏的話就經常被網民在網路上引用，但那些貼文後來都被刪除。[31] 另一個更有趣的案例發生在官方接管「水木清華」後，許多使用者就引用《新華日報》報導毛澤東在共黨於1940年代奪權前說過的話，毛氏當年曾強力鼓吹要爭取個人自由和民主。[32] 此種行動主義比起楊國斌教授稱之為網路「正當抵抗」的行為更具挑釁，行動分子在「正當抵抗」時只是設法「避免高壓統治並擴大溝通管道」，[33] 從事此種活動的網民都極瞭解黨國體制不會停止審查其貼文，所以他們便公然挑戰並否定中共政權的統治正當性，而非僅止於設法避免高壓統治。

網民還會以譏笑當局宣傳內容方式挑戰威權政權。[34] 例如，2010年6月，一群「天涯社區」使用者開始一系列的每週短片，譏笑中央電視臺的晚間新聞節目「新聞聯播」，並針對國營媒體集團未報導的熱門爭議話題做出回應。這些短片模仿「新聞聯播」的風格、形式和用語，同時報導諸如通貨膨脹、房價飛漲和貪汙泛濫等主題。用製作人的話來說，「簡言之，我們報導所有屁民關心的主題。」[35] 這些系列短片對中共政權極盡批評，而其短片名稱「龍顏大悅」更呼應「新聞聯播」的暱稱「喜聞聯播」，藉此諷刺中央電視臺只會取悅高層領導人，而非滿足一般民眾的需求。[36] 如同某位受訪者所言，中央電視臺「新聞聯播」釋放的訊息就是「國內形勢大好，國外水深火熱」。[37]

除了模仿當局宣傳之外，網民還創造出無數同音的網路詞彙(例如，「河蟹」指的是官方思想「和諧」，因為兩個詞在中文是諧音)，或是同音異義詞(例如，金日成和金正日，被稱為「被幹王」和「幹王」，因為兩人名字中的「日」字在中國大陸依文字內容被理解為「太陽」或「幹」)，抑或暱稱(中共前國家主席胡錦濤因為提出所謂「和諧社會」思想建設，而被稱為「蟹帝」)，甚至以所謂的火星文來表達隱喻。[38] 中國大陸網民普遍已針對所有主要政治人物和事件，創造出一套完整的網路專用語。表4.1提供一些有關政治網路用語的例證。

有了這麼多的詞彙，中國大陸網民就能在不使用那些可能引起當局審查的關鍵字狀況下評論政治事務。以2012年初薄熙來事件為例，具有高層官員和「太子黨」(一個通常用來貶抑前共黨高層官員子女的名詞)雙重身分的薄熙來，遭到罷黜重慶市黨委書記一職，造成中共高層領導人內部的重大政治風暴。新浪網上有一篇有關兩大速食麵製造商打廣告戰的報導，吸引網民注意而被拿來作為政治比喻。[39] 這篇報導的標題是「康師傅加強與統一麵的衝突，一場速食麵市場通路大戰一觸即發。」對於那些知悉內情者，這篇文章其實是指政治局常委周永康(康師傅)在處理薄熙來過程中，與其他政治局委員(統一，意指全體或共識)起爭執。

表4.1 政治網路詞彙的精選範例

原有名稱	網路詞彙
中國	天朝／兲朝[a]
政府	朝廷
中國共產黨	土共／TG[b]
政治局及其委員	長老團／長老
毛澤東	太祖、臘肉[c]
鄧小平	笑貧／血拼／286[d]
江澤民	才帝／江Core(江核心)／386[e]
胡錦濤	團團／面癱帝／蟹帝[f]
溫家寶	寶寶／影帝[g]
李長春	長春真人[h]
周永康	康師傅[i]
薄熙來	平西王[j]

a 網民使用封建朝廷制度來譏笑今日中共政權，並依背景表現負面、正面和中性意涵。「兲」這個字和「天」是同音字。這個字在此刻意使用，因為其係由「王」和「八」所組成，兩個字加起來就是「烏龜」的意思，等同於英文「狗娘養的」。

b 「土共」(英文縮寫「TG」)對許多人可能有貶抑之意。但其亦傳達一種對共黨的親切感。對許多網民而言，共黨的鄉土特質拉近與草根階層群眾的距離。

c 「太祖」意味著朝代的開國皇帝。毛澤東被稱為「太祖」，是因為他創建立「中華人民共和國」。恨他的人稱他為「臘肉」，是因為其屍體還被保存在天安門廣場的紀念堂中。

d 鄧小平暱稱「笑貧」，是因為中共的經濟改革擴大了整個國家的收入差距，完全不管窮人死活。鄧氏亦被稱為「286」(英特爾中央處理器80286的代稱)，因為他是中共第二代領導人的核心。鄧氏被稱為「血拼」，是因為這個詞在英文唸法與「小平」類似。有個笑話是這麼說的：鄧小平在訪問美國期間，當記者以英文訪問他時翻譯人員還沒到。記者問他，「您的下一步是什麼？」鄧小平不知道他在問什麼，但認為記者可能在問他的姓。所以他以四川方言回答，「我姓鄧」，聽起來很像英文的「華盛頓」。記者又問，「您規劃怎麼做？」鄧小平還是不知道他問什麼，但猜這個問題可能是在問他的名字。所以他回答，「小平」，聽起來像英文的「shopping」。這個記者又問了幾個有關臺灣在接替蔣經國的領導人，鄧小平回答說，「你等會」和「隨便」，聽起來很像「李登輝」和「陳水扁」。

e 江澤民被稱為「江Core」或「386」，是因為他為中共第三代領導人的核心。他又被稱為「才帝」，是因為他喜歡在國際媒體展現自己多才多藝。

f 胡錦濤被稱為「團團」，是因為他曾擔任共青團領導人，「團」就是指「共青團」。網民稱他「面癱帝」，是因為他在公開場合總是面無表情。他被稱為「蟹帝」(中文的「和諧」和「河蟹」為諧音)，是因為他正式提出「和諧社會」思想。

g 溫家寶在2008年四川大地震時得到「寶寶」暱稱，是因為他在該次震災中表現卓著。他之所以有「影帝」之稱，是某些人認為他不過在演戲，從來不會兌現承諾。

h 李長春是胡溫體制時代的中央政治局常委。他被稱為「長春真人」是因為他的名「長春」，像是道教中的真人名字。

i 周永康是另一位胡溫體制時代的政治局常委，負責政法系統。「康師傅」是大陸的速食麵品牌。

j 薄熙來是中共前重慶市委書記，他在2012年春天因為英國商人海伍德(Neil Heywood)喪命的醜聞而下臺，之後就成為審查的目標。「平西王」是清朝初年冊封降將吳三桂的頭銜，網民稱薄氏為「平西王」有兩個原因：重慶位在中國大陸西南部，地理上接近吳三桂的領地雲南省，而薄氏也像吳三桂一樣，沒有得到中央政府的信任。

環繞中共前總理溫家寶的貪腐醜聞，清楚說明當局審查和網民創意言論表達方式演變的互動關係。當《紐約時報》報導溫家寶家族的隱藏財富後，[40] 溫氏名字成為禁忌詞彙，於是像「影帝」和「天線寶寶」等暱稱就被用於指溫家寶。因應此種情況，當局開始審查這些字眼，結果只是促使網民使用更多創意手法：他們開始稱溫家寶為「星空」，因為他曾寫過一首名為「望向星空」的詩。[41] 網民所傳遞的訊息如「望向星空，天上有27億顆星，而最亮那一顆就是華銳星(Sinovel，譯註：指華銳風電集團)。[42] 這個句子表面上完全沒有政治性，但對於那些懂得解讀者，卻已傳達一個清楚訊息：溫氏家族累積27億的隱藏財富，而且從中國大陸最大風力發電機製造商「華銳集團」撈了一大筆錢。[43] 網民還將這個醜聞拿來豐富他們的網路詞庫，發明許多暗指溫家寶的字眼，包含「溫27」、「271」、「27姨」等。後面兩個詞中文都唸「27億」。由使用者產製的知識庫「百度知道」，還解釋為何溫家寶被稱為「影帝」，[44]「271」代表什麼，[45]以及「27億」指的是什麼。[46]

確實，網民發展出一整套網路話語，以各種不同語言和文學工具以及諸多表演和媒體形式，從事政治活動。他們不但取笑官方的宣傳、自行發展網路詞彙、設計笑話，同時還寫詩、散文和寓言，並運用純文字、錄音、圖片和影像等元素製作多媒體評論，以進行網路言論表達。[47] 此種產物最有名的例證就是「草泥馬」迷因(一種文化傳遞單位，其角色類似生物界的物種)。[48]「草泥馬」在中文讀音類似「操你媽」，一度原本只是單純的髒話雙關語。然而，網民將這個詞政治化後，開始杜撰有關草泥馬

(實際上是一種羊駝)大戰河蟹(和諧的官方思想)的故事，以暗指網民對抗當局審查的大戰。這個故事被以純文字、圖片、歌曲、甚至卡通等無數格式，進行產製、敘述和轉述。[49] 同樣地，為了抗議中共工業和信息化部原本想在所有中國大陸販售的電腦預先安裝「綠壩」軟體，以過濾未經許可資訊，網民又創造出「綠壩娘」這個卡通人物，並進行人物的角色扮演，[50] 甚至還創作「綠壩娘之歌」。

網民不只是在討論政治主題方面充滿創意。他們還經常將娛樂主題和話語抗議行為融合，使娛樂主題政治化。例如，某位「天涯社區」使用者問其他網民，他們會在自己墓碑上寫什麼，許多人就開始抱怨諸如房價高漲和強迫拆遷等社會病態，只是他們的回應方式都相當搞笑，但通常都極具諷刺性。其中某位使用者語帶譏諷的說，「感謝政府解決了我的『房事』問題。」[51] 其他人就開始加入更多諷刺元素，接著寫「政府充公的土地；墳地就得拆除」，[52] 以及「你才埋葬沒多久，你那塊寶貴墳地就被房地產開發商看上，然後城管就開著推土機來了。」[53] 下面是另一則更趣味但更直接的高房價諷刺文：

> 「一定要弄一個很高的墓碑，而我的名字一定要寫的很小很小，小到要用顯微鏡才看得到，下面再寫「XXX，住在第20349號墓的第XXXX樓。這是每平方呎9萬人民幣的無隔間房。接著再寫：「由『沒錢勿擾』的墓產開發公司興建。本公司的全新別墅型墓已開始公開銷售。趕快訂購！」最下面的地方寫：「自行埋葬或祕密埋葬是違法行為，會遭到嚴厲懲罰！」[54]

某些人攻擊家庭計畫政策和高漲房價；例如，「你會死無葬身之地。如果你連埋葬的地方都沒有，要在哪刻墓碑銘呢？」以及「你只有一個女兒，她總會嫁出去，所以你根本不需要墳墓，因為以後沒有人會去拜你！」[55] (在中國大陸，一個女人結婚後就被視為丈夫家裡一分子。)

事實上，網民為表達不滿，非常擅長將熱門爭議議題改成簡短的有趣段子。[56] 在有關墓誌銘的貼文中，有個段子模仿疑似世上最不幸者的墓誌銘，此人在他生命中幾乎一事無成，死的非常悲慘，這段文字出現過好幾次。[57] 這段諷刺性主題為「史記：一個1980世代後的傳歷」，[58] 內容如下：

> 「他早年學文，26歲就背了10萬的債。他後來努力不懈營生10年。最後終於存了10萬元，但仍買不起房子。他將所有錢投資股市，結果一年就賠到剩下1萬元。他非常沮喪就生病了。但是健保體系拒絕付他的醫藥費，因為他不符合重病保險資格。[59] 他花了所有錢在醫院住了一星期，但後來沒有任何治療就好了。有位朋友可憐他，就送他一袋三鹿牌奶粉。[60] 他喝完就死了。[61]」

這個簡短段子提到教育制度、不平等、付不起的房價、股市動盪、健保制度和食安議題，全都是今日中國大陸的重大社會問題。從這段世上最不幸者的墓誌銘嘲諷文，可以看到1980後世代哀愁的自我描寫、他們的生活機會、前途和不滿。此種心情在網民之間的普遍性，有助於說明屌絲文化在年輕網民的流行，這些人嘲笑自己是「魯蛇」，隱含著對主宰一切的統治當局和主流文化的抗議。[62]

超脫數位競爭的流行行動主義

持平而論，中國大陸網民已發展出作為反制當局審查並挑戰威權統治的流行行動主義。然而，並非所有從事流行行動主義行為的網民都有政治目的──政治言論表達的形式和內容，本身也具有娛樂和好玩的效果；因此，許多網民會參與完全只是好玩，而非出於政治動機。還有，除了異議分子和心懷怨恨的網民，諸如中共當局和各式各樣支持中共政權的網民團體等政治行為者，也會利用流行網路文化形塑對其有利的論述。

翻牆行為(例如，繞越「防火長城」)就是有政治目的之政治參與的例證。此種行為構成對當局審查一種公然且直接(但被動)的挑戰。不過翻牆者會有各種多樣的複雜動機。雖然許多翻牆者都將抗拒審查視為嚴肅的問題，[63]但對於那些純粹好玩或以「酷」為出發點的人，只是次要甚或不重要的事。除了獲得成就感和對抗無比強大國家機器的英雄心態，精於翻牆的網民通常都被認定為技術高超且受人羨慕，因此會產生某種程度的自我肯定。[64]

許多網民並不認為翻牆行為是一種反抗或爭取自由的形式。相反地，他們視其為一種行為，以征服政治中立障礙，並拿到所需要和想要的事物。例如，某些受訪者承認，他們繞越「防火長城」目的主要是為了取得色情片。[65]雖然單身男性找色情片堪稱正常行為，但這些人卻接受當局基於道德立場禁止色情片。不僅如此，某些翻牆者仍積極支持中共當局，並和那些幫助他們繞越「防火長城」的異議團體保持距離。使用爭議性宗教團體法輪功所開發、在翻牆網民團體間祕密流傳的「防火長城」穿透軟體「自由門」(Freegate)的某位網民表示，「最近，我曾使用輪子(指法輪功)自由門軟體連結色情網站，完全不需要花力氣找代理伺服器，它真的非常方便。畢竟，輪子還是帶來某些好處。」[66] 使用「輪子」這個詞，就象徵他們並不尊敬法輪功。[67] 想想那些連結色情網站的人，實際上卻支持中共當局對谷歌進行審查，這點特別諷刺。[68]

相較之下，使用修辭語意方法的網路言論表達，是那些帶著非政治目的參與政治言論的網民較常見作法，因為他們在本質上較大眾化、娛樂性及更具爭議。以草泥馬個案為例。草泥馬大戰河蟹的短片在網路上產生殺傷力，不僅因為其抗議訊息，也因為羊駝可愛樣子和配樂使用兒童樂團的可愛聲音。[69] 同一個案例也顯示，某個非政治迷因如何被政治化。當這個短片首次出現在各論壇時，「草泥馬」只是權宜字眼，是為了要擺脫論壇禁止使用髒字的規定。即便在2008年底到2009年初被選為「前十名聖獸」後，草泥馬仍是一個較具趣味而非抗爭字眼，也沒有和審查產生明確關連。[70] 這點只要看看其他被列為聖獸的字眼就明顯可見，這些聖獸全都是褻瀆或粗俗字眼的諧音字。[71] 這些名詞最多就是用於社會和文化抵抗行為，而非用於政治角力，更別提許多人用這些字只是為了好玩。但草泥馬在與中共當局和諧社會基調產生連結後，一如「草泥馬之歌」的歌詞，就立即變成具有政治性。[72]

顯然，政治行為在網路空間具有高度流動性，因為內容被認定為政治性或非政治性，都取決於時機和背景。[73] 但即便是具有政治性的內容──亦即帶有明顯的政治訊息──網路言論不止是一種國家和社會對抗的形式。事實上，網民通常會運用其創意和高超技巧，批評中共政權及其他政治行為者，包含其他國家、政權批評者和其他網民團體。例如，「龍顏大悅」系列短片所強調的娛樂效果，跟其批評黨國體制的程度並無二致。[74] 然而，這個系列通常也在灌輸民族主義，證明辛優漢(Johan Lagerkvist)所持中國大陸網路民族主義不必然表現出憎恨或憤怒論調，反而主張有時會訴諸「歡欣鼓舞慶祝」。[75] 在某個有關取笑日本人的新聞報導短片，稱中國神話中創造人類的女媧，因為創造了日本群島上那些不正常人類而深感歉意並決定辭去其職位。[76] 想想這個案例中製作者回應使用者提出短片不應針對他國，就變得更有趣了：

> 「各國之間的利益和衝突是領導人的問題。作為一個普通人，我恨日本人在過去做的事情。我們的節目時間有限，所以無法包含所有意見。然而，我認為既然龍顏大悅節目可以批評我們自己的政府，為何不能責備日本人？」[77]

支持中共政權的網民也以趣味方式，群起宣揚其利益。例如，在軍事論壇上，使用者創造出自己行話和論調，主要目的不是為了逃避審查，而是為了娛樂自己及其閱聽大眾。例如，中國大陸常被稱為「兔寶寶」或「熊貓」；俄羅斯常被叫「北極熊」；美國則常被稱為「老鷹」或「燈塔」。此類詞彙也包含以「陰道價值」(pussy values)稱呼「普世價值」，因為英文

「pussy」(陰道)與中文「普世」諧音。其他詞彙還包含以「冥主」稱「民主」，以「柿油」稱「自由」等。[78]

在此種文字遊戲的基礎上，這些論壇的網民發展出特定形態的論調，其中最佳例證就是名為「小白兔的光榮往事」系列短片。[79] 該系列基本上是以娛樂方式回顧現代中國歷史，重點是置於共黨在統一和建設國家所扮演的角色。其最初是在軍事論壇「超級大本營」上獲得注意，該系列後來變成卡通和短片並獲得廣大迴響，因而激發對中共政權的強力支持。[80] 例如，在中共第一艘航空母艦「遼寧號」呈現在大眾面前時，這個卡通系列的作者很快就推出名為「航母夢」的短片。這個短片在一開始就展示劉華清上將於1980年參觀美國航艦「突擊兵號」(Ranger, CV-61)的照片(圖4.1)。[81] 曾任中共副總參謀長、中央軍委會副主席和海軍司令員的劉華清，被許多人稱為「中國航母之父」。[82] 在照片中，如同「未名空間」的某位使用者所言，劉華清就像是一個「在玩具店盯著玩具看的小孩。」[83] 這個短片充分表現出民族主義情感，因此兩天內僅在「水木社區」軍事笑話版就吸引561則回應，其中超過80位回應者還宣稱「感動到掉淚」。[84]

相當諷刺的是，民族主義派網民通常會從他們所鎖定的敵對國家借用流行文化因素。許多人都是好萊塢電影、韓國電視連續劇、日本動畫，以及成人影片的粉絲。例如，「超級大本營」使用者宣稱自己是「軍宅黃」三位一體。[85] 此種融合了網路軍事、色情和宅男次文化的現象，就藏身於「第11區新聞」的「萌翻譯」，網民在版上將日本新聞報導翻譯成中文在用的網路俚語、動畫用詞和色情詞彙。例如，他們稱日本為「11區」是依據日本

圖4.1 中共前海軍司令員劉華清參訪「突擊兵號」航艦

註：“1980 Nian Liu Huaqing Shouci Dengshang Meiguo Hangmu” (Liu Huaqing Boarded U.S. Carrier for the First Time in 1980), http://news.xinhuanet.com/mil/2014-04/10/c_126375342_3.htm, retrieved March 10, 2017.

流行動畫系列「反叛的魯路修」場景。[86] 在這些貼文中，中共和美國常被描述成是同性戀人，日本則是兩大強國的女僕，而美國和日本關係則是父女亂倫關係。[87]

另一個例證則是日本成人片模特兒兼女優蒼井空在中國大陸網民的受歡迎程度。當「中」日釣魚臺(日本稱尖閣諸島)爭端在2012年8月發生時，網民開始作弄這個受歡迎的女星，她在類似推特的新浪微博上有1,300萬追蹤者。[88] 在剛被任命日本駐華特使西宮伸一(Shinichi Nishimiya)去世後，中國大陸網民就捏造出日本首相另選蒼井空擔任特使的故事。[89] 圖4.2抗議群眾手持上面寫著「對日宣戰、活捉蒼老師！」布條。此種民族主義與內含日本文

圖4.2 對日宣戰、活捉蒼老師

註：Zhifeng, "Zhongguo Wangluo Guancha: Cangjing Kong Hen Meng" (China Internet Watch: Sora Aoi is Moe), http://www.voachinese.com/content/china-web-watch-20120921/1512730.html, retrieved May 20, 2015, Photograph courtesy of Voice of America, http://www.voachinese.com.

化因素之流行網路文化的詭異融合，比其他例證更能反應出流行行動主義的本質。

瞭解流行行動主義：自發性、創業家和復仇

政治與流行網路文化融合背後有多個驅動機制，說明中國大陸的網路政治生態現狀。為了從事政治活動，網民和政權批評者通常必須繞越高精密的當局審查。換言之，政治言論必須加以保護、採取隱藏或運用創新。[90] 首先，網民和政權批評者會以趣味表達方式掩飾其政治訊息，自然不令人意外。其次，網路言論

表達在中國大陸十分多元化，不同的行為者——亦即中共當局、政權批評者及各種網民團體——都參與網路內容的產製、散播和運用，同時在促銷偏好論述上還彼此競爭。[91] 此種論述角力促使些行為者運用流行網路文化吸引閱聽大眾，然後再贏得他們的心靈。其三，多數中國大陸網民並未懷抱政治動機。相反地，他們往往更關注物質和生活方式的主題，而非政治辯論。[92] 但政治行為也可以拿來作樂，而非政治性網民亦可被政治化；例如，在2008年，諸如拉薩暴動、汶川地震和北京奧運等事件，快速吸引那些非政治性網民參與政治討論。一如其他例證所示，玩樂和政治結合是促成流行行動主義不斷演變的主要因素。

事實上，在網際網路促成的相對自由論述空間中，網路言論角力在某種程度上很像是一個各種形態的行為者設法「銷售」想法的市場。由於閱聽大眾——這些人也是潛在的再傳播者和複製者——是以自身關切與否為取向，於是銷售員不僅必須產製訊息，同時還得提供誘人的包裝，才能爭取潛在消費者。[93] 不僅如此，銷售員無法控制其潛在買家，因為這些人都是依據自己判斷決定是否消費產品——亦即訊息和包裝。具有政治動機的買家可能會接受訊息，但卻將包裝丟掉。然而，其他人則可能會比較喜歡包裝，而忽略包裝內的訊息。不僅如此，由於消費者可以主動投入複製和轉傳，他們可能會從包裝拿走原本訊息，然後再用新的包裝取代。此種產製者、散播者和消費者角色的快速變化，讓網路言論變成一種極度流動且動態的過程。

事實上，流行行動主義的參與者往往都是隨機創作。一個沒沒無名的網民如果創造出一個描述某個事件的詞、發明一個故事、或是以創意方式運用修辭工具，就可能成為重量級玩家。在此種創意性的基礎上，當無數帶有動機和沒有動機的網民不斷散播、解讀和複製網路訊息的過程中，流行行動主義獲致動能。這個過程事實上是具有網路鏈結性。[94] 此種自發性說明為何流行行動主義鮮少會針對特定政治主題產生系統性關切，正如同許多流行行動主義迷因所證明的情況。這點呼應傳媒學教授孟冰純對於網路鬧劇的認知，因為網路鬧劇「既不夠格被視為是為了達成共識的理性辯論，也不是為了創造任何明顯的政策結果」，只是作為「提供政治批評和所有參與者情感連繫的公民文化要件。」[95]

流行行動主義的衝動本質，在部分程度上說明為何主題的喜好度在網上變化如此快速。然而，這並不代表網民心中沒有任何政治意識。某些持續主題維繫著流行行動主義，包含對於弱勢社會族群的關心、對貪腐的批評、愛國情操，以及對自由、公義和民主的追蹤。對於毛澤東孫子毛新宇的看法改變，顯露出為何網民對於貪腐問題的關注會影響流行行動主義演變。毛新宇一直是經常被譏諷的對象，除了因為他肥胖，也因為他是共黨裙帶主義的顯著例證。然而，輿論對於他的看法在2012年全國人民代表大會和人民政治協商會議期間有了一些改變。相較於其他代表都穿著名牌服飾，尤其是像前總理李鵬之女李小琳等太子黨，毛新宇卻穿著軍裝和帶著紙袋。網民開始將他和那些穿著設計師服飾代表們的照片拿來兩相對比。「未名空間」的評論稱讚他是「比起那些官員與富家子女等混蛋，真是無汙染、全天然的有機人類」，或稱其為「不但無害，還給我們人民帶來笑聲」的人。[96]

行動主義創業家的角色與流行行動主義的復仇

流行行動主義不必然都是自發性，諸如異議分子和輿論領袖等具動機的行為者，在產製、解讀和政治化某些流行行動主義內容方面扮演重要角色。以藝術家兼運動分子艾未未為例。雖然中共國營媒體一直想把他描述成是行為異常者、剽竊者和西方政治干預的工具，[97] 但是異議團體、西方媒體和他的支持者，卻往往視其為勇於質疑高壓統治當局的一人英雄。[98] 艾未未所創造一連串一流網路奇蹟對黨國體制構成挑戰。[99] 例如，在2010年，針對他在上海工作室遭到強制拆除的命令，艾氏辦了一場邀請超過千人的河蟹宴。[100] 由於河蟹代表中共當局「和諧」思想，也是當局審查的化身，這場宴會顯然是一種抗議行為。艾未未很快就變成網路熱門議題，更廣泛地被支持者視為是一種對審查公開且富創意的挑戰。

艾未未促成草泥馬政治化的事件，提供「行動主義創業家」角色的明顯例證。在他其中一個表演藝術作品，艾氏自拍一些照片，他在照片中裸體，只放了一支玩具草泥馬在襠部前面。這張照片傳達的訊息是「草泥馬，襠中央」，因為羊駝就是草泥馬，如前所述，是「操你媽」的諧音，而「襠中央」則是「黨中央」的諧音。[101] 這種高挑釁的表演藝術將草泥馬迷因大大政治化，其已不只是針對審查制度，而是直接挑戰黨國政權。不僅如此，當艾未未在2011年被指控逃漏稅時，他和一些朋友發動一次網路募款活動，以支付欠稅和罰金，再次讓該事件成為另一場網路奇觀。[102] 艾氏在2011年11月為回應募款活動捐款者的要求，於獄中唱那首「草泥馬之歌」，為這個戲目增添一筆。[103] 這可以被視為是一場大型表演，不僅表達他自己不滿，還有支持者對於當局審查和高壓統治的抗議。

艾未未是相當不尋常的角色，因為他與一般網民和其他異議分子相較，擁有國際知名度和藝術創作能力。但他卻不是唯一利用流行行動主義散播異議論述的人。例如，在演員李小璐疑似性愛影片於2014年5月在網路上延燒時，異議分子立刻以紀念1989年天安門廣場民主運動訊息植入該錄影畫面的方式，將這次事件變成反中共政權的動員載具。[104] 這種案例顯示政權批評者如何利用網路文化的流行元素，散播他們的訊息。

然而，流行行動主義有時也可能引火自焚。其自發性的玩樂性質在某些情況下會弱化訊息，正如同創意性、巧妙性和刻意模糊會使閱聽大眾難以掌握所望傳達的訊息。此外，流行行動主義偶爾也會挑戰大眾所接受的生活方式、習慣、思考模式和道德標準，造成外界對貼文的反感。因此，雖然流行行動主義用來動員某些網民或許有效，但也非常可能冒犯到其他人。例如，相對於其國際聲望和在支持者間的受歡迎程度，艾未未在許多不欣賞其藝術或懷疑其動機的中國大陸網民，尤其在他的「草泥馬」系列從批評黨國體制(「草泥馬襠中央」)變成批評中國大陸(「草泥馬祖國」)時，就開始變得極具爭議性。[105] 雖然支持者主張艾未未是針對中共政權，而非國家本身，但許多網民認為他做的太過份了。[106] 此種引火自焚的情況在以下評論可明顯看出：「只要艾未未是反中國共產黨，他的屎對某些人來說都是甜的！」[107]

同樣地，爭議性政治意圖也可能引發嚴重的反作用。例如，某位「未名空間」的知名異議運動分子曾轉傳一則當地女孩自殺的假新聞到論壇笑話版。[108] 這篇貼文立即引起撻伐，因為某些使用者認為這個訊息一點都不好笑。法輪功支持者和反對者間的衝突，似乎也經常發生在「未名空間」和其他海外論壇，某些個案甚至迫使討論版管理員必須限制類似貼文。[109] 某些訊息的反作用在某種程度上提高支持中共政權的聲量，將主動反駁網路上的政權批評者，後續內容將討論相關情況。

結語

網際網路使得心懷怨恨的網民和中共政權批評者能運用創意、巧妙及幽默方式，反抗並抗議當局的審查與威權統治。然而，網路言論表達不只是一場數位競爭。透過深入檢視政治訊息如何在網路上產製、流通和使用，本章內容凸顯中國大陸網路空間的多元化，並揭露政治和流行網路文化錯綜複雜的關係。可以說當局鉗制、話語權角力和追求趣味等互動因素，共同促成流行行動主義的崛起，言論表達內容在各種形式合流的過程中變得極端流動與模糊。簡言之，雖然各種行為者──包含中共當局、政權批評者和各種網民團體──在網路言論表達上有其特殊訴求，可能屬於政治性或非政治性、反對或支持中共政權，但他們都參與以言論表達為中心的共同網路文化的創造和流通。這點正是解讀中國大陸政治言論的關鍵。

本章分析內容顯示，自由化主宰一切的觀點會有淡化政治言論表達豐富性的風險，並意味著只著重中共當局和社會在網路既存關係的狹隘視角。流行行動主義作為一種工具，確實讓社會抵抗當局審查與威權統治的作為獲得力量。尤其，諸如異議運動分子等懷抱動機的行動主義創業家能在產製、散播和解讀流行行動主義內容方面扮演重要角色。但流行行動主義挑戰的對象不只是黨國體制，[110] 還有諸如中共政權批評者和其他國家等政治行為者。共產主義、「三個代表」及和諧社會等官方思想，一直受到許多網民的挑戰與解讀，但此類黨國思想外的其他不同思想也會受到挑戰，諸如普世價值等。不僅如此，流行行動主義對於追求政治目的之行為者是一把雙面刃。雖然在散播政治資訊上可能相當有效，但在娛樂性質弱化訊息和爭議政治理念，引起希望遠離政治並享受網路時光的網民反感時，也會產生反效果。

本章內容亦顯示一種看待網路政治生態的新觀點，尤其是針對網路言論表達的本質及其對威權統治的影響方面。由於多元化行為者、複雜動機，以及所涉及動態因素，檢視政治言論如何在特定網路背景下產製、流通與解讀至關重要。顯然，這場角力遠超過當局和社會對立的範圍，亦遠比審查對戰反審查的故事更精彩。因此，後續章節將重點從審查角力戰，轉移到話語權角力，深入瞭解中共當局、政權批評者和一般網民如何透過創新公關手法、豐富寫作工具和創意表達方式，形塑網路論述方向。

5

為黨糾眾

國家豢養的網路評論員

「思想輿論領域大致有紅色、黑色、灰色三個地帶。紅色地帶是我們的主陣地，一定要守住；黑色地帶主要是負面的東西，要敢於亮劍，大大壓縮其地盤；灰色地帶要大張旗鼓爭取，使其轉化為紅色地帶。」[1]

習近平

許多針對威權政權網路政治的研究——包含本書前半部內容所述——選擇將重點置於國家與社會在內容控制的角力；亦即網路上哪些內容可以表達，哪些內容不可以表達。[2] 這些研究針對數位時代國家控制與社會抗拒的動態提供許多寶貴見解。如前三章內容所示，中共當局、中介行為者和網民都在爭奪中國大陸網路言論表達的地盤。中共當局雖然採取各種法律、行政和技術作為，但在鉗制網路言論方面仍成效有限，不情願卻只能配合的中介行為者抱持著坐觀成敗，而叛逆的網民則經常以創意方式規避審查。然而，完全針對審查和反審查行為所做的研究有其侷限性。這種觀點意味著網民是一致對抗當局的團結群體，此種想法並不正確，且忽略當局調適作為的某些面向。如中共和俄羅斯這種能力強大的威權政權，不僅擁有廣大的民意支持，[3] 而且也展現出對於改革和因應各種新挑戰的強大適應能力。[4] 想要精確地衡量威權主義在數位時代的韌性，吾人必須檢視威權國家如何採取審查外的調適作為，以及各類行為者如何在當局規定的言論範圍內彼此互動。

本章和下兩章將探究網路言論的多元化現象，置重點於瞭解中國大陸網路空間的話語權競逐。這三章內容將特別強調中共當局、政權批評者和各種網民團體如何在審查和反審查範圍外彼此交手。不同於國家完全掌握威嚇力量的貓抓老鼠審查遊戲，這幾章內容顯示在話語權角力中，相關行為更依賴採用各種表達手法和認同動員，以形塑網路論述。視網路言論表達為一場話語權角力，有助人們從公共領域觀點瞭解中國大陸的網路政治生態，同時也可解釋清楚政權統治正當性，如何透過虛擬空間的公開辯論而獲得鞏固或遭到削弱。

本章內容將檢視中共當局在審查外的適應作為。從呈現中共當局如何派遣收費網路評論員──外界普遍熟知的「五毛黨」──製造表面上自發性支持中共政權的網路音量，本章將揭露威權統治者在數位時代的適應能力。由於老式的宣傳手法越來越失去效果，引進網路評論員代表中共當局在促銷其偏好訊息與引導網路輿論方面有進一步創新調整作為。然而，這個表面上聰明的舉動卻產生成敗參半的結果：雖然五毛黨可能設法在某些特定議題提高中共當局的公關效果，但卻經常造成反效果。這是由於這個調整作為已融入強大多變的國家宣傳機器和思想工作，但其運作邏輯卻讓網路評論員幾無任何誘因將工作做好，且經常造成其身分曝光。五毛黨策略效果成敗參半的情況，顯示有必要釐清數位時代「國家能量」和「國家適應力」的問題，因為中共當局一直很努力想將其網路時代前的專制權力與基礎權力，適切地用於形塑網路言論表達。

中共當局在審查外的調適作為

相對自由的網路言論給予社會行為者力量，使之能以許多方式挑戰威權政權。網際網路在中國大陸不僅是一種新興的公共領域，同時也促進公民社會的發展，以及幫助集體行動、網路行動主義和異議分子動員。[5] 由於網際網路之助，中國大陸人民現在享有某些議題設定的力量，[6] 而能更有效質疑國家機關人員，[7] 甚至還能影響當局政策。[8] 因應此種情況，中共黨國體制建立一套全面性審查系統，以控制網路資訊的流通，希望藉此種因應作為馴服網際網路。[9]

然而，中共當局既沒有能量，[10] 也沒有想要澈底關閉網際網路或消除所有網路政治言論。[11] 事實上，完美審查可能實際上也並非威權政權所望。一方面，由於大半政治言論都出現在熱門的網路平臺，施加過度嚴格的審查或關閉此種平臺，可能導致間接傷害，引發不必要的大眾抗議。[12] 另一方面，更自由的網路言論是一種政策回饋形式，反而可能有利於威權政權，至少有助於當局整頓地方官員。[13] 這種邏輯對於中國大陸學者並不是什麼新鮮事，他們會利用村里選舉或民眾不安，對黨國體制做出評論，作為讓地方官員承擔責任的手段。[14] 中共當局可能會選擇性審查網路言論，並依據社會緊張關係調整審查程度，以獲得掌握自由資訊的好處。[15] 策略性審查考量，加上能量限制條件，或許能解釋中共當局為何會容忍相當高程度的批判性網路言論，除了某些充分監控的「禁忌地帶」所發生之個案。[16]

策略性審查的邏輯有個問題。其假設無所不能的國家可以依據所構成之威脅程度判別所有網路內容，同時完美運用審查手段。即便像中共黨國體制擁有如此強大的能量，此種想法仍不切實際。如第二章探討的內容，中共當局的審查最多只能算部分成功，因為網民和異議團體仍能穿透其界線。不僅如此，即便是有限的言論自由仍對於黨國體制具有風險。藉由打破當局對於大眾媒體的獨占權力，網際網路挾其更自由的言論表達，讓平民百姓可以挑戰中共政權的權威，宣傳社會的不滿，同時衍生無數抗議手法。就此一方面，黨國體制必須考量自身觀點和大眾觀點間的落差。[17] 更自由言論也可能曝露出普遍的社會病態與官員違法亂紀的行為，因而促成目前獨善其身的百姓建立起必須澈底改變的共同認知。[18]

然而，中共當局如何抵銷網路言論對於其威權統治產生的破壞效應？除了加強並精進審查系統外，中共黨國體制曾試圖擴大其網路勢力並在網路上重振當局宣傳效果。為了擴大網路勢力，中共當局推動電子政府平臺、促使國營媒體網路化，以及滲透熱門社群媒體網路。第一，為了強化其管理能量、改善公共服務及擴大民眾服務範圍，中共當局要求各階層政府機關必須設立電子政府網站。這項在1999年推出的「政府上線計畫」，到2016年12月時已促成5萬3,546個政府網站成立。[19] 雖然學者對於此類平臺的效果有各種不同看法，但這些網站確實成為中共當局接觸民眾的管道。[20]

第二，中共黨國體制要求諸如《新華社》和《人民日報》等國營媒體，必須占領網路空間，[21] 並給予它們產製新聞報導的獨占權利，而其他網路新聞服務只能「複製」那些新聞。[22] 事實上，除了建立自己的網路據點外，國營媒體也設立許多大型社群媒體平臺。例如，截至2013年10月為止，中國大陸兩大微部落格網路營運者新浪微博和騰訊，各擁有至少2萬3,449個和1萬4,148個供傳統媒體使用經核准的官方帳號，包含原本由中共當局經營的媒體。[23] 國營媒體網路勢力範圍擴大，顯然讓中共當局用自己聲音更快速處置熱門爭議話題。

第三，中共當局也曾設法利用熱門社群媒體平臺直接與大眾接觸。[24] 例如，2016年12月，僅只新浪微博就有16萬4,522個已核准官方帳號，分別為12萬5,098個政府機關和3萬9,424名官員個人帳號。[25] 微博某些熱門的官方帳號，例如共青團中央委員會，都吸引數百萬追隨者，因而在網路議程設定和議題形成上扮演關鍵角色。

同時，中共黨國體制也不斷更新其網路上與網路外的宣傳策略，使國家宣傳更具說服力和效果。政治學家布雷迪(Anne-Marie

Brady)指出，從1990年代初期起，「中共宣傳部門的領導階層採取新的現代社會控制與說服方法，並在宣傳工作上引進新的科技運用。藉由此種方式，他們在為共黨持續統治中國大陸的條件上做出重大貢獻。」[26] 在傳統媒體領域，商業化已成為一個非常顯著的特徵。如趙月枝等學者注意到，在共黨新聞行為引進市場機制後，中共媒體系統已逐漸演變為一種「宣傳家／商業模式」，為共產黨從事更精細的思想工作。[27] 史塔克曼(Daniela Stockmann)所進行的混合方法研究，也發現媒體商業化有助於政權穩定，故而不會顛覆威權統治，因為這讓中共當局可以傳達更具說服力且深層次的故事，同時讓領導高層更瞭解百姓在想些什麼。[28] 除了媒體商業化和全球化，瑞妮卡娃(Maria Repnikova)近期研究發現，官方影響力在菁英階層新聞訓練方面仍相當強大。[29] 中共當局持續在新聞核心課程安排思想教育課目，且運用諸如結構性監督、暫時監控及威嚇等控制機制，以確保新聞訓練不會偏離官方思想模式。但由於施教者和學生仍能利用有限開放空間重新詮釋共黨思想的某些面向，因此黨國體制只不過達到所謂「形式和諧」。

讓國家宣傳在網路上具吸引力是一項極富挑戰性的任務，因為中共當局若不訴諸審查，完全無法控制特定主題在網路上產製、散播或運用，這樣會削弱國家宣傳效果且往往造成民眾反感。事實上，中共當局發現自己身處在一個運用信仰、價值與身分認同力量，才能主宰一切的新戰場，而威嚇已不符時宜。其必須運用更創新策略，才能在面對各種對立論述時，贏得網民的心。中共研究專家辛優漢(Johan Lagerkvist)指出，中共當局為了反制已認定為敵人者、爭取輿論支持及鞏固統治正當性，採取其中一項策略稱為「意識形態娛樂化」(ideotainment)──亦即運用流行表達方式作為宣傳國家思想建設的載具。[30] 例如，中共國家主席習近平和總理李克強在2014年初公布自己官方卡通圖像，使兩人在公眾眼中更為親民。[31] 事實上，所有七位新任政治局常委在2013年10月一部比較中共、美國和英國如何選擇高層領導人的短片中，早已部分「卡通化」。[32] 這段5分鐘影片，運用許多流行網路文化元素，傳達共黨統治具有正當性的訊息，立刻在網路上引起熱議。[33] 優酷平臺(Youku.com)指出，中文版的影片在2天內就有超過150萬點閱率。[34] 此種作為顯示中共黨國體制在與政權批評者的行為標準競爭中，可能已將重點從思想灌輸，轉移至更密切管理大眾關注事項。[35]

即便中共政權採取諸如「意識形態娛樂化」等策略，但仍無法阻止其喪失理念領導地位。網民太清楚國家宣傳內容，因此網路上任何與政府有關連的內容，都可能被視為「即時負面」。[36] 因此，隱藏「政府關連性」似乎已是中共當局及其所屬機關，對於網路輿論發揮影響力時必然採取的策略。就此方面，運用「網路評論員」引領網路言論風向，就是一項重大的宣傳創新作為。派遣五毛黨假扮成一般網民去捏造支持中共政權的聲音，中共當局至少能避免公然以國家為名宣傳所引發之反效果，且能更有效爭取支持。以下各節內容將檢視這個重要但鮮少有人研究的創新作為，希冀深入瞭解並評估這項中共黨國體制所採取表面上聰明的舉措。

政治帶風向與發掘網路評論員

網際網路不僅讓一般百姓有能力規避當局的鉗制並從事公開言論表達，同時還可能提供任何有動機的行為者，以更巧妙及有效方式形塑輿論。相對於直接促銷某些訴求，有動機的行為者可以操弄其他使用者，這些人因為沒有融入真實生活中的責任網路，因此很容易受此種操弄的影響。例如，運用多個幽靈帳號，一個操弄者就可以將某個主題炒作成熱議話題。輿論在此一過程中之所以會受到操弄，不僅因為最初動能來自加工製造的「大眾」，同時也因為此一可透過刻意設計和輸入資訊所營造出的「大眾」「主流」觀點，接著會影響天真使用者認知及其後續參與。這種牽動作法基本上就是「帶風向」(astroturfing)，一種在政治和行銷上廣泛使用的公關技巧，有誘因的行為者(通常為收費)在過程中會展現對於某個產品、政策或事件的表象性草根支持，以爭取更廣泛且更真心的支持。[37] 此種手法讓贊助者能隱藏身分──以避免相關負面觀感或維持「合理可否認性」──並透過個人現身說法和廣泛支持等假象，提高訊息的可信度。[38] 由於網路言論的匿名性，網際網路成為帶風向的自然平臺。在政治領域中，全球各種行為者都會以對其有利的方式使用此種公關手法。威權與不自由的政權，諸如中共、埃及、肯亞、俄羅斯、沙烏地阿拉伯、敘利亞、委內瑞拉等國，都曾招募所謂「電子軍」，負責執行政治帶風向任務。[39] 即便在民主國家，還是有一些政治行為者會使用帶風向手法，以獲得超越對手優勢的報導。[40]

雖然政治帶風向行為十分常見，但針對此種現象所做的深入研究卻很少，主要是因為這種行為的祕密性和敏感性，這點對於高壓統治政權更是如此。所幸，少數既有研究仍有助於瞭解這個主題在中國大陸內的情況。最早研究該領域學者之一的洪敬富教授，就曾深入探索網路評論員在某位16歲女孩可疑死亡事件發生後，如何被動員來平息貴州省甕安縣暴動。[41] 但洪氏的研究並沒有調查網際網路評論員如何實際在當地運作。依據從地區政府外洩的真實五毛黨貼文分析結果，政治學家金恩(Gary King)及其同事發展出一套精密的方法，以發掘社群媒體上的網路評論員。[42] 由於發現中共當局的帶風向作為經常置重點於歌功頌德，而非迎戰政權批評者或爭議性主題，他們主張中共當局的策略並非接觸大眾，而是模糊焦點。但這項研究方法主要是使用來自某個特定地方政府的資料，導致外部查證有所困難。為了解決這個問題，研究科技在國家宣傳運用的林鑫磊(Blake Miller)教授，提議運用網路和社群元資料(social metadata)方式如IP位址與政府帳號的連結，以偵測網路評論員。[43] 此種作法克服外在查證問題，展現更有效掌握網路評論微妙之處。然而，這種方法亦有其限制，像金恩團隊所從事的研究工作，亦是完全置重點於網路評論員的網路活動，未全般檢視整個系統如何運作，尤其是未探究中共黨國體制如何動員網路評論員。

各種現有研究確有其用處，尤其是針對如何確認當局在網路的帶風向行為。但這些研究並不足以評估當局在此一調適作為上的意圖和能量。為了彌補這項不足，確有必要將網路評論員系統置於中共當局如何適應數位時代的更廣泛背景觀察，並檢視其如何系統化運作。下一節內容將從許多來源的資料，瞭解網路評論員最早是如何被引進網路；如何招募、訓練和獎賞這些人；以及網路評論員如何在網路環境操作。在此特別值得一提的是三大主資料來源：第一，中共當局宣傳指示及其他官方通報紀錄是這套系統如何運作的直接證據。這些「內部」文件無法公開取得，但卻可能因為中共當局儲存及取得這些資料的宣傳平臺系統故障而曝光，其外洩可能是因為某些官員的無能、輕忽或不滿。雖然此種情況發生率很低，但研究者若能獲得這些資料，就可以掌握豐富的資料透視中共當局宣傳機器的「黑盒子」；第二，官方媒體和政府網站有時會公開報導網路評論員的相關消息，因為地方政府和宣傳部門視這些網路評論為其例行性工作，因此會大肆渲染績效而非加以隱藏。[44] 這些報導證實網路評論員確實存在，且在研究如何將他們引進網路、訓練及獎賞等議題時尤其具有寶貴價值；第三，深度網路誌研究成果可以創造更多分析五毛黨如何在網路環境運作的資料。依據長期觀察結果，本書設計出一種具可信度的方法，用於判別國家贊助的網路評論員與一般網路使用者。這種方法很像金恩及其同事和林鑫磊教授採用的方法，都是從網民汲取經驗發展而成，因為網民對於當局帶風向行為十分敏感而有高度警覺，[45] 這個方法同時也是比較表達方式上的線索：網路評論員通常對某些限制性政治主題，只會使用官方發言基調做出支持中共政權的評語，不會和其他網民互動。深度網路誌研究也很有價值，因為使研究人員能接觸到許多最早由網民發現的外洩官方文件，甚至還能觀察到曾在該系統工作過的人在「未名空間」網站上談自己經驗。[46]

為黨糾眾：五毛黨

網際網路的擴張，明顯打破國家對媒體的獨占權利，並讓那些直白的宣傳日益喪失效果。[47] 例如，在2011年一則針對利比亞對法國領導空襲行動採取反應的報導中，中共中央電視臺想要把一段利比亞文翻譯，改成格達費支持者抗議法國干預行動，還刻意把抗議群眾的「Vive la France」(譯註：法國萬歲)旗幟誤翻成「法國人滾蛋」。[48] 這段刻意的錯誤翻譯被眼尖網民發現，引來許多網路論壇的強烈批評。面對此種挑戰，中共當局很自然只能訴諸新的宣傳工具和策略。引進網路評論員代表當局因應調適的作為。在政治學家洪敬富表示，中共當局已「透過這些評論員的運用重振宣傳機器。」[49] 然而，一如本書分析所示，這種表面上聰明的調適作為，並不像中共當局所期待的那麼成功，主要是因為該系統更重視取悅中共高層官員，並非接觸並說服一般百姓。

網路評論員的引進

目前幾無確切證據可以看出最早創立網路評論員系統的時間、原因或方式。「網路評論員」一詞最早出現在2004年底一篇刊登在網路的官方報導。湖南省長沙市、中國共產黨中央紀律檢查委員會監察部、南京大學等可能是最早派遣網路評論員的地方政府、中央國家機關和高等教育機構。[50] 早期這群網路評論員很快就贏得「五毛黨」的暱稱，因為以湖南的個案而言，據信這些人每則貼文收費五毛錢，另外每月可領600元人民幣的基本薪資(在2005年還不到75美元)。[51]

雖然某些人主張中共當局引進網路評論員主要是為了對抗敵對外國勢力支持的「網特」，[52] 但此種主張並未獲得有力證明。事實上，這項調適作為是由少數幾個國家級機關獨立發起，顯示其原本可能是地方政府或部會的一項計畫，而非中央政府統籌的政策。話雖如此，不同層級的不同部門國家機關概略在同一時間採取這項作法的事證，意味著所有層級的官員或多或少開始瞭解網路評論員形塑輿論的潛力。

今日，派遣網路評論員是一項有系統的全國性行為。一方面，無數國家級機關，包含所有層級的主管機關，從縣市到部會、學校和國營企業等，都養了一批自己的五毛黨。[53] 另一方面，中央政府透過宣傳體系和共青團，也直接掌握一批寫手大軍。不像傳統新聞評論員通常都是一些在國營媒體工作的媒體專業人員，負責執行帶風向任務的網路評論員，多數都是贊助機關僱用的人，這些人的帶動民意任務只是其日常職責的一部分。[54] 從體系內部招募五毛黨有其道理，因為這樣不但降低聘用成本，還確保網路評論員盡最低責任，特別是這些人通常都對體系忠誠。網路評論員只有極少數個案是直接從一般大眾招募。在此種情況下，招募機關通常會規定某些標準，諸如政治忠誠度和基本電腦技能。[55] 此種標準的模糊性與普通性特質，意味著多半都是官樣文章，因而不太可能嚴格要求。事實上，大專院校通常都會從在校學生中招募人員，當成對這些學生的資助，而招募對象往往是開放給所有人。[56]

近年來，中共當局已將大學生列為「五毛黨預備隊」。2014年，共青團中央委員會下令全國所有大學必須成立學生網路宣傳部隊，負責參與網路言論並監控學生思想動態。[57] 在這項大規模招募行動中，地方共青團支部、學生會、校園媒體管道和學生新聞媒體組織的學生幹部都被列為優先對象。[58] 這點再次印證中共當局強調五毛黨的政治忠誠度。

官方報導顯示，網路評論員通常會接受某些訓練，但證據顯示此種訓練在多數情況下可能相當基本。在大部分個案中，訓練包含參加宣傳幹部和媒體專業人士的演說，以及彼此交換經驗。[59] 例如，在2009年10月，浙江省寧波市江東區官員為102名新進網路評論員舉辦一場研習會，課程包含地方網路管理中心和公安局網路監控部門等單位主管演說和同儕經驗交流等。[60] 雖然沒有資料可以證明這些課程教了哪些確切技巧，但此種訓練可能相當基本，最終可能毫無效果，下面會簡要討論相關內容。外洩的中共內部訓練文件顯示，網路評論員接受的是基本技巧課程，像如何註冊帳號和如何貼文或回應貼文。他們所學唯一「技巧」是建立多個幽靈帳號，以讓帶風向行為不要如此明顯。[61] 此種最基本要求條件曝露出贊助的國家機關期望很低，顯示根本不在乎網路評論員能否有效從事公共辯論或反擊網民的意見。

網路評論員的報酬通常很少，因而往往缺乏動機。贊助機關通常給予他們金錢補貼、晉升機會和表揚，但這些沒有任何一個足以成為有力的誘因。金錢補貼在多數情況下都非常低——有時每則貼文僅值一毛錢。[62] 即便賺的錢多一些——例如，像湖南省案例，每月有600元人民幣的基本資和每則貼文五毛錢——此種補貼金額仍遠低於政府公務員平均薪資。在某些個案中，網路評論員的獎勵是機會。這對於具有政治野心的大學生尤其管用，因為擔任網路評論員有助於打開通往國家贊助組織的大門，諸如學生會或共青團等。但由於加入這些組織有許多不同的方法，因此成為網路評論員並不會特別具有吸引力。偶爾，表現優異的網路評論員會被選出來接受表揚或獎勵，顯然他們的作為受到當局肯定。[63] 然而，此種表揚極難成為多數網路評論員的強烈動機，因為只有少數人符合獲得表揚的資格，不僅如此，此種表揚也不是什麼值得公開炫耀的事情。

網路評論員執行方式

由於網路評論員是由不同的機關所動員，因此合理推論這些人必須執行各種不同性質的工作。例如，河北省正定縣的網路評論員奉命建立正面公共形象並宣揚官方主題，散播當局核定資訊並遏阻謠言，解讀並捍衛官方立場及安撫網民，同時協助管理網路資訊。[64] 就界定網路評論員責任而言，此種指導方針相當廣泛。但顯然他們最重要的工作是操弄輿論，不過也被期待為贊助機關監控網路意見。

動員網路評論員目的通常是為了危機處理，消除網路集體動員行動和維持贊助機關形象。此種個案包含2008年甕安縣暴動等社會陳抗事件和諸如2012年薄熙來這類高層官員中箭落馬的情況。甕安暴動是一場大規模活動，貴州省甕安縣的抗議群眾湧向街頭，焚毀政府辦公大樓和車輛，以宣洩對於一位少女可疑死亡及官方疑似吃案的憤怒。[65] 薄熙來則是中共中央動員網路評論員的例證。原本身兼重慶市黨委書記與政治局委員的薄氏遭罷黜，引發合法性危機，因為其曝露出高層黨幹的貪腐行為、中共高層權力鬥爭，以及中國大陸社會的意識形態衝突。因此，大批網路評論員充斥各主要網路平臺，以證明審判薄熙來的正當性，並讚揚中共當局申張法治等情況，自然不令人意外。[66]

以下摘文來自浙江省溫州互聯網管理中心主任所寫的一篇報告，內容列舉動員網路評論員的條件：[67]

> 「截至目前為止，『溫州市各部門網路輿論指導工作程序』已在99個市政機構實施。同時，溫州已設立一個173人的網路評論連絡組。網路輿論指導的工作計畫開始啟動的條件為……*當市府部門或機構發生緊急與敏感問題，可能導致網路廣泛關切和討論，因而造成負面影響，或與溫州市有關的敏感事件在網路散播，可能影響溫州市形象或擾亂社會穩定。*」

斜體文字部分意味著地方政府非常關切其轄區所發生危機及其後續對於機關形象的影響。這點可由共青團上海支部的內部報告獲得證實，該報告列舉多項2009年的重大「成就」。依據其內容，動員網路評論員是為了化解以下危機：包含大樓倒塌、[68] 預先安裝綠壩審查軟體、[69] 普陀區城市管理官員的暴力執法、[70] 控制H1N1流感病毒散布、閔行區強制驅離造成的自焚案件、[71] 構陷非法計程車、[72] 地鐵系統故障狀況。上述所有事件除了兩項之外──分別為預先安裝綠壩軟體和控制H1N1病毒散播──其餘都是地方危機，顯示地方政府的優先項目為何。話雖如此，各階層網路評論員在必要時也可由中共當局進行中央動員，例如綠壩軟體、H1N1和薄熙來審判等個案。換言之，網路評論員系統可以各行其是，亦可由中央進行統籌。雖然地方宣傳機關及其所贊助的網路評論員主要是確保地方利益，但同時也必須接受上級命令。

除了化解網路危機，動員網路評論員也可能是為了推動中央和地方層級的宣傳運動。例如，湖南衡陽市政府在2008年底曾動員網路評論員從事「解放思想和開發衡陽」的宣傳運動。這些人被要求參與議題討論、在地方和全國性網路平臺發表評論，甚至偽造與地方官員的網路訪談。[73] 其中一項針對性任務是對「衡陽市政府宣傳部『解放思想大討論』特別貼文」進行1千則的評論。[74] 但衡陽市並非特例，例如，江西省贛州的網路評論員曾在2014年1月被要求執行操弄一則地方黨委書記的網路訪問內容。這些人奉命至少要留下一則「像普通網民」的評論，並向互聯網宣傳辦公室回報內容和連結。[75]

中央政府機關也會動員網路評論員，往往透過地方辦公室從事輔助宣傳計畫的任務。在2013年5月，整個中共宣傳體系統進行整合以宣揚中共國家主席習近平的「中國夢」思想。在2013年中，中共亦動員各階層網路評論員攻擊所謂「公知」(公共知識分子)。[76] 2014年12月，為了宣揚第一次「南京大屠殺受難者全國紀念日」，共青團中央委員會動員全國各地大學生，針對特定微博貼文進行評論與轉傳。共青團上海支部洩露的內部文件曝露各大學如何呼應這次要求。例如：

「凌晨12點以前，上海商學院網路宣傳小組已完成以下數量的轉貼和評論：東方財富傳媒和管理學院已有347則轉貼和96則評論；

外語學院已有593則轉貼和254則評論；酒店管理學院已有651則轉貼和529則評論；管理學院已有508則轉貼和195則評論；信息與計算機學院已有438則轉貼和147則評論；文法學院已有289則轉貼和99則評論；藝術設計學院已有324則轉貼和139則評論；財金學院已有862則轉貼和397則評論。上述總共製造4,012則轉貼和1,856則評論。」[77]

然而，並非所有大學都同樣積極。例如，上海師範大學總共產製2,178則評論和轉貼；上海醫藥高等專科學校貢獻816則轉貼和321則評論；上海財經大學回報僅有216則轉貼和58則評論；華東師範大學則產製269則轉貼和56則評論。[78] 此種數字上的不同，顯示這項要求並未被視為是強制性工作，因此每間大學認為自己有相當大的決定空間。儘管如此，學生網路評論員的貢獻是在網路製造龐大聲量。如圖5.1所示，共青團的某個微博貼文在短短幾

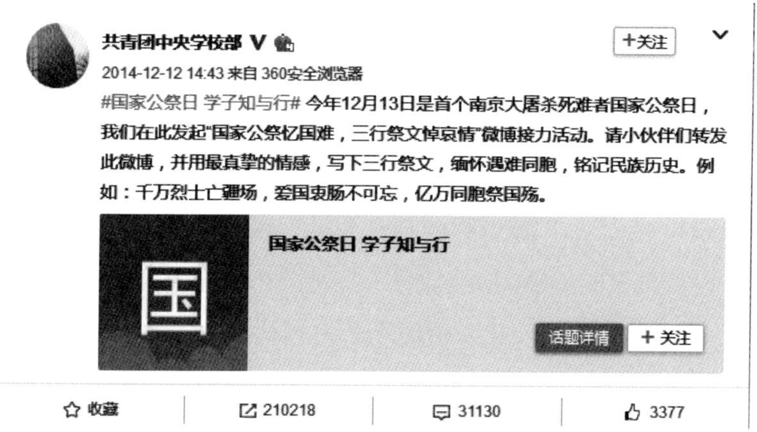

圖5.1 共青團中央委員會全國紀念日微博

資料來源：http://weibo.com/1459507082/BAuokusLb, last retrieved June 30, 2016.

天內就累積21萬則轉貼和3萬1,000則評論，表5.1是英文內容對照版本。[79]

表5.1 共青團中央委員會學校部微博貼文

CCYLCC School Department		+Follow	
2014-12-12 14:43 from 360 Safe Browser			
#National Memorial Day Student Awareness and Action #December 13 is the first National Memorial Day for the Nanjing Massacre Victims. We hereby launch the Weibo Relay theme of "remembering the national calamities through a national memorial with three lines of oration to express heartfelt emotions." Pals, please forward this Weibo post and write three lines of oration with your most sincere feelings to commemorate our deceased compatriots and memorialize the national history. For example: Tens of thousands of martyrs died on the battlefield, whose patriotic mission will never fade, as millions of compatriots commemorate their great deed.			
Bookmark	Forwards: 210218	Comments: 31130	Likes: 3377

自習近平掌權以來，中共當局採取諸多更積極的作為，試圖恢復理念領導權。尤其，宣傳機器非常努力宣揚與維護習近平是中共政權新偶像的正面形象。中共當局動員無數網路評論員，在網路上吹捧習近平。五毛黨這種毫不遮掩地讚揚習近平的方式，非常容易被看破手腳：它們有官方的「味道」，具有高度重複性，且看起來都很類似(如圖5.2，英文內容對照版本如表5.2)。不僅如此，這些評論一波又一波，大量先後出現的貼文都是在極短時間內來自同一個城市。檢查使用者資料後就會發現，網路評論員貼這些評論往往只評論習近平本人、使用官方語言基調，以及從不與其他網民互動(如圖5.3，英文內容對照版本如表5.3)。

话题：习近平首谈“四个全面”意味着什么[查看原文]

快速发贴 去跟贴广场看看 > 上一页 1 2 3 4 … 9 下一页

最新跟贴 (跟贴261条 有462人参与)

网易黑龙江省双鸭山市网友 ip：61.180.*.* 2014-12-18 09:48:38

总书记给全国领导干部做出表率，让老百姓心里感到踏实。

顶[0] 回复 收藏 分享 复制

网易黑龙江省双鸭山市网友 ip：61.180.*.* 2014-12-18 09:47:17

习书记心系百姓是人民群众的贴心人。

顶[0] 回复 收藏 分享 复制

网易黑龙江省双鸭山市网友 ip：61.180.*.* 2014-12-18 09:45:36

相信习总能广大人民群众把祖国建设的更加强大、美好！

顶[0] 回复 收藏 分享 复制

网易黑龙江省双鸭山市网友 ip：61.180.*.* 2014-12-18 09:44:13

习总书记反腐的决心就犹如百姓苦等的甘泉 坚决拥护习总书记

顶[0] 回复 收藏 分享 复制

网易黑龙江省双鸭山市网友 ip：61.180.*.* 2014-12-18 09:42:55

人民对美好生活的向往，就是我们的奋斗目标。

顶[0] 回复 收藏 分享 复制

网易黑龙江省双鸭山市网友 ip：61.180.*.* 2014-12-18 09:41:53

习近平总书记绝对是个优秀的主席，句句贴心，行动亦暖人心

顶[0] 回复 收藏 分享 复制

网易黑龙江省双鸭山市网友 ip：61.180.*.* 2014-12-18 09:40:42

我们的人民热爱生活，期盼有更好的教育、更稳定的工作、更满意的收入、更可靠的社会保障

顶[0] 回复 收藏 分享 复制

圖5.2 網路評論員的評論範例

資料來源：http://comment.news.163.com/news3_bbs/ADJDQ4OV00014JB5.html, retrieved June 30, 2016.

表5.2 圖5.2的英文內容對照版本

Topic: Implication for Xi Jinping's first talk on the Four Comprehensives

Netease user from Heilongjiang Shuangyashan 2014-12-18 09:48:38

ip: 61.180.*.*

The general secretary sets a good example for cadres across the country, making us ordinary citizens feel assured.

Netease user from Heilongjiang Shuangyashan 2014-12-18 09:47:17

ip: 61.180.*.*

General Secretary Xi bears the people in mind and is a close friend of the people.

Netease user from Heilongjiang Shuangyashan 2014-12-18 09:45:36

ip: 61.180.*.*

I believe President Xi will lead the people to make our motherland stronger and more prosperous!

Netease user from Heilongjiang Shuangyashan 2014-12-18 09:44:13

ip: 61.180.*.*

General Secretary Xi resolution to fight corruption is the sweet spring that we the masses have been longing for. Firmly support General Secretary Xi.

Netease user from Heilongjiang Shuangyashan 2014-12-18 09:42:55

ip: 61.180.*.*

The people's yearning for a good and beautiful life is the goal for us to strive for.

Netease user from Heilongjiang Shuangyashan 2014-12-18 09:41:53

ip: 61.180.*.*

General Secretary Xi Jinping is absolutely an excellent chairman. Every sentence of his speech is close to our hearts, and his actions also warm hearts.

Netease user from Heilongjiang Shuangyashan 2014-12-18 09:40:42

ip: 61.180.*.*

Our people love life. They expect better education, more stable jobs, better income, and more reliable social security.

資料來源：163.com.

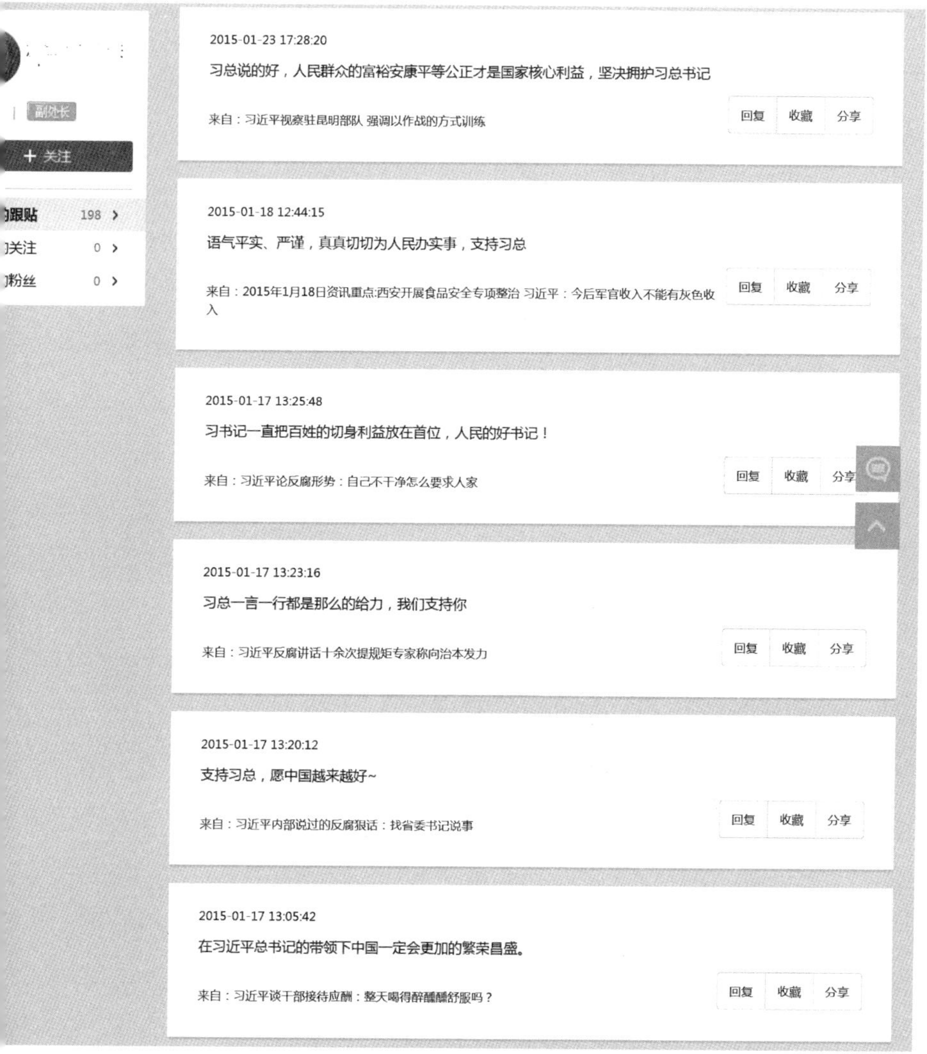

圖5.3 某位網路評論員的使用者資料

資料來源：「網易」(news.163.com). 特定URL並無法保護使用者的隱私，即便使用者極有可能是一位網路評論員。

表5.3 圖5.3的英文內容對照版本

2015-01-23 17:28:20
Well said, President Xi. The people's prosperity, pace, equality, and justice are the core national interests. Strongly support General Secretary Xi.
From: Xi Jinping Inspects Army in Kunming Emphasizing Close-to-Real Training
2015-01-18 12:44:15
His tone is calm and rigorous. He sincerely wants to serve the people. Support President Xi.
From: News Focus on 1/18/2015: Xi'an Starts Food Security Regulation Campaign; Xi Jinping: Grey Income Will No Longer Be Part of Military Officers' Income
2015-01-17 13:25:48
Secretary Xi always prioritizes the masses' interest. He is the people's good secretary!
From: Xi Jinping on the Anti-Corruption Situation: How Can You Demand Others If You Are Not Clean Yourself?
2015-01-17 13:23:16
Every speech and action of President Xi is just so energizing. We support you!
From: Xi Jinping Mentioned Rules More Than Ten Times in Anti-Corruption Speech, Experts Say He Is Trying to Fix the Root
2015-01-17 13:20:12
Support President Xi. Hope China will get better and better.
From: Xi Jinping's Tough Internal Anti-Corruption Talk: Hold Provincial Party Chiefs Accountable
2015-01-17 13:05:42
Under the leadership of General Secretary Xi, China will surely become more prosperous.
From: Xi Jinping on Official Dining and Entertainment: Are You Comfortable Being Drunk All Day?

資料來源：163.com.

分析隨機選擇有關習近平、李克強、胡錦濤和溫家寶的新聞報導，發現網路評論員事實上在習近平掌握時期活躍的多(如表5.4)。在編碼方式很可能低估五毛黨的結果中明顯看出，尤其是以習近平個案而言，許多讚揚習近平的匿名評論可能都來自網路評論員。由於僅能看到地點資訊(依以下格式：來自X省Y城市ip: xxx.xxx.*.*的「網易」使用者)，這些匿名評論坦白說相當難以編碼。但如圖5.2所示，這些評論一波又一波，同一個地點有多個甚至數十個先後出現的評論。此種可以判別的形態，加上用語線索，顯示這些評論都不是真心的。

除了操弄網路輿論，網路評論員也經常藉由宣揚及澄清當局政策，扮演連接中共當局和大眾之間的橋樑，但更重要的是，向當局回報大眾的關切事項。雖然多數網民很難理解，但此種功能被某些人視為反制毫無根據謠言和改善治理的有利工具。[80] 尤其，監控網路討論內容讓當局獲得決策與執行方面的參考。例如，據傳網路評論員曾為《長沙輿情快報》寫文章，這項快報是由外宣辦公室編輯並每日向長沙市領導人匯報。[81] 衡陽市宣傳部信息辦公室前副主任李光華宣稱，他過去曾編組網路評論員匯整網民抱怨事項，並直接向地方黨委書記回報，而地方黨委書記再找出解決方案。學生網路評論員也必須承擔類似責任，諸如蒐集與回報學生的建議與批評。[82]

雖然「連結政府與人民」聽來像是一個空洞的自我誇讚，網路評論員在某些個案中還真的幫到了百姓。例如，在2014年，江西省湖口縣當地網路評論員發現一篇微博貼文，懷疑某家公司積

表5.4 高層領導人網路評論活動之比較

	編碼評論數	匿名評論	疑似網路評論員	真正喜愛者	不明者
習近平	1,133 (100%)	193 (17.03%)	786 (69.37%)	140 (12.36%)	14 (1.24%)
李克強	446 (100%)	238 (53.36%)	58 (13%)	138 (30.94%)	12 (2.69%)
胡錦濤	292 (100%)	103 (35.27%)	9 (3.08%)	145 (49.66%)	35 (11.99%)
溫家寶	399 (100%)	140 (35.09%)	5 (1.25%)	177 (44.36%)	77 (19.3%)

註：取自「網易」的新聞報導。針對所有低於100則評論的新聞報導，所有評論都加以編碼。針對超過100則評論的報導，前60則進行編碼。

欠300多位移工高達300萬人民幣。地方政府接著便前往瞭解，並用補償這些移工方式解決問題。[83] 類似個案事實上相當普遍，從外洩的江西省贛州市章貢區的內部電子郵件即可看出這點。

評估網路評論員系統

由於傳統國家宣傳變得越來越沒有效果且缺乏效率，因此五毛黨似乎成了中共政權的救命仙丹。透過網路帶風向，網路評論員扮演著國家引領網路言論的黑手。相較於諸如審查等威嚇手段，網路帶風向讓國家機關運用認同和語意力量——化身一般網民的掩飾下——去說服網民並捍衛政權。這明顯是中共黨國體制在數位時代一個聰明的調適作為。

網路評論員的興起與普及，顯示中共當局學習與動員的強大能量。這個最初只是地方創新作為的作法，不僅在全國各地推廣，同時也成為「國家級政策」，現在網路評論員儼然已成為中共當局宣傳機器和思想工作不可分割的一部分。透過既有機關，諸如宣傳系統和共青團，中共黨國體制能在任何時間動員上萬名的網路評論員。例如，2014年3月，共青團中央委員會敦促各大專院校在全國各地成立至少有35萬人的網路宣傳員，各省級單位都有指定的網路宣傳員配額 (如表5.5)。[84] 2015年2月，中央委員會要求成立更大規模的青年網路文明志願者，最低要求配額為

表5.5 共青團網路宣傳員配額

省份	配額	省份	配額
北京	20,000	湖北	20,000
天津	10,000	湖南	15,000
河北	15,000	廣東	20,000
陝西	10,000	廣西	10,000
內蒙古	7,000	海南	2,000
遼寧	20,000	四川	12,000
吉林	10,000	重慶	10,000
黑龍江	10,000	貴州	6,000
上海	10,000	雲南	8,000
江蘇	20,000	西藏	1,500
浙江	15,000	山西	15,000
安徽	15,000	甘肅	6,000
福建	10,000	青海	2,000
江西	10,000	寧夏	2,000
山東	20,000	新疆	3,000
河南	15,000	兵團a	500
總計：350,000			

a 「兵團」係指「新疆生產建設兵團」

資料來源：Chinese Communist Youth League Central Committee Office, "Wangluo Xuanchuanyuan Duiwu Jianshe Tongzhi" ("Circular on Establishing an Internet Propaganda Troop"), March 19, 2014.

1,050萬人。[85]

毫無疑問地，黨國體制擁有無與倫比的權力與資源可以在制度面與組織面進行內部改造、動員人員和因應調適。但此種強大的能量並不能自動保證能成功落實調適作為。動員網路評論員有許多目的，包含化解網路危機、輔助國家宣傳方案、讚頌高層領導人，以及拉近當局和百姓的距離。但中共當局通常都無法達到其引領網路輿論的任務。如同其他研究這種現象的學者，本書發現網路評論員幾乎都只是彼此溝通並鮮少與網民互動。[86] 當然，此種情況的其中一種合理解釋，就是中共當局只是要模糊焦點，並不想參與網民的網路辯論。[87] 還有可能中共當局目的是要展現自己維持社會控制和政治秩序的力量，而非試圖說服網民。[88] 但分析顯示，網路評論員之所以未參與重要網路討論，是因為他們沒有將工作做好的動機。尤其，中共當局靠宣傳系統、共青團和各大專院校動員五毛黨，透露此種創新作為仍高度寄身於既有宣傳與思想工作機器。此種附著程度，雖然可使中共當局更有效動員及控制網路評論員，但卻限制與僵化這項創新調適作為，因而使五毛黨無法有效運作，且在許多個案中，還使其工作造成反效果。

首先，既有宣傳機器與思想工作沒有能力評估與提升網路評論員的績效。事實上，由於多數網路評論員都是從體系內招募，選員標準優先項目是政治忠誠度，因此這些人往往缺乏適切技巧正確與網民溝通。因此，無怪乎其無法像中共當局預期般如此有效運作。據某位負責湖南省衡陽市網路評論員的中共前宣傳官員表示，網路評論員在能力上有很大出入，而其評論「無法引導網路輿論，甚至有時還造成反效果。」[89]

此種能量缺乏現象又因為不當的誘因結構而更加嚴重，因為許多網路評論員完全沒有將工作做好的動機。顯然，多數網路評論員都是為中共當局帶動輿論的臨時工且報酬甚低。對許多人而言，在網路上為贊助機關發表評論完全是一項多餘業務。對其他人而言，他們收費做這項工作的事實，似乎只是廉價「出賣靈魂」。[90] 這正是為何五毛黨會成為不名譽標籤的原因。某位論壇評論員坦承：

> 「我的朋友都知道我在擔任網路評論員。當大家同住在一個屋簷下，你是沒有事情可以藏得住的。我大半時間都保持沉默，只有在他們太過分時才會提醒他們。這並不是件光采的事，而且他們都知道。」[91]

其次，五毛黨的附著性使其非常容易遭遇妨礙當局宣傳工作的問題。雖然像宣傳體系和共青團等單位可以大量動員網路評論員，但是他們的行為和心態卻沒有依據執行新輿論操弄工作之要求進行調整。[92] 尤其，這些機關多數都將政治帶風向變成枯燥的宣傳工作官僚程序，因為這些網路評論員都是由上而下動員，於是取悅高層官員才是最終目的。因此，網路評論員更在乎上級的讚許，而非實際說服網民。這說明為何網路評論員不會花太大力氣隱藏其明顯特質或在網路上參與網民的討論。本章分析發現，除了一貫支持中共政權和使用官方言論基調外，網路評論員往往只有在上班時間工作，因此通常都是在短時間內發表大量連續性評論，並以他們所負責的工作為重點。甚至連針對中共國家主席習近平的評論──明顯具有最重高政治重要的一項工作──也是採取這種非常粗糙方式進行，因此老練網民一眼就能看穿這些評論。顯然，如果不是整個宣傳體系非常無能，導致不知道自己做的非常差，不然就是毫不在乎對其工作的實際影響。由於誘因結構的關係，後者更有可能：對於網路評論員(和宣傳官員)而言，主要的爭取對象並非網民，而是他們的上級。事實上，衡陽市信息辦公室的官員就承認，「動員網路評論員與地方黨委書記在網路訪談中互動，邀功是他的目的之一。」[93]

相同道理也說明為何五毛黨經常被當局宣傳曝光。事實上，中共黨國體制雖然一再強調加強其思想領導和維持社會穩定的重要性，但卻毫不遮掩其控制及操弄輿論的企圖。對於地方政府和宣傳機關而言，五毛黨是一個向上級政府表現自己努力的手段。這正是為何有關招募、訓練和獎勵網路評論員的報導，會經常出現在他們的官方網路新聞版面，以及包含報紙和電視頻道等傳統媒體上，因為中共當局會密切注意這些管道。例如，2006年12月，山西省舉辦首次網路編輯和評論員的訓練課程。當地的媒體管道，由晉城宣傳部直接管理的《晉城新聞網》，不僅驕傲地報導這次活動，還將報導連結到其他報導相關新聞更具影響力的媒體平臺。[94] 顯然，對於地方宣傳官員而言，這是得到諸如《人民網》等中央媒體及「騰訊」(QQ.com)與「網易」(163.com)等全國性商業入口網站注意的重大成就。還有許多其他個案是主流媒體對於網路評論員工作的報導。例如，《南方都市報》曾報導甘肅省規劃聘用650名網路評論員。[95] 同樣地，當廣東省規劃新成立1

萬名的「網路輿情引導員」時，《廣州日報》和《網易》新聞入口網站都報導這則消息。[96] 這些例證顯示，宣傳機器並沒有打算隱藏網路評論員身分，這明顯來自於宣傳與思想工作的老掉牙作法。

中共當局無法讓網路評論員保持祕密的事實，已導致原本一開始像是聰明的國家調適作為完全喪失效果。五毛黨曝光造成外界對於中共當局宣傳與威權統治更加反感，導致中共當局思想領導地位的侵蝕，而非獲得鞏固。尤其，在網民得知五毛黨存在的事實後，他們很自然就會懷疑任何支持中共政權的言論。這說明了為何支持政府的聲音已變成網民間的「政治不正確」，亦說明為何政府與網路言論的關連性被視為「立即負面」。[97] 隨著同儕壓力讓網民不敢採取支持中共政權的立場，潛在的政府支持者就會喪失信心而變得沉默。如同北京師範大學教授張勝軍所言，「現在，五毛黨已經變成一支揮向全中國愛國同胞的指揮棒。」[98] 排山倒海的批評聲浪激化網民間彼此不信任，讓貼標籤大戰更形惡化，情況將如後續第六與第七章所述。

結語

網路評論員興起，提供一個檢視中共威權政權能量與調適能力的極佳機會。中共黨國體制顯然瞭解網路言論的匿名性不僅解放了民眾的資訊流通，同時也使其能祕密形塑輿論。當國營媒體喪失其公信力時，五毛黨能協助當局更有效引導大眾輿論，以消弭網路危機的負面效應及散播支持政府的聲音。透過分析網路評論員體系的招募、訓練、獎勵和運作，本章內容顯示黨國體制已展現出動員人員與適應新挑戰的能量，但這個表面上聰明的策略最後並沒有像中共當局預料般如此有效。如本章內容所述，由於網路評論員缺乏動機和能力參與網民的重要辯論，他們只重視讚揚領導人和展現忠誠度(最高自然是對習近平)，因此無法達成其任務。此外，由於原本應該是無形力量卻因為某些理由而曝光，導致依靠五毛黨往往招致反效果：他們可以從行為線索上辨別，且經常被網民、異議分子和外國媒體所揭露。相當諷刺的是，五毛黨的贊助機關為了獲得更高層政府官員的讚許，會設法吸引大眾注意而非避免，因此五毛黨反而是被國家機關所曝光。但由於網路評論員體系是附屬於既有宣傳機器和思想工作，其雖然相當強大多變，但卻遵循一套已無法與經營網路輿論相容的制度性規則、程序和行為，這種結果是預料中的事。中共當局在設法轉變網路時代前的力量和資源，成為有效網路引領機器過程中遭遇諸多困難的事實，顯示確有必要找出當局在數位時代適應能力上的問題。

網路評論員體系的演進過程，也證實分殊威權主義的理論，因為這點從中共黨國體制在不同層級與部門的分隔就可以看出。[99] 網路評論員一開始只是一個地方上的創新作為，後來透過模仿和相互學習散播，因此其顯然並非中央政府所推動的政策。在今日某些個案會發生的中央協調，多數情況下是看不到的，因為網路評論員都是由地方政府或特定國家機關為了自身目的所贊助與推動。話雖如此，在中共中央統籌的宣傳運動中仍可看到越來越多網路評論員活動蹤跡，尤其從習近平上臺後更為明顯。對於加工製造網路支持中共政權聲音的日益依賴，曝露出執政當局深層的不安全感。

中共當局並不是唯一具有意志和能量，為政治目的操弄網路輿論的行為者。其他社會政治行為者，諸如心懷怨恨的網民和異議團體等，也被發現運用諸如網路帶風向等公關手法，散播自己聲音。為了更充分瞭解中國大陸網路空間的話語權角力，非國家行為者企圖製造不滿及後續影響，也值得深入探討。下一章內容將探索中共政權批評者的網路輿論經營作為，為何會激化網民的認同焦慮感。此種焦慮引燃了網民之間的論述戰爭，造成民族主義論調的興起，這些論調將政權批評者、親自由派媒體和其他國家描述成想要破壞中國大陸崛起的民族敵人。這解釋為何即使中共當局論述遭受質疑，也不會轉變成支持挑戰政權論述的原因。

6

製造不信任

網路政治反對派及其反作用

「很多人說廣場上有兩千人或是兩百人被打死，在廣場上有坦克輾壓撤退的學生人群等等。我必須強調這些事情我沒有看見，我不知道別人是在哪裡看見的。我是六點半還在廣場，一點都沒看見。我一直在想：我們是不是需要用謊言去打擊說謊的敵人？難道事實還不夠有力嗎？如果我們真的需要用謊言去打擊說謊的敵人，那只不過是滿足了我們一時洩恨、發洩的需要而已，這個事情是很危險的事情，因為也許你的謊言會先被揭穿，之後你再也沒有力氣去打擊你的敵人了。」[1]

侯德健，《天安門》(紀錄片)

瑞典學者辛優漢(Johan Lagerkvist)主張，中國大陸網路空間的角力較適合視為一場中共黨國體制、青年／底層民眾，以及跨國企業規範的競爭，這種競爭促成規範改變並使整個中國大陸走向包容性民主制度。[2] 此種規範競爭的觀點極具價值，但許多人可能不認同走向包容性民主制度的樂觀期待。很明顯地，中國大陸網路言論不是單純的審查與反審查故事，而是一個多種論述相互競逐影響力的故事。此外，從網際網路獲得力量的不只是批評中共政權的聲音，還有各式各樣行為者的聲音，包含中共當局及其支持者。中共當局製造與散播的網路內容，幾乎跟其檢查與打壓的內容一樣多，在其開始採取創新宣傳手法後更是如此。同時，網民也展現多元化政治取向。據中國大陸學者李永剛表示，當局的某些措施如管制網咖，事實上獲得百姓的支持，這種情況剛好符合中共當局的內容鉗制訴求。[3] 右派和左派的網民一直在彼此辯論，並形成兩個穩定的論述共同體。[4] 網路民族主義者展現支持中共政權的取向，並偏好挑戰當局對於民族主義分子的合法性宣稱。[5] 在近期研究中，傳播學者江敏(音譯，Min Jiang)主張，中國大陸網路空間同時存在著文明和不文明的言行，導致網際網路、不文明社會和威權主義的共同演變。[6] 此種研究打破過去有關網際網路治理之單純國家對社會或是審查對反審查的觀點，顯示在多重公共領域的多元化網路空間中，一個不同論述彼此爭取網民民心，而非一個由國家與社會對立主宰的環境。[7]

相較於第五章說明中共黨國體制如何運用網路帶風向作為對抗(而非單純的審查與打壓)政權批評者的公關手法，本章內容將從檢視非國家行為者如何設法經營網路輿論，以更複雜角度看這個話語權競爭觀點。尤其，從揭露政權批評者反而諷刺地造成大眾將其想像成是破壞中國大陸網路之民族敵人，本章將找出造成民族主義網民和論調，如何在中國大陸網路空間變得高度支持中共政權的機制。這個機制有助於說明中共威權政權，儘管在鉗制與形塑網路言論的各種作為上毫無成效，但卻仍保持其統治韌性的原因。

為了在網路活動微觀層次瞭解多元行為者話語權角力的複雜互動情況，下節內容會先探索異議分子的網路言論經營活動，隨後再以支持中共政權聲音崛起為重點。藉由凸顯「民族敵人」的論述建立模式，本章將釐清中國大陸網路空間的身分認同資訊與言論多元化的過程，並解釋為何國家規範的侵蝕，還沒有轉變為對中共政權批評者的支持或走向包容性民主制度的規範轉變。[8]

弱者的武器：非國家行為者的大眾言論經營

網路帶風向等網路言論操弄手法，並不是中共當局所發明。事實上，BBS網站使用者是最早運用此種意見引導技術的人，但他們鮮少是為了政治訴求。[9] 在BBS網站問世初期，當首頁前十名貼文選出，並依據其總參與帳號數排名後，就開始有使用者運用意見引導手法，幫助自己喜歡的主題「衝十大」。除了邀請朋友參與，使用者會運用多個幽靈帳號偽裝成一大群人。[10] 隨著網際網路在中國大陸社會日益普及，網路言論也越來越有公共影響力，[11] 更多的行為者，包含受委屈的上訪者和企業，[12] 開始運用網路帶風向方式爭取注意、吸引媒體，以及對政府機關施壓。[13] 諸如「天涯社區」的自由版等大眾平臺，吸引太多的上訪者，為了相互角力，有時使用者會建立多個帳號或動員親戚朋友，以便能夠「頂帖」。

網路帶風向和散播謠言等輿論操弄手法，是如上訪者等社會弱勢族群，或在高壓政權控制多數媒體資源下幾無管道表達反對意見的異議分子，很自然選擇使用的武器。[14] 尤其，相較於那些有特定冤屈和侷限性訴求的上訪者，挑戰整個政治體系統治正當性的異議團體面臨更為嚴峻的環境，迫使他們必須依靠低調、日常形式的反抗作為。例如，自法輪功遭到鎮壓後，遁入地下的法輪功信徒就開始透過諸如在電線桿貼小廣告、在紙幣上寫口號，以及祕密分送報紙和光碟片等手法進行動員。

由於「防火長城」會過濾關鍵字並封殺可疑IP位址，異議分子必須隱姓埋名以逃避當局的審查。同時，許多論壇也將可確認的異議分子消音，以避免當局秋後算帳。例如，「北大未名」一直都公開拒絕像《大紀元時報》等法輪功資料在該網站轉貼。同樣地，「未名空間」也決定將多個討論版上的法輪功資料清除，以便能在2008年為中國大陸國內使用者成立合法的鏡像網站。除了當局和網站管理員的審查外，異議分子有時會引起民眾的反感，使網路帶風向變成一個比宣傳自身訊息更為有效的選項。例如，法輪功資料被「未名空間」的中國新聞版和軍事版禁止的原因，就是網站使用者認為法輪功消息來源不可靠，以及對法輪功信徒以大量貼文洗版的手法深感不悅，所以共同提出禁止要求。[15] 因此，網路帶風向手法可以保護異議分子聲音不被列入當局和網站管理者的黑名單，同時避免在其他網民間引起反效果。

全球性政策智庫蘭德公司出版一篇名為〈你被異議了〉(You've Got Dissent)報告所做之紀錄，異議團體是透過電子垃圾郵件和網路論壇等管道散播其資訊。[16] 以法輪功為例，其網路宣傳作為就相當有名，而且法輪功信徒張貼訊息通常有某些可辨別的特徵。我曾收過一封醜化江澤民的電子郵件就是絕佳例證，當年就是江澤民政權對這個宗教團體發動鎮壓。[17] 這封電子郵件宣稱江澤民的私生活非常淫亂，在其1980年代到內華達州雷諾市進行正式訪問期間，甚至還要求性服務。雖然使用者無法完全確認寄送者的真實身分，但從這封電子郵件想要詆毀江澤民的事實，就可看出是法輪功所為。

異議分子攻擊中共當局統治正當性的作為，手法會比較間接且細緻。2010年12月1日，有一篇名為「外星人造訪地球：火星男孩的驚人講話」文章被貼在「未名空間」的中國新聞版上，內容引述疑似來自俄國共產黨官方報紙《真理報》文章，內容提到有個俄國男孩宣稱自己是火星人。這篇以末世論語調寫的文章，宣稱2008年汶川大地震是對「缺乏信仰國家」做出的懲罰，其預言未來各種災難將造成近百萬中國大陸人民喪命，並指稱這個火星男孩奉命為人類找到一位中國大陸出生「引導的靈」。然而，《真理報》文章中都無法找到一個呼應法輪功著作的論點。此外，該文據說最早是在2008年5月刊登，但中文版貼文卻從2010年12月才開始在網路上流傳，最早出現版本就是法輪功網站「明慧網」。同時，谷歌搜尋結果也顯示，該文原本是在其他法輪功網站被廣泛轉貼。後來設法滲透到諸如「凱迪網絡」、「寬帶山」和「愛卡汽車」等中國大陸流行論壇，許多網民懷疑這篇貼文根本是來自法輪功。[18]

另外一篇比較中共和美國政府建築物的廣泛流傳文章，提供另一個異議分子網路帶風向的例證。這個貼文將奢華的中國大陸市政府辦公室大樓和簡樸的美國市政廳兩張照片放在一起，傳達一個清楚強大的訊息：中國大陸政府機關和官員永遠把自己的舒適放在人民需求之前。雖然其以真相為訊息核心，但眼尖網民還是看出其中操弄的證據，因為這些中國大陸建築物照片都可以正確找到，但多數美國政府建築物的照片卻被修改；有些根本就是假的，還有一些是刻意予以縮小，另外還有部分照片則是來自那些只有千人左右的小鎮，人口連中國大陸的村莊都比不上。[19] 許多網民認為，這篇貼文應該是海外民主異議分子的網路帶風向作為。[20] 有些人相信，同一個團體還捏造廣泛流傳的「蘭德公司關於中國大陸人民輿論」的調查報告，由於這份偽造文件在網路廣傳，迫使蘭德公司還得出面闢謠，否認其為蘭德公司的報告。據蘭德公司的正式免責聲明中，這份偽造報告內容「對於中國大陸人民有極負面的評語。」[21]

雖然很難對於這些網路手法背後的策劃詳密程度做出結論，但這些例證顯示，隱身的異議分子採取具有高度目的性之作為。海外異議團體，包含法輪功信徒所組成的團體、民主運動分子，以及參與西藏和新疆獨立運動的人，都被外界廣泛視為是這些作為背後最主要的行為者。某位大型網站高階主管受訪表示，陰謀破壞勢力在幕後運作，操弄網路言論。[22] 其他多位受訪者亦表示，如果證明這點是真的，他們一點都不意外。

想像出來的敵人和反作用

異議團體採取的政治網路帶風向作為，雖然可能破壞中共政權統治正當性的基礎，但這些作為也造成反作用。對於某些網民而言，這些網路異議活動事實上強化了點名少數陰謀破壞勢力的國家宣傳，因而製造出一種反間諜氛圍，而其核心部分就是一群被想像出來之民族敵人，設法透過網路輿論操弄以祕密破壞中國大陸。這些敵人包含外在敵對勢力(尤其是西方強權)和內在陰謀破壞勢力，諸如異議團體、政治與民權運動分子、親自由派媒體專業人員，以及與上述外在「敵人」有相同利益和價值的知識分子。據信外在和內在勢力都積極經營中國大陸的網路輿論，但卻不是為了中國大陸人民的福祉或他們宣稱的祖國，而是為了他們自身利益或別有居心。因此，他們的活動都應被視為是間諜行為，所有愛國網民都有責任揭發並反制他們。往往，此種反間諜想法獲得相信的程度和傳播範圍，都透過網民的網路體驗進一步加強。

許多中國大陸民眾原本就對西方國家充滿懷疑，並相信這些國家就算沒有陰謀阻礙中國大陸崛起，也至少對於中國大陸及其民眾持有偏見。[23] 這些猜疑在中國大陸民眾認為西方世界干預中國大陸內政時又被進一步放大。例如，美國前國務卿希拉蕊(Hillary Clinton)干涉谷歌退出中國大陸的案例——包含她與谷歌和推特等資訊科技大廠的代表進行晚宴，以及其後來針對網路自由所發表的聲明等——讓許多中國大陸網民充分相信，谷歌根本就是美國政府的工具，造成網民即便怨恨審查，但仍群起捍衛中共當局。[24] 同樣地，美國駐北京大使洪博培(Jon Huntsman)於2011年2月現身北京茉莉花革命抗議活動現場，也被視為是美國試圖顛覆中共的證明。[25] 而洪氏有關向盟邦和中國大陸人民求援，以「打倒中共」的言論，立即在網民間掀起怒火，並被視為是美國對中共公開宣示敵意。[26]

同樣地，中國大陸民族主義往往是因為受到西方媒體既存偏見所激發。2008年發生的一連串事件尤其可看出這點。在2008年3月拉薩暴動期間，[27] 清華大學學生與「水木社區」使用者饒謹成立一個名為「反CNN」(Anti-CNN.com)的特殊平臺，[28] 其匯整西方媒體報導此次暴動的扭曲畫面。這類扭曲畫面包含把尼泊爾和印度警察的影片和照片，說成是在拉薩的中共警察、[29] 誤導讀者的剪輯照片、[30] 將救援行動誤報成鎮壓，[31] 以及其他直接操弄網路輿論的行為。[32] 誠如公共知識分子梁文道所言，這些報導幫助中國大陸網民「將西方世界想像成一個對中國有共同觀感、共同扭曲和共同偏見的集合體。」[33] 以下是某位匿名作者寫的詩，係用於回應2008年拉薩暴動的西方媒體報導內容，顯示特定事件如何引發並放大中國大陸網民對於西方世界的怒火：[34]

你要我們怎麼樣，
當我們是東亞病夫的時候，
我們被稱為黃禍。
當我們準備成為下一個超強的時候，我們被稱為威脅。
當我們閉關自守，你們就發動鴉片戰爭打開我們的市場。
當我們接受自由貿易後，你們怪我們偷走你們的工作。

當我們四分五裂時，你們就派兵要求你們公平的配額。

當我們想要把破碎的每一片拼回來時，

你們就高喊「自由西藏」。那根本是侵略！

當我們實驗共產主義，你們恨我們是共產黨員。

當我們接受資本主義，你們又恨我們是資本主義者。

當我們有了10億人口，你們說我們在摧毀這個星球。

當我們想要降低人口數，你們說我們侵犯人權。

當我們窮的時候，你們覺得我們是狗。

當我們借你們現金，你們怪我們增加國債。

當我們建立自己的工業，你們稱我們是汙染者。

當我們賣貨物給你們，你們怪我們造成全球暖化。

當我們買石油，你稱這叫剝削和種族屠殺。

當你們為了石油去打仗，你們說那叫解放。

當我們陷於混亂當中，你們要求法治。

當我們堅持以法律和秩序對抗暴力，你們稱這是違反人權。

當我們沉默時，你們說希望我們要有言論自由。

當我們不再沉默，你們說我們是被洗腦的排外主義者。

我們要問，為什麼你們這麼恨我們？

你們回答說，不，我們不恨你們。

我們也不恨你們，

但你們懂我們嗎？

你們說，當然懂。

我們有法國第五電視臺、美國有線電視網和英國廣播公司……

你們到底要我們怎樣？

先是想好久，然後答……

因為你們只能有這麼多機會。

夠了，夠了，這個世界的偽善真是夠了。

我們想要一個世界、一個夢、地球和平。

這個藍色的大地球足夠裝下我們所有人。

在這些事件中，網民不但批評來自西方媒體的報導，同時也動員起來向西方大眾溝通並說服他們。「未名空間」某位使用者貼了一篇澳洲高中英文老師瓊斯(Mark A. Jones)跟支持西藏遊說者辯論的長摘述，作為如何有效與西方人溝通並贏得他們支持的例證。[35] 許多類似貼文都在中國大陸論壇上流傳，諸如「未名空間」、「水木社區」和「天涯社區」等網站，以幫助傳播中國大陸的聲音。這些作為在公開捍衛中共西藏政策方面，比起中共當局的宣傳機器扮演更重要角色，除了因為這些貼文歡迎程度，也因為這類貼文並非當局宣傳機器的產品。此外，這些網民證明西方媒體的報導，會造成重大反效果，有時自發動員的中國大陸網民，在對抗西方時比中共政府更有效果。

同樣也是在2008年，就在拉薩暴動發生後不久，中國大陸網民在奧運聖火傳遞期間充分展現愛國情操。為了展現對國家的支持，「未名空間」使用者甚至捐機票錢給那些從其他區域飛到舊金山追隨聖火在美國傳遞的人。[36] 在當地，他們非常惱怒地發現，抗議群眾所得到的媒體報導，比起聚集支持中共的更大規模人群還要多。不僅如此，美國有線電視網評論員兼主持人卡佛帝(Jack Cafferty)毫不在乎地評論——「我認為他們基本上跟過去50年來是同樣的一群笨蛋和暴徒」——更加激怒中國大陸網民，他們將卡佛帝的話當成是另一個西方媒體頑固反「中」偏見的證明。[37]

除了西方世界外，主要異議團體也普遍被描述為是民族敵人或是敵對外來強權的馬前卒。異議團體經營網路輿論的事情，被許多網民視為擾亂中國大陸發展，因而成為網民和中共當局進行反異議分子作為，甚至審查的正當理由。事實上，大陸民眾認為民主運動分子、法輪功信徒和分離主義分子(包含臺獨、藏獨和疆獨運動相關人員)都是美國和其他西方強權所操縱的聯合勢力，此種想法相當普遍。有關王丹(1989年天安門廣場民主運動學生領袖之一)接受臺灣傾向獨立的民進黨政府資助的謠言，經常被引述為是民主運動分子與分離主義運動合流的證據。[38] 不僅如此，2010年劉曉波獲頒諾貝爾和平獎，也在民族主義的網民間產生反作用。這位諾貝爾獎得主被指控「拿了美國國家民主基金會的錢」，支持美國對伊拉克和阿富汗發動戰爭，同時以諸如「中國要變得和今日香港一樣，得花300年的殖民統治」等言論貶損中國大陸。[39]

網路異議活動被視為國家利益威脅的認知，讓許多網民對於1980年代開始的民主運動沒有好感。民主運動分子也被視為是外來敵對勢力操弄的對象，而民族主義的網民也指責他們在1989年太頑固不願妥協，在逃離天安門時拋棄一起抗議的學生，躲避中國大陸的血腥鎮壓，活著逃到海外享福。此種認知，加上民主運動內部的派系鬥爭，讓許多網民深信這些運動分子提倡的民主形態，並不是取代共黨統治的可行選項。[40]

此種遺緒在2011年中國大陸發生支持民主制度的「茉莉花革命」抗議活動時可以明顯看出。當時民主運動分子王軍濤發了一則推特文，敦促那些知名的民主運動分子留在家裡以免遭到鎮壓，[41] 此舉引來外界一波針對民主運動分子的嘲笑。自稱「五毛黨主席」的微博網站知名微博客染香，[42] 寫了一系列諷刺文，包含以下被同儕微博客轉推，且在主要論壇上廣泛流傳的這一則：[43]

「讓民主菁英先走，你應該躲在他們後面。[44]

多數民主菁英都享受過中國改革開放的果實並過著很好的生活，所以他們應該站在最前線為自己訴求獻身；我們一般百姓不曾有很多好日子，現在還不能死。還有，你的死和菁英的死不一樣：你死了輕如鴻毛，而他們死了重如泰山。」[45]

這段文字將民主運動分子描述成膽小鬼，只會自私地讓一般百姓冒生命危險來達到自己目的。這讓許多網民想起柴玲，那位1989年天安門事件最著名的學生領袖，她曾說過「你們，中國人！你們不值得我去奮鬥！你們也不值得我去犧牲！」[46]

然而，被形塑成內在敵人的不只是那些異議團體。支持民主制度的自由派知識分子、意見領袖和媒體專業人士，也被一起視為「菁英」和「普世派」，有時也被稱為「普世菁英」。[47] 例如，

「我讚許年輕人勇於追求民主。但萬一血腥革命發生，你們必須記得自己的命最重要。不要相信那些說自由重於一切的菁英……

像張銘(音譯，Zhang Ming)、李承鵬(音譯，Li Chengpeng)、黃健翔(音譯，Huang Jianxiang)、夏業良(音譯，Xia Yeliang)、屠夫(音譯，Tufu)、詹江(音譯，Zhan Jiang)、山人(音譯，Sanren)等擁有最頑強革命意志的人，應該站到最前線。如果他們沒有，你一定要想盡辦法把他們送到最前線，並拿他們當人肉盾牌。」[48]

此處列舉的這些「菁英」，都是以抱持「普世派」立場著稱的公共知識分子、媒體專業人士或意見領袖。鑑於他們對於網路輿論的影響力，一些網民非常有理由擔心他們的動機。例如，在阿拉伯之春運動發生時，知名編劇家兼微博名人寧財神寫了一篇微博貼文，報導說他的一些朋友被困在埃及開羅，就因為中共駐埃及大使館撤僑行動太慢且缺乏效率。在寧財神本人刪除貼文前，這則訊息已被轉推超過2萬8,000次，因為後來他發現情況並非完全是大使館的錯。然而，他澄清自己過度反應並表揚大使館工作的更正推文，雖然只比第一封推文晚了3個小時，三個星期內卻只有被轉推491次。[49] 此種落差不僅顯示批評政府的聲音易於流傳且難以化解，同時也讓許多人相信有一隻「幕後黑手」，為了陰謀破壞目的在操弄網路言論。[50] 在另一個案例中，李承鵬、張銘、黃健翔三個人，轉推一則微博貼文，宣稱一起牽涉2萬5,000美元的政府貪污案是美國歷史上最大的(相較之下，中國大陸貪汙案件涉及金額遠遠高的多)。僅只李承鵬的轉推文，後來在一週內就被他的追隨者轉推近3,000次，且幾乎沒有人質疑這個宣稱。[51] 但眼尖網民雖然知道中共的貪腐問題，卻正確質疑這個數字正確性，且將這則推文當成是意見領袖過度誇大美國官員的誠實，不負責任地挑起反政府情緒。[52]

許多網民也相信如南方系等親自由派媒體，背後動機有不可告人的訴求。[53] 南方系因敢言著稱的「南方媒體集團」得名，以調查性報導和親自由派立場著稱，[54] 並由一些目前或過去與南方媒體集團有淵源的媒體管道和專業人士所組成之鬆散群體。某位前《南方都市報》記者證實，該集團偏好報導「與公共利益相關議題，尤其是政府的不當行為。」[55] 南方系有名的主要原因是其批判立場，且該集團深受許多讀者的敬重。然而，其亦引來民族主義者和政治中立網民質疑其企圖引導輿論的批評。事實上，南方系在網路上經常被指控，「在報導中偷渡自身價值和信念」且向大眾「洗腦」。[56] 以下這則由劉原所寫──他原本是在《南方都市報》工作，曾擔任過《南國早報》總編輯──吹捧南方媒體集團影響力的部落格文章，正好坐實了網民認為該集團從事破壞陰謀的想法：

> 「南方集團的貢獻並不限於直接經營的報紙。它也教育無數曾在該集團工作的人並影響同儕媒體專業人士。當它和《中國青年報》變成楷模時，他們的價值也被許多媒體專業人士所接受……。
>
> 互聯網提供最大的言論自由。但有意思的是，左派的聲音鮮少出現在主要入口網站，除了新浪網之外……
>
> 我告訴我的朋友，在四大主要入口網站上，QQ的總編輯陳玉洪，

來自《南方周末》；搜狐負責部落格業務的趙牧，同樣來自《南方周末》，而劉新政(音譯，Liu Xinzheng)來自《新京報》(該報由《光明日報》與《南方日報》兩大報業集團共同創辦；新浪網也有許多老朋友來自《南方都市報》和《新京報》，更別提「網易」了，副總裁、總編、副總編、總監和幾乎所有經營管道的編輯，都是來自南方集團……

無疑，他們在壓制極端民族主義方面扮演重大角色。可憐的左派分子只能徒勞無功地在自己和別人的部落格上罵人。互聯網大師知道，理性的、網站力推的貼文，會比1萬則追蹤、怒罵的左派貼文更具影響力。[57]

對於許多網民而言，像劉原這樣自己認定為自由派的人，並不是在實踐言論自由。相反地，他們只是想要建立自己在網路言論的支配地位。為了達成這個目的，他們非常願意以管理者權力打壓各種不同立場的聲音。一個被廣泛轉傳的網路畫面顯示，某些網民多麼不恥親自由派媒體對於非自由派觀點的蔑視。這個畫面包含三個已知親自由派媒體管道的商標：分別為《南方周末》、「網易」、「凱迪網絡」。在每個商標下面都有一個特定媒體平臺的任務聲明。內容是，「我們不准你們講美國的任何壞話！」(南方周末)；「我們不准你講中國的任何好話！」；「我們在討論民主，我們不准你講話！」(凱迪網絡)。[58]

對於親自由派媒體這種負面觀點，在報導內容出現誤導事實的錯誤時，還會被進一步放大。例如，在波蘭總統座機於2010年

4月墜機後，QQ網(一個普遍被外界認定為南方系的網站)讚揚波蘭政府非常節儉，只擁有一架飛機。這段細節很快就吸引網民的注意，而網路上對中共當局開支奢侈浪費的指控也隨之而來。然而，抱持懷疑態度的查證者很快就發現，波蘭實際上為其高層領導人採購6架飛機(2架圖-154運輸機和4架雅克-40運輸機)和一些直升機。當查證者公布這些錯誤後，網民指控南方系為了自身利益而刻意操弄輿論，或至少稱得上是受自己先入為主觀念所蒙蔽。[59]

透過網路論述並由社會建構的敵人會挑起強烈情緒。當《南方周末》在2009年美國總統歐巴馬訪問中國大陸期間被指定為唯一授權採訪媒體時，民族主義網民認為這就是擔任美國「工作者」的獎賞。在這篇專訪刊登後，《南方周末》刻意讓歐巴馬專訪內容的頭版下半部「開天窗」，就是為了表達對當局審查的抗議。這項舉動，雖然受到親自由派網民的讚揚，卻被民族主義網民視為公然侮辱，因為是以哀求外國干預中國大陸內政的方式貶抑中共。[60] 同樣地，環繞藥家鑫的網路言論案例(這個因為交通肇逃卻刺死某位婦女的人後來被槍決)，更進一步強化網民對於其親西方媒體的認知。受害者的律師寫了一篇微博貼文，宣稱南方系記者曾試圖說服他不要追究藥家鑫死刑，以利宣揚中國大陸廢除死刑。無數網民對於他們視為親自由派媒體被「普世」(pussy)價值滲透的情況非常憤怒(沒錯，他們真的用英文pussy這個字，因為讀起來與中文的「普世」非常相像)，因為這種價值只同情加害者，卻不同情受害者。[61]

兩個故事：網路話語權角力的多重參與者模式

中共當局及其挑戰者採用網路帶風向等網路公關作法，讓網民間的混淆與不信任情況更形加劇。一方面，如第五章內容所述，許多網民非常憂心中共當局為了掩飾失敗與操弄輿論所採取的公關作為。在這個框架上，網路話語權角力可被視為是網民捍衛個人自由，對抗當局審查與操弄的故事。但另一方面，本章探討內容顯示，民眾也非常懷疑異議團體及其他政權挑戰者所採取的大規模輿論經營作為。這個框架凸顯支持當局和反對當局行為者間的網路話語權角力觀點。每一種觀點都有其獨特角度。有些網民認為自己是愛好自由的鬥士──某種程度上結合異議分子、其他被壓迫的國內行為者、推動中共自由化和民主化的外來強權等──致力於對抗當局執行者和被洗腦的政權者，但另一群人則是認為自己聯手中共當局，對付陰謀破壞行為者，包含那些被親自由派媒體偏見所「洗腦」的網民。

在匿名網路言論中，上述兩個框架凸顯對於政治立場和其他網民真實身分的焦慮。廣泛的貼標籤大戰──網民團體以貶損對方的標籤彼此攻擊──顯現這些焦慮。二元化的「我們對他們」標籤(如表6.1)反應出網路論述彼此對立的框架，完全沒有清楚界定或自我理解的團體認同。

這些標籤通常刻意帶有負面、甚至高度攻擊性意涵。例如，在中文字「憤青」的「憤」通常會使用諧音字「糞」。同樣地，「pussy」這個字通常也用來稱「普世派」和「普世分子」，因為這個英文字與中文的「普世」發音非常雷同。這些貼標籤對抗

表6.1 標籤和貼標籤大戰

中國大陸網路政治言論的兩大主流框架

為自由奮鬥的故事	反間諜的故事
五毛黨	網特 美分黨 帶路黨 狗糧黨
憤青	菁英
愛國賊	普世派 西奴
小將	老將

行為通常只是讓網民的既有偏見更深，因而讓雙方陷入彼此無法逃脫的身分認同。此種從貼標籤大戰淪為對立雙方彼此衝突的情況，將會在下一章內容說明，屆時將更深入檢視所謂「自帶乾糧的五毛黨」。

值得一提的是，這些貶損性質的標籤有時會從不同角度重新解讀，甚至被標籤大戰的受害者內化。例如，「帶路黨」(這個名詞字眼上代表那些為侵略者帶路的人；現在被民族主義網民拿來稱呼那些民族叛徒)在一個網路畫面上，卻變成農民為聯合國維和部隊指引方向的正面形象。[62] 這個照片上的人有一張老實的臉，讓人想起在抗日戰爭期間願意幫助中國士兵的老農夫。在農夫和聯合國維和士兵後面是一面旗幟，上面寫著「為外來干預帶路是光榮」和「解放中國」。似乎這張照片是想對帶路黨傳達更為認同的形象，而非批評，其內容認為中國應該再次被解放，甚至可能必須透過外國干預。

附錄提供一個貼標籤大戰對話的典型例證，使用者名稱以匿名方式處理。這篇從「未名空間」擷取的貼文來自XI8 (其為「小將」，即小紅衛兵，意指親中共當局)的使用者，此人取笑法輪功信徒把中共護照銷毀，結果到了美國卻無法尋求政治庇護。小將以無比優越感的語調嘲笑這些人，是因為美國政府駁回他們的政治庇護申請，而中共當局則拒絕重新發給他們大陸護照。一位LBK(其為老將，反對中共當局和共產黨)的使用者向來以反共黨立場著稱，他立刻回復，嘲笑小將最後可能得信法輪功才能待在美國，因為還沒找到工作──這並非事實陳述，此種指控只是代表小將根本是個無業遊民。小將接下來的回復顯示他實際上早有工作，並暗指老將是個叛賊和失敗者，並將他貼上美國國家民主基金會工作者的標籤，這個標籤通常被民族主義網民視為美國陰謀破壞其他國家的代理人。接下來，老將指控小將只是黨國體制的代理人。在越來越多使用者加入後，這個討論很快就變成小將和老將使用者彼此攻擊對方是廉價、低級和對黨國體制或外來敵人出賣靈魂的人。

此種相互叫陣的行為有時會不斷惡化。例如，有個老將使用者─從他的貼文和虛擬形象(如圖6.1所示之醜化中共前國家主席胡錦濤的照片)就可知道他的政治傾向──為了表達對XAC和XWF

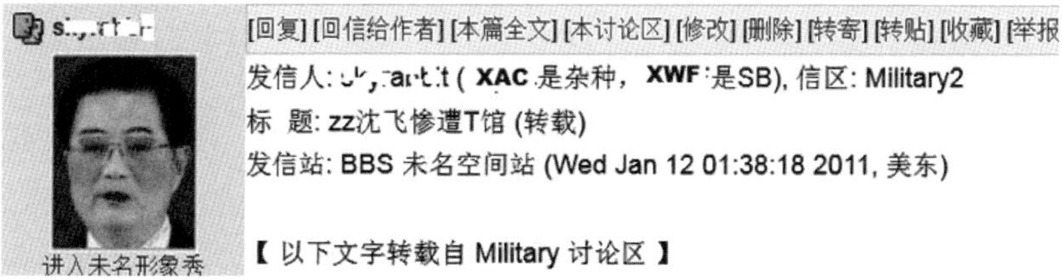

[回复] [回信给作者] [本篇全文] [本讨论区] [修改] [删除] [转寄] [转贴] [收藏] [举报
发信人: (XAC 是杂种, XWF 是SB), 信区: Military2
标 题: zz沈飞惨遭T馆 (转载)
发信站: BBS 未名空间站 (Wed Jan 12 01:38:18 2011, 美东)
【 以下文字转载自 Military 讨论区 】
进入未名形象秀

圖6.1「未名空間」某個使用者的虛擬形象

資料來源：mitbbs.com. 使用者名稱已重新編輯，以保護使用者隱私。

兩位小將使用者的恨，就把自己匿名稱為「XAC是雜種，XWF是狗娘養的。」此種仇恨有時會讓人身攻擊升級到尖酸刻薄的程度；例如，某位宣稱是老將在「未名空間」和另一個海外中文論壇「留園網」(6park.com)詛咒一些小將(其可能活躍於兩論壇)，他做出一個網路墳場，每個墓碑上都寫著，「狗娘養五毛黨狗之墓XXX@YYY的臭母狗娘，他死於愛滋病。」下方是中共國旗，但是紅星被「毛」這個中文字取代，以代表五毛黨。墓碑的左右邊有一行字，「聽黨的，當黨的狗，假裝是人但要叫」，「去咬任何黨要你咬的人，叫你咬幾次就咬幾次。」[63]

相較之下，志趣相投的使用者間，更多是為了交換想法與傳達自身言論，互動就較為親切的多。由於有類似價值和意見，這些使用者有時對於像反諷者那種彼此相互攻詰的討論內容極不認同。同樣地，再看一次附錄中的貼標籤大戰，使用者XWF問到，那些沒有合法護照所以未能申請政治庇護的法輪功信徒，是否得一輩子都沒有身分而見不得光。另一位使用者XWR很快回復說，他不須要擔心這個，因為美國政府尊重人權。XWF又問，「非法移民不是會關到牢裡去嗎？」XWR接著解釋他的邏輯：沒錯，非法移民會關到牢裡去，但會提供食物和住宿，由此展現美國重視人權。這種對話明顯扭曲人權的概念，幾乎沒有任何道理可言，除非將其視為一種刻意表達個人意見的行為，只是透過這種方式強化共同身分並嘲笑敵對網民。

貼標籤大戰存在兩種不同的框架概念。在小將使用者眼中，老將都是一些民主運動分子、法輪功信徒、叛國賊，以及上述對象的支持者。[64] 對於老將使用者而言，小將使用者都是五毛黨或是那些被中共當局洗腦的憤青。老將在「未名空間」甚至還列舉一份他們指控為五毛黨人的清單，其中多數都是小將。同樣地，小將也排出一份「漢奸」清單。雙方的對抗行為還擴散到鬥爭論壇管理階層：「未名空間」的中國新聞版和軍事版管理員就經常被批評為偏袒一方而打壓另一方。[65]

雖然此處列舉的案例主要都來自「未名空間」，但類似現象也發生在中國大陸內外幾乎所有主要論壇，差別只在於激烈程度和使用的標籤不同而已。[66] 然而，不論使用什麼標籤，卻仍是以相同的二元化形態：兩邊網民在刻意或無意的情況下，為了在二元化框架中爭取道德身分認同，都主張自己是為人民發聲、代表真相，並指責對方道德淪喪、虛情假意或只是中共當局或外國勢力的走狗。由於不同的框架概念，網民通常會在辯論時採用截然不同的標準和事證，因而造成網路討論毫無建設性，網民大半只是和臭味相投的使用者討論，而非和持不同框架概念的網民進行建設性互動。[67]

此處分析的兩個框架概念，讓中國大陸網路空間的話語權角力故事，已超過社會規範敘事挑戰中共黨國體制規範的複雜程度。如下一節內容所示，持多元信念、價值和認同的多重行為者所進行說服與勸退的複雜動態程序，充斥著兩大框架概念，造成一種令人好奇且有時對話語權角力造成預料外的影響。

多重參與者模式衍生現象

日本2011年大地震提供一個檢視網路話語權角力複雜運作機

制的機會。在這次地震發生後，日本網民挑起中國大陸民族主義和反日情緒，他們對中共援助的犬儒式反應，經翻譯後於中文論壇廣泛流傳。[68] 許多行為者並沒有料到這點，包含中共當局和兩國許多網民。[69] 中國大陸網民顯然不是日本網民最初表達這些觀點欲傳達的對象。然而，整個過程可以回溯到事實上更早發生的連鎖反應，一開始是中國大陸媒體對國內閱聽大眾報導大體上為負面的中共形象，該內容後來就散播到海外。事實上，日本網民使用的詞彙，諸如「毒奶粉」和「紙包子」，最早都是中國大陸媒體所揭露。這個形象讓原本就對中共沒好感的日本網民觀感更加不好，因為雙方間早就存在歷史仇恨和領土爭議。因此當中共對日本地震與海嘯表達善意時，[70] 某些日本網民就開始表達不信任，這些說法後來被翻譯成中文，並在中國大陸網路空間流傳。中共釋出的善意和日本網民的敵意，兩相對照加強了日本人就是不知感恩的形象，讓中國大陸網民想起過去痛苦的歷史經驗。[71] 透過此種複雜的多重行為者動態往來，強化外在敵意的印象，讓反間諜論述變得更為可信。

有趣的是，為自由奮鬥和反間諜框架概念都可能招致反效果，讓整個模式變得更加複雜。中國大陸網民對於谷歌退出大陸的各種不同反應，就是此種情況的極佳例證。雖然許多人將谷歌退出之事，想像成這家公司是美國政府的工具，並說成是一個反間諜故事，[72] 但網民大體上對於這個議題仍有許多不同看法。當某位身分是網站開發人員的「西西河中文網」使用者(使用者A)，表達他對於谷歌的同情並不滿當局的審查後，立刻被批評是遭到谷歌綁架：

……這顯示「狗哥」(有點像「谷歌」的諧音)已綁架我們某些同胞。難怪「狗哥」有足夠的信心挑戰「土工」(指中國共產黨)。克林頓女士現在掌權啦，所以「狗哥」現在逃不出這場遊戲啦。支持買辦、培養菁英、綁架輿論，美帝主義者有許多手段，的確是頭號帝國。[73]

憤怒的使用者A回復，

是啊！我就是買辦。我就是菁英。我就是帝國主義者派到中國的第五縱隊人員。我是別人的槍。我被操縱和綁架了。我原本不該說出我的冤屈，因為我後面站著帝國主義。我原本不該對網站管理員提意見，因為我被愚弄了、被洗腦了、我的腦中充滿制度和規定……。國內像我這種小角色，難道說只要談到拆屋就是被操弄和試圖攻擊政府嗎？難道說只要我談到環保，就是支持西方環保激進分子和試圖攻擊政府嗎？難道說只要我提到網路治理和同情谷歌，就是美帝主義者的同路人且試圖攻擊政府嗎？難道說只要我同情上訪群眾，就是想要鼓吹暴動、製造問題和攻擊政府嗎？站在「中國崛起」的制高點上批評別人很容易。其他人都是被欺騙和操弄，就是沒有懷著惡意……請不要把我列為被操弄者、被綁架者、或無知者。我有自己的判斷和思想。[74]

雖然反間諜框架概念可能說服某些網民支持民族主義立場，使用者A的反應顯示此種作法會招致反效果：當某人被說成是敵人時，其可能因為憤怒而反擊。顯然，與使用者A是網路開發人員背景脫不了關係。[75] 谷歌不僅提供有利於網路使用者的服務，而且也是資訊產業專業的典範：谷歌決定退出中國大陸時，「不做壞事」的口號是對抗當局審查和高壓統治的閃亮象徵。同時，真正讓網民不敢進一步發動民族主義動員的原因，是四處散播的謠言都說中國大陸搜尋引擎龍頭「百度」，透過不公平競爭和配合當局的審查目標才能拿到龐大市場占有率。

結語

本章內容證明，諸如西方強權、異議團體，甚至親自由派知識分子與媒體專業人士等中共政權批評者，受到中共當局採取作為的影響，逐漸在網路話語權角力中喪失公信力。雖然中共政權批評者被許多網民斥為從事網路間諜活動之民族敵人或許並不公平、有失偏頗、甚或僅憑刻板印象，但某些網民仍認為以反間諜框架概念套用在對手身上，至少比爭取自由的框架概念更有道理。對於這些網民來說，最重要的工作是捍衛中共對抗敵對勢力，而非爭取公民自由或民主制度。

本章內容分析顯示，中國大陸的網路話語權角力遠比辛優漢所描述，國家與社會互動模式是一份「關於控制與自由的不安社會合約」更為複雜。[76] 因此，網民支持中共政權並不只是因為其順從威權統治的結果，或是想要尋找當前政治現狀的心理凝聚力。相反地，其象徵一種嚴謹且實際的邏輯：他們支持傾向當局論述的原因並非當局做的很好，而是因為政權批評者並不值得信任，且無法達到他們的期望。[77] 對於許多認同反間諜框架概念的網民而言，中共黨國體制是捍衛民族利益和創造繁榮的必要之惡。

在相當大程度上，想像敵人存在是一種程序，網民透過這種程序從分立且毫無系統的片斷資訊，變成刻板印象。此種情況通常是透過志趣相投網民的彼此呼應與增強網路討論觀點互動的集體形態。這些相投網民通常會建立穩定的網路社群，藉此分享共同價值，採取一致的行為標準，並彼此互動以維繫所偏好的論述。[78] 透過同志之間的重複互動，網路體驗的共同記憶得以建立，而集體認同也獲得強化。

下一章內容將探討所謂自帶乾糧的五毛黨方式(此等人士宣稱是志願挺身捍衛中共政權的團體)，檢視網路社群的形成與維繫。在本章凸顯網民建立反間諜框架概念作為話語權角力的基礎後，第七章對五毛黨的研究，將凸顯這些人互動與對抗想像敵人所促成之群體認同形成、社群建構和論述產生。

7

捍衛中共政權

自帶乾糧的五毛黨

如第五章內容所揭露，中共黨國體制已開始利用網路評論員(一般通稱「五毛黨」)製造表面上自動自發支持中共當局的評論。此種網路帶風向作為往往產生反效果，因為網民太瞭解此種宣傳手法，結果反而引來對於中共當局及五毛黨排山倒海的批評。然而，網路論述競爭環境控制權的爭奪，並非中共當局和那些代表「社會」者間的單純二元化互動。第六章內容主張，透過想像出「中華民族的網路敵人」，部分網路使用者被反間諜框架概念所說服，這種概念將政權挑戰者及其同情者描述成是國家的破壞分子，而非爭取自由民主的鬥士。此種情況可看出網路話語權角力的多行為者模式，牽涉中共當局、中共批評者，以及擁有多元價值、信仰和身分認同的不同網民族群。

本章內容將檢視各種網路群體，尤其是「自帶乾糧的五毛黨」(志願性五毛黨)，以深入探索網路言論分歧的政治生態。這些網民除了公然反對外，還連同更激進網民族群直接挑戰中共政權，甚至追求政權更迭訴求。事實上，五毛黨挺身而出的公開訴求，就是完全不收費地捍衛威權政權。由於網路言論是一個親自由派環境，因此這種狀況相當罕見。本章內容藉由檢視五毛黨人所使用的一些手法，不僅揭露其為了鞏固身分認同，如何透過與反對者不斷論戰以及保持彼此間親密互動，同時還凸顯他們的日常活動如何創造出一個完全以捍衛中共政權論述為主的網路群體。研究發現，中國大陸的網路政治生態比外界所看到的更為均衡，同時也顯示在改革威權政權過程中，複雜的國家與社會互動形態。匿名的論述角力顯示一場非威嚇性力量主導一切的鬥爭，提供一個機會證明創意、技巧和身分認同在實際上如何擴散到政治生態領域。

分歧的網路空間：走向公共領域或巴爾幹式共和國？

研究西方與中國政治學的學者，對於網路言論影響公民參與和全般政治生態方面，做出相當多元化的結論。由於中共是一個高壓威權政權，中國大陸網路政治觀察家，可想而知會強調科技的自由化與力量賦予效應，以及中共當局遏止其影響的種種作為。例如，社會學家楊國斌主張，網際網路促成公共領域的崛起，在他的概念中，公共領域屬於「自由空間」的程度，勝於「哈貝馬斯學派(Habermas)的理性辯論空間。」[1] 事實上，除了少數例外情況，[2] 憂心網際網路會對公民社會和公民參與產生破壞性影響的情況，大體上並不存在。辛優漢(Johan Lagerkvist)最為簡潔地表達此一理則；他認清中國大陸的網際網路尚未演變成一種「公共領域」，因此認為網路群體是以共同的親密感和利益結合為「公共特定社群」(public sphericules)，其代表著釋放公共領域的進展，並成為「輿論、社會組織及偶然性激發政治動員的基礎。」[3] 雖然辛優漢在2010年所著《網際網路之後，民主制度之前》(*After the Internet, Before Democracy*)乙書中，將網際網路描述成一個規範競爭的平臺，但其仍將網路言論的規定、影響力和控制，描述為中共黨國體制與崛起下層社會兩個規範的「鉗制與自由」鬥爭。更近期的研究開始置重點於各種不同形式的網路行動主義，[4] 但只有少數研究能真正跳脫當局和社會二元化對立的模式，掌握到中國大陸網路言論的豐富性、多元性和複雜性。[5] 總體而言，大部分仍以明示或暗示的表達方式認定網際網路原本就具有挑戰政權的力量。

雖然中國大陸網路政治生態觀察家認為，此種科技將為威權政權統治下社會帶來力量，[6] 但研究其他地方網路政治生態的人就沒有那麼肯定。除了某些研究質疑網際網路具有帶來力量的效果外，[7] 許多研究更強調其危害效應。例如，辛德曼(Matthew Hindman)就主張網際網路不但沒有讓人更感受到公共論述，政治倡議群體和部落格其實遵循一種「贏者全拿」的分析方式，少數網站占據大部分的資源和注意力，讓部落格成為一種新的菁英媒體。[8] 其他人則主張，網際網路並不必然會促進重要的理念交流。例如，威爾曼(Barry Wellman)與古莉亞(Milena Gulia)發現，許多網路群體是由相對同質性的團體組成，具有類似利益、關切和意見。此種特徵上具有同質性的網路群體，往往會培養出一種深入人心的諒解和相互支持，而非鼓勵深入評估彼此的主張。[9] 經分析有較多政治性討論的BBS論壇[10] 和用戶網路(Usenet)新聞群組的貼文內容，[11] 也發現志趣相同人士的高度集中。因此，媒體與政治學者道博格(Lincoln Dahlberg)主張，網路互動已分立成為各種具有相似價值和利益的封閉性群體。[12] 事實上，據桑斯坦(Cass Sunstein)表示，網路討論不但直接鼓勵群體的排他性，同時也鼓勵多元化意見的議題對立，造成使用者的互動形成「資訊繭房(information cocoons)或處於自身營造的迴聲室(echo chambers)」，[13] 導致所謂「巴爾幹式共和國」，使各形態群體堅守各自之論述。

除了國家與社會的對立外，中國大陸網路言論的獨特明顯可見之處，證明其為一個「分殊網路空間」。某些研究在界定中國大陸網際網路特徵時，認為其反應中國大陸的分殊性社會且認為網民具有非政治性特質，[14] 他們在遭遇當局審查時往往都是選擇退縮，而非為自由言論而戰。[15] 即便討論明顯的政治主題時，網民在身分認同、政治取向和論述偏好等方面也有各種不同立場。例如，中國大陸新媒體學者唐枋(音譯，Fang Tang)在分析從「強國論壇」和「貓眼看人」隨機取樣使用者的貼文後，發現超過82%的強國論壇使用者，認為自己屬於中立或極左派(分別占43%和39%)，而73%的貓眼看人使用者則認為自己屬於中立或極右派(分別占63%和10%)。[16] 網路研究學者雷原(音譯，Yuan Le)與楊博緒(音譯，Boxu Yang)針對這兩個論壇的貼文進行內容分析後，也得到相似的結果(強國論壇75%為左派，9.5%為右派；貓眼看人

21.6%為左派，48.4%右派)。[17] 左派和右派的辯論，以及專門針對少數群體和外國行為者攻擊的網路民族主義出現，[18] 都可看出中國大陸的網路言論表達的多元化，且不必然都是追求挑戰中共政權。此外，某些人組成的排外性網路社群，所持的內部一致性政治取向，意味著必然阻礙其在多元化網民群體間的討論。顯然，從這些研究可以看出，中國大陸網路空間較宜於視為「一個不同社會勢力與政治利益相互角力的競技場」，[19] 而不只是促進公民參與和挑戰中共黨國體制的新興公共領域。

究竟中國大陸網路言論是會逐漸建立一個公共領域，抑或創造「資訊繭房」，甚至變成「巴爾幹式共和國」呢？這對於威權統治的潛在影響又是什麼呢？若將網路政治視為一種國家與社會對抗的二元化概念發展模式，顯然忽略形塑與影響網路政治參與的外在因素。畢竟，只因為中共是一個威權政權，就忽視在其他開放社會所存在之種種因素，幾乎沒有道理可言，尤其這個國家在經過近40年的經濟改革後，早已成為一個極多元化的社會。此外，由於內容分析法[20]往往無法指出網路言論表達的特質和變化趨勢，因而確有必要更深入檢視論述產生的動態因素和網路社群的角色。本章嘗試探索自帶乾糧的五毛黨等網路群體如何從事政治言論表達，以利於將網民、網路社群和論述角力等因素納入動態模式。同時，藉由凸顯反對中共政權批評者的勢力如何發展，本章之分析希望讓那些主要關心網際網路「民主化」效應的人，有更深入的理解和啟發。

本章置重點於自帶乾糧的五毛黨有幾項理由：其一，此項策略延續第六章研究內容的分析結構，同時避免評估數不清的各種可能網路群體，因為這種數量幾乎是不可能執行的。其二，本章針對中國大陸網路空間輿論所提供的觀點，截然不同於國家與社會對抗、左派與右派對抗的僵化內容分析方式。最後，除了少數網路民族主義和網路評論員的說法，顯示支持中共政權的聲音可能來自國家支持外，[21] 少有研究曾系統性分析網路支持中共政權言論的動態因素。探究此種力量，或許可以讓人更瞭解為何中共威權政權仍能獲得中國大陸民眾支持的原因。

自帶乾糧的五毛黨：認同、社群和論述

網路互動方式往往會促進相對同質性使用者社群的形成。雖然網路論壇表面上是一個流動且不真實的空間，匿名使用者在其中不斷登入和登出，並評論多元的各種議題，但其通常會讓使用者發展出更密切的網路內和一些網路外的關係、更強互信及其自身與眾不同的共有團體認同感。此種網民團體的論述，由於有著獨特語言和行為標準、共同價值和政治傾向，往往會促成一種「由道德一致性團體所形塑的共產主義社會者議題。」[22] 因此，同質性網路社群會形成「資訊繭房」，相對穩定的論述在此一空間中會透過經常性網內和網外互動，進而獲得鞏固與強化。

但為何某些網民會接受這個捍衛威權政權的不受歡迎任務，甚至還以五毛黨為自己命名呢？他們真的一開始就志願這麼做嗎？有一些具體的理由可以認定五毛黨並非中共當局的執行者。第一，他們並非沒有思考能力的國家工具；他們的意見與官方論述不同，且在廣泛議題上批評中共政權，包含從審查、少數民族

相關政策、到官方意識形態和論述方式。例如，他們會辯論現任和卸任中共領導人的功過，這是中共當局所不鼓勵的行為，還會經常嘲笑當局宣傳系統既無效又貪腐。這些人甚至還使用異議分子的俚語和批評方式，諸如稱前中共總理溫家寶為中國大陸「影帝」。[23] 第二，五毛黨通常在海外、小型或較不熱門的討論版與論壇非常活躍，這些網站並非中共當局鉗制和形塑輿論作為的核心對象。假如他們真的是中共當局執行人員，很可能就只會活躍於以國內熱門平臺為主的環境中。第三，不像當局派遣的網路評論員一般都會避免與網民爭論一些具爭議性主題，五毛黨非常精於使用創意性網路表達手法，且更為積極參與網路辯論。不僅如此，我自己也認識幾個活躍的五毛黨，這些人顯然都不是當局執行人員，且從所有地方看，他們都是非常認真看待自己的信仰。上述所有理由都顯示，至少某些中共政權的捍衛者並非拿錢辦事的當局執行人員。

事實上，我會發現五毛黨真實存在，還是自己透過網路游擊記錄各種不同使用者的意外發現。[24] 當初在探究各種網路論壇時，發現網民表現出一種強烈的地盤觀念，經常看到諸如「回到你們可以相互取暖的軍事版」和「回到你們凱迪網絡的憤青家園！」等帶有敵意的評論。透過追蹤這些線索，便注意到使用者之間的連繫、表達行為態樣，以及某些平臺，我找到五毛黨的幾個大本營，這些就成為日後主要資料蒐集網站。此類網站包含「水木社區」和「未名空間」的軍事相關討論版、「超級大本營」和「上班族論壇」的軍事論壇、熱門論壇「天涯社區」的展望版，以及海外中文論壇「西西河中文網」等。除了「未名空間」和「西西河中文網」外，上述所有網站都是設在中共「防火長城」範圍內的國內論壇。此外，雖然它們在熱門程度上有極大差異，但所有被選到的論壇都會吸引穩定的網路流量──雖然某些較小的網站在尖鋒時刻同時使用者人數仍只有1千人左右。因此，雖然本文所選的這些網站不能代表整個中國大陸網路領域中的所有類型政治論述，但已足夠用來研究自帶乾糧的五毛黨。

自帶乾糧的五毛黨：群體身分認同的形成

想瞭解為何「天真無邪」的網民會與五毛黨有關，重要的是檢視五毛黨的群體身分認同如何建立。大體上是針對中共政權的普遍性批評和謠言所做出之反應，五毛黨的身分認同來自外在條件加諸與主動性選擇。一開始時，網路的彼此攻訐如貼標籤大戰，讓某些網民被貼上五毛黨標籤，提供形成身分認同的最初動能。中共當局的審查和意見引導作為，讓網民對於潛伏的五毛黨人非常憤怒，所以任何支持中共當局的聲音，都會被視為是當局的走狗，完全不管是否會造成「意外傷亡」。[25] 雖然有許多被貼上五毛黨標籤的人直接選擇退縮或保持沉默，但有些人還是挺身反擊。就這方面，許多網民會變成自帶乾糧的五毛黨其實是被逼上梁山：他們墮入這個圈圈，只是因為某些不喜歡其支持政府立場的人將他們貼上五毛黨標籤。此種對立情況往往進一步升高敵意，結果反而促成想像中的敵人威脅，並鞏固五毛黨的身分認同。

外界所強加的五毛黨標籤與主動建立的群體身分認同，發揮彼此增益效果，因而促使其成員志願接受這個標籤。某些網民在被貼上五毛黨的標籤後，某種程度上就開始顛覆這個被貶抑標籤的意義，將其轉變為一種榮譽與優越感的標誌：他們認為自己被詆毀，是因為比其他反對者更愛國而理性。例如，北京師範大學政治學與國際關係學院張勝軍教授主張，這個標籤已成為「對所有中國愛國志士揮舞的指揮棒」，明確將五毛黨和愛國主義概念連結在一起。[26] 五毛黨經常表達一些民族主義思維的意見並非純屬巧合。民族主義派網民對於西方世界抱持猜疑，往往認為中共政權在中國統一與工業化方面扮演關鍵角色。因此，他們更可能支持中共政權。

但自帶乾糧的五毛黨並非只是網路民族主義分子。這個群體的成員宣稱他們更強調證據和邏輯，而非外面所說充滿情緒性、爭議性的民族主義主張。理性思考的聯想成了接受這個群體身分認同的理由。從以下例證可以明顯看出。從凸顯中共2005年「百分之一人口調查」和2000年人口普查的漢族與非漢族不平等人口成長率(各為2.03%和15.88%)，許多民族主義派網民主張家庭計畫規定──只對漢人進行生育管制卻不對少數民族設限──等於是在對漢族進行「種族大屠殺」。針對此種情況，「西西河中文網」某位使用者對漢族和非漢族在人口成長方面的落差做出辯解，認為是統計錯誤的結果。在此人提出辯駁前，其補充說，

「我以前聽過收費網路評論員的工作，我也一直很想做這個工作。但我不知道誰負責招募。因為我想要這份工作，所以讓我解釋一下土共的這個「種族大屠殺政策」。[27] 就當是我為土共清理這一團糟的努力，並算是我在申請當個網路評論員。所以請隨意轉傳。你可

能會拿到介紹費。」[28]

五毛黨宣稱，科學理則是他們與那些民族主義派和極左派群體最大的差別，因為後者普遍都被視為反西方世界者(且有時被視為支持中共政權者)。[29] 對於他們而言，人們所持「立場問題」和如何表達自己主張，是一個智商問題。立場雖然十分重要，但必須獲得智商的支持，否則只會讓這個人看起來像笨蛋。

自帶乾糧的五毛黨手法

接受自帶乾糧的五毛黨身分並不代表這些網民自己成立網路社群。社群建立的發生過程類似身分認同的形成程序，因此係來自持不同意見的網民彼此對峙和志同道合網民間的親密互動所產生。事實上，五毛黨在其日常網路活動中從事眾多的文字遊戲。透過此種經常性互動，他們鞏固自我身分認同、建立社群，以及維護支持中共政權的論述。本節內容將檢視五毛黨所運用的互動性手法。這些手法都有共通的玩樂特質、民族主義取向，以及最重要的是強調理性思考。

貼標籤大戰

「貼標籤」指的是在網路辯論中，將不明譽標籤強加於對手的行為。貼標籤大戰是五毛黨形成的最初動能，其某些成員之所以具有這個身分，是因為他們被貼上國家資助之五毛黨的標籤。相同機制在網路辯論中持續強化此一身分。此外，貼標籤大戰從來都不是單一方向性。假如被貼上五毛黨標籤使某人被動定義自己的身分，為別人貼標籤，尤其是為敵人貼標籤，就是定義別人不是某種身分，並以更主動方式尋求身分認同。五毛黨採用許多不同標籤描述對手，包含「美分黨」(美國僱用的執行人員)、「狗糧黨」(那些像狗一樣求外來強權給與食物的人)，以及「帶路黨」(那些為侵略者帶路的人)。這些反制性標籤重新形塑指控其為五毛黨的人與外國政府勾結。然而，並非所有反制性標籤都是民族主義的說法。例如，「菁英」和「公知」的標籤，就經常被五毛黨用來貶抑那些親自由派知識分子和媒體專業人員。[30] 此種標籤帶有強烈的負面意涵，意指這些群體背離共和國、缺乏常識與專業知識，以及最重要的是將立場看得比邏輯和事實更為重要，因為這些人毫不在意或試圖操弄輿論。上述標籤進一步顯示，五毛黨並非一個由平庸民族主義分子所組成的群體。多元化標籤的運用也反應出五毛黨有各種不同的政治傾向，其中許多人重視其民族認同，但也有人接受更為階級導向的觀點。

打臉

由於「面子」(亦即聲譽)在中國社會的重要象徵性地位，「打臉」被視相當激烈且直接的挑釁行為。在網路討論中，打臉是一種透過無情挑戰對手觀點並指證其邏輯錯誤、事證錯誤或內容瑕疵等，進而達到有效摧毀其聲譽的方式。例如，自由民主國家的網路規範作為，經常被用來作為「打臉」那些倡議中國大陸網路自由的人士。五毛黨之目標並不是為中共當局審查行為辯護，而是駁斥那些無法分清規範和審查的人，並批評「帶路頭子」完全無視於其主子的「審查」及凸顯西方世界的偽善行為。[31]

在諸多個案中，打臉可以更直接捍衛中共政權。例如，在2010年3月日本地震發生後，「超級大本營」某位使用者公然表示，「那些在汶川地震後宣稱地震可以事先預測的人，我在此要打你們的臉！！」[32] 這篇貼文以指出許多批評言論毫無根據且不公允的方式為中共政權辯護。相同邏輯也被用來打南方系的「臉」──南方系是由親自由派媒體管道以及與南方媒體集團有關連的專業人士組成之鬆散群體，向來被五毛黨列為想像中的敵人。當該集團多篇出現在論壇上的報導，讚揚日本人守秩序且稱頌日本政府公開透明，五毛黨立即拿出地震受災區劫掠事件和批評東電集團與日本政府的新聞加以反擊。[33] 他們主張，像南方系這樣的媒體管道以不同的標準對待日本與中共當局，並將南方集團對於中共當局處理四川地震的批判性描述，歸咎於其原本就懷著惡意的反中共政權企圖。

相聲

不像需要直接對抗的貼標籤大戰和打臉行為，相聲運用的方式是集體醜化敵人。中國相聲的平民語言藝術使用誇張、諷刺或模仿等方式，凸顯某個對手觀點的不合邏輯、可笑或荒誕本質。例如，當中共首艘航空母艦於2011年8月開始進行初次海試時，「西西河中文網」某位使用者評論道，「唉，不要漂浮的海上棺材，我們要殲星艦。」[34] 同儕社群成員立刻看出，這則評論是在譏諷那些貶抑中共第一艘航空母艦是「海上飄浮棺材」的人士。[35] 同樣地，當「未名空間」的五毛黨在紐約和華府發生地震後，重複貼出「天滅中共」[36] 或「一切都是三峽大壩害的」[37] 等口號時，他們並不是在譴責中國共產黨或指責三峽大壩計畫，而是以相聲的方式表達意見。[38] 此種評論都是要醜化和模仿某些網路(和異議分子)習慣性將一切災難歸咎於中國共產黨的行為。

釣魚

「釣魚」是五毛黨最常使用的手法之一。不像網路釣魚行為是在可信任個體身分的掩護下，竊取使用者的機敏資訊，五毛黨的釣魚手法是利用網民傾向相信自己想相信的事情，利用偽造資訊「釣」他們，因而凸顯出其輕信消息或本身就存在偏見。這種遊戲區分四個階段：一、準備釣餌：偽造誘餌的訊息；二、撒餌：在目標平臺上張貼訊息；三、等魚上鉤：蒐集網民散播不實資訊的證據；四、慶祝：包含取笑那些太容易輕信別人而被假訊息欺騙的人。

釣魚的經典例證來自五毛黨人集中的「上班族論壇」，主要目的在於證明國民黨粉絲(「果粉」或「國粉」)和「真相黨」[39]的膚淺、無知和不良企圖，使用者「穆好古」偽造了一個毛澤東的手寫收據(如圖7.1)。這張收據上寫著毛澤東從共產國際(一個提倡世界共產主義的國際組織)收到3億5,000萬金盧布。這個文件內容包含歷史時序倒置和書寫錯誤等，同時也在最下方清楚寫著「花粉研究所製，真相黨專門。」[40] 然而，在這張收據照片被貼上向來被視為國民黨粉絲和真相黨成員大本營的「凱迪網絡」後，許多網民還真的以為找到有關中國共產黨不光榮歷史的新

「事證」。「穆好古」這個故事的重點，是某個身分為中國共產黨史研究生的「凱迪網絡」使用者，在她的碩士論文中引述這張收據，結果遭到退學。這是許多五毛黨未預料到令人雀躍的「釣魚」結果。由於釣這種「魚」如此容易，更進一步讓五毛黨人相信，許多對手根本是既無知又不學無術。

另一個更具影響力的釣魚個案發生在中國大陸的印刷媒體。「未名空間」某位使用者模仿強烈反對興建三峽大壩的知名水利工程專家黃萬里所做報告，偽造一個環境工程師張拾邁的假故

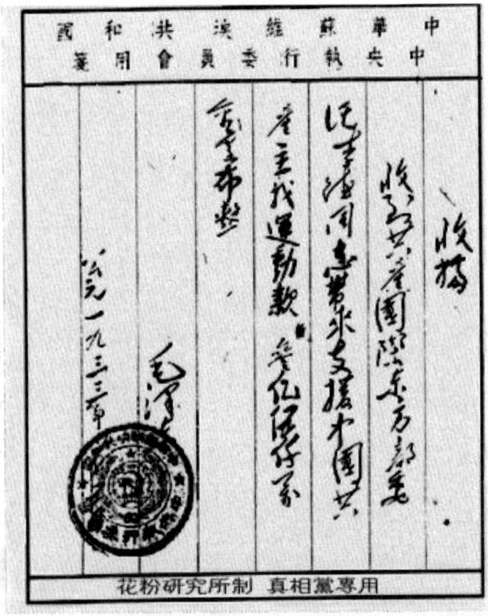
中華蘇維埃共和國
中央執行委員會用箋
花粉研究所制 真相黨專用

圖 2-17 這張由毛澤東親書，注明收到共產國際三億五千萬金盧布（當時金盧布與美元比價為一比零七）的收據，是筆者在二〇〇八年俄羅斯聯邦對外政策檔案館最新解密的共產國際檔案東方部米夫檔（АВПРФ，ф.3，оп.11，л.12，лл.102-103）中發現的，米夫時任共產國際東方部書記。

圖7.1 偽造的毛澤東共產國際收據，穆好古提供。

事，此人提出一個高速鐵路會造成重大地質災難的理論。[41] 在這個偽造理論中以相當篇幅說明兩個關鍵概念：「夏爾謝夫力」(Charles Chef Force)和「史蒂芬金效應」(Stephen King Effects)，命名方式是來自兩位在「未名空間」的受歡迎使用者，xiaxie (蝦蟹)與Stephen King (史蒂芬金)。結果這篇文章卻被廣泛在網路上轉傳，不管後來網民和中國科學院費盡心力出面駁斥這個故事，但還是有許多毫無戒心的讀者上了鈎。[42] 更驚人的是，原本是虛構人物的張教授，在2011年7月23日高速鐵路意外發生後，還被《第一財經日報》引用其理論。[43] 後來網民對該報做出評論予以「打臉」，《第一財經日報》被迫出面道歉。然而，即便此事發生之後，張拾邁還是持續被新華社記者在其個人微博中引述。[44] 此類事件讓五毛黨原本就堅定的想法更加深信不疑，某些媒體集團如果不是缺乏專業就是別有用心，才會連這麼簡單的事實都看不出來。[45]

正面動員

如同其他網路活動分子，五毛黨有時會直接動員有共同信念、價值或情感的人。例如，如第四章內容所述，一個名為「小白兔的光榮往事」系列短片——一個讚揚共產黨統一並建設國家的戲謔言詞——在五毛黨人間非常受歡迎。僅只在「超級大本營」，這個系列至少吸引超過450萬人瀏覽和1萬4,000則回復。[46] 以下是一段由「超級大本營」某位使用者創作的「歌唱祖國」另類詞曲，這首歌是在北京奧運開幕式時演唱，是另一個正面動員的極佳例證：[47]

歌唱祖國 (括弧內為註記的翻譯內容)

五星紅旗迎風飄揚(五星紅旗是中共的國旗，一個鮮明的民族主義象徵)，

CNMD歌聲多麼響亮(CNMD是「中國國家飛彈防禦」的縮寫，是「操你媽的」這句粗話的雙關語)，

歌唱我們腹黑的土共(腹黑的土共是軍事迷所使用的術語，代表「萬惡共產黨」，但卻是五毛黨常常用來稱呼中共政權的匿名)，

而幹兩洞更無恥流氓(「幹兩洞」也是另一個低俗的雙關語，在此處意指中共第一款匿蹤戰機殲-20)。

我們純潔，

我們善良，

團子和熊貓是我們的榜樣(這行字是要顯示中共和共產政權的無邪和「可愛」)，

我們挨過鳥多少白眼，

才等到鳥今天的囂張(這幾行字顯然是要藉由過去受辱的記憶喚起民族主義)，

我們愛河蟹(如第四章所述，河蟹代表國家的審查；這點，此一行字顯示五毛黨支持中共政權)，

我們愛記帳(某些五毛黨人宣稱他們在「記帳」，或記錄敵人錯誤行為的點滴，以便日後能討回來)，

誰只要欠錢不還就叫他滅亡！

祖國萬歲，我們宏偉強大的祖國(雖然這不是另類詞曲，其顯示直白的民族主義情緒)！

這些另類歌詞顯示五毛黨展現表象性的民族主義立場和對於中共政權的支持。民族象徵加上軍事論壇次文化專屬的元素(包含低級語言)，非常吸引同儕社群成員且讓這則貼文非常熱門。[48] 這則在中共匿蹤戰機殲-20於2011年1月首次公開飛行後上傳的貼文，在短短兩週內就吸引超過1千則回復，多數都是呼應其訊息內容並稱讚原始貼文。

五毛黨經常運用的其他手法包含「圍觀」、「無間道」和「記帳」。圍觀指的是一大群人圍在旁邊看好戲。雖然這種方式往往是中共政權批評者用來展現輿論力量並對其進行質疑的手段，[49] 但五毛黨也運用這種方式霸凌其他人。藉由「圍觀」或「再圍觀」等重複性回復轟炸目標對象，他們對其他網民表達的是這個目標對象正在發表不受歡迎甚或詭異的意見。[50] 針對「無間道」部分，五毛黨會隱藏自己真正的意見，並運用誇大和模仿方式支持對手陣營的意見，以便反應出對手缺乏說服力和不值得相信。「記帳」係指記下已認定敵人言行的資料，作為這些人行為乖張與言行不一的證據。例如，「西西河中文網」某位使用者蒐集一系列英國廣播公司(BBC)在過去8年間針對中國大陸網際網路所做的相關報導，其中有一張照片不斷重複使用，但解讀方式卻各有不同。這張照片最初於2000年出現時，被用來描述「當局非常害怕網路」。但到了2008年，就在北京奧運前不久，同一張照片被解讀為是「中共加強對奧運訪客的監控措施。」[51]

然並非上述表達性手法都是完全來自五毛黨。某些手法，諸如貼標籤大戰、圍觀和正面動員等，都是一般網民普遍運用的方式。其他手法，諸如打臉、釣魚和記帳等，則較屬於五毛黨人的專用項目。然而，這些言語遊戲都有助於界定群體身分認同和共享某些特質。尤其，這些手法在兩個重要面向上有所差異：分別為對抗程度和說服力形態(如表7.1)。就對抗方面，某些遊戲主要依靠事證和推理，去說服他人或嘲笑對手，但其他遊戲則訴求情感和規範目的。五毛黨所採用最特殊言詞的手法是打臉、釣魚和記帳，這些作為都是用於證明他們在辯論中最重視邏輯和事實證據，這點截然不同於其他網路民族主義分子和中共政權支持者。就說服力方面，某些遊戲針對反方意見直接進行攻擊，而其他遊戲則是五毛黨人間彼此巧妙揶揄的戲謔手法，還有一些遊戲介於兩者之間。透過與其他網民的敵對互動，五毛黨形塑並界定其群體身分認同，以及展現他們團結一致反對政權批評者或外國「敵對」勢力。群體成員的相互合作和更親密互動，增強共同價值與行為標準，而使群體認同獲得進一步加強。

表7.1的分類方式並非絕對如此，須視背景條件而定。一方面，事實／理性以及規範性／情感性的界線確實存在，但並無明確劃分。例如，在正面動員所討論的兩項個案中，讀者的注意力

表7.1 界定自帶乾糧的五毛黨所使用的言詞工具

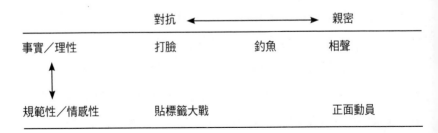

	對抗 ←	→	親密
事實／理性	打臉	釣魚	相聲
↕			
規範性／情感性	貼標籤大戰		正面動員

係針對具有民族主義情緒的一系列歷史事件。事實上，民族主義思想和理性思考是界定五毛黨身分認同的主要力量。民族主義提供規範性必要條件：亦即捍衛國家對抗外來和內部敵人在網路所進行的破壞行動。然而，理性思考是五毛黨用來對指控大部分網路批評都是毫無根據又充滿偏見的佐證，因而強化他們認為自己比其他被騙、沒有知識或不知反省的網民更有啟發性想法的信念。[52] 因此，事實／理性以及規範性／情感性的說服技巧，讓五毛黨擁有成就感和優越感。

另一方面，這些手法本身既有的敵意行為，大體上取決於使用手法的人及其使用之背景條件。例如，當面對其他五毛黨和支持他們的網民，使用諸如帶有微妙諷刺意味之相聲等手法時，往往是在相互呼應及稱頌。但若是使用在對立派網民身上時，他們經常會升級成為直接對抗。同樣地，敵意行為的程度在多階段會戰中，每個階段的強度會隨背景條件和參與者不同而改變。以釣魚手法為例，雖然準備釣餌與慶祝通常包含五毛黨人之間的親密互動，但等魚上鈎的動作就經常採取直接對抗方式羞辱被釣的人(通常針對被定為敵對網站者，也就是五毛黨所稱的「魚池」)。事實上，許多五毛黨人都將這個步驟視為打臉行為。

儘管敵意行為程度與說服力形態各有不同，但這些言詞手法都讓五毛黨的集體經驗凝聚成嚴密的群體身分認同、強化其社群連繫，以及創造支持中共政權的論述。本章前文內容所討論的釣魚手法，在不同階段有多個社群成員參與的行為，就是絕佳例證。雖然設計釣餌只需要一位具有創意的成員，但其他人仍可透過提供評論與建議，或產製訊息修正內容，甚至衍生故事，對其做出貢獻。[53] 社群成員也可以在散播釣餌時扮演更大的角色，尤其是在釣魚的初期階段。[54] 「放釣鉤」通常是對被釣者發動的集體對抗行為，因而可藉由團結對抗共同敵人的過程，促進群體身分認同。慶祝行為可以強化對共同敵人的集體想像；對付「他們」的過程，五毛黨人會積極反應出一種「我們」的印象。不僅如此，透過奉行共同行為標準和鼓吹類似價值和信念，五毛黨人可以有效建立獨立的網路地盤或公共特定社群，以穩定維持捍衛中共政權的論述。

但這種言詞遊戲也會造成反效果。例如，釣魚雖然可以有效讓對手失去公信力，但這種手法卻是一把雙面利刃。為了反擊對於中共航空母艦計畫的批評，「未名空間」某位使用者寫一篇名為「對於一個沒有人權的國家，建造航母有什麼用？」[55] 其在貼文中聲明：

近期，在某大國的某個北方城市，正在加速建造航母，因為航母具有象徵性重要地位。……

然而，在奧運主辦國和航母擁有國的華麗外表下，是另一個截然不同的畫面——在建造航母的同時，越來越多的群體性事件(係指大眾示威及其他形式的集體異議行為)對該國的維穩機器帶來龐大壓力。它們開始對互聯網採取嚴厲鉗制、操弄輿論、派遣大批警察驅散集會群眾、同時隨時準備逮捕散播「不和諧」訊息的網民。

加拿大《溫哥華太陽報》在(8月)10日的社論中指出，這個社會「病了」。法國評論員波利耶(Agnes Poirier)甚至對BBC新聞表示，這個國家仍是(歐洲)最『不平等社會』之一。

雖然這名使用者承認其目的在於嘲笑英國，但批評中共和支持中共政權的兩派網民都上了鉤。這個例證凸顯出五毛黨所遭遇的兩難局面：當人們實際上無法或不願看清魚餌上的倒鉤時，釣魚可以變成餵魚，反而不由自主提高五毛黨欲力圖對抗之謠言和批評。[56]

自帶乾糧的五毛黨之活動範圍與影響力

由於五毛黨人身分認同的主觀性和網路空間的流動性，因此不可能估計出其規模。然而，該群體成員活動範圍的某些徵候，卻顯示五毛黨已成為網路言論的一股強大力量。

雖然五毛黨只代表一小部分的網民，但其已在網路空間牢牢建立地位，其中某些諸如軍事論壇等平臺往往成為五毛黨的原始基地。這點完全不令人意外，因為這些論壇通常都吸引對於國際政治抱持現實主義觀點的民族主義派網民。身為民族主義者，他們深刻瞭解中共政權在國家統一、工業化和提升國力方面的角色。對於這些人而言，雖然存在諸多問題，現有政權仍遠優於1949年前的國民黨政權，因為後者不僅無法鞏固內政秩序，亦未能保護中國對抗外來威脅。他們深信國家是走在正確道路上，而維持穩定亦屬必須。這些人的現實主義派甚或鷹派傾向，使其非常容易接受反間諜論述模式，將國內和外在政權批評者想像成是一些經營網路言論以破壞中國復興的民族敵人。由於這些志趣相同的網民會很自然群聚於軍事論壇，因此會逐漸將這些平臺轉變成虛擬地盤，藉此加強彼此互動並交換各種想法，進而形塑和鞏固其身分認同。

五毛黨不僅攻占吸引民族主義網民或軍事迷的小型論壇，也在諸如「未名空間」、「水木社區」和「天涯社區」等大型論壇的熱門留言版上建立根據地。「天涯社區」是目前中國大陸最大的網路論壇，每日都吸引數百萬瀏覽人次，而「未名空間」和「水木社區」則是最熱門的學生論壇，兩者隨時都有超過3萬人次的使用者上線。[57] 雖然並非所有使用者都認同五毛黨的論調，但這個群體已在這些平臺上建立相當勢力，展現其接觸廣大閱聽群眾的實力，因為網民會「投入」他們的注意力且持續造訪五毛黨深耕的重要網站。[58] 就這方面，軍事版如何取代中國新聞版成為「未名空間」的最熱門版面即是很好的例證。在2008年以前，多數網民經常造訪中國新聞版討論中國大陸政治議題，而軍事版只能吸引那些軍事迷。但2008年的一連串事件──拉薩暴動、汶川大地震，以及北京奧運等──卻促使中國新聞版使用者大規模出走潮，因為他們不滿該討論版的反中共政權傾向。這些使用者開始轉換到五毛黨所盤據的軍事版，裡面內容並以更「中性」、更正面地討論中國大陸議題。從此之後，軍事版所吸引的網路流量通常都是中國新聞版的十倍以上。[59] 此種轉變凸顯出五毛黨在網路言論日益擴大的影響力。

五毛黨的影響力並未侷限於他們所盤據的孤立虛擬地盤。為了反制他們認為對中共政權做出魯莽批評的這些人，五毛黨人在其盤據基地和不具主宰地位的「戰場」迎戰對手。此種戰場包含其他論壇、部落格和類似推特的微博網站。例如，五毛黨人集中在「天涯社區」遠望版的事實，並沒有妨礙某些人參與自由版上的辯論，而遠望版是「天涯社區」第二熱門的討論版。透過貼標籤大戰、相聲和釣魚等行為，他們試圖將影響力擴大到其所主宰的地盤之外。

五毛黨也在其基本平臺之外建立更深、更廣的關係。其多數成員都會運用QQ或微信群組建立更密切接觸，甚至發展出彼此間真實的友誼。[60] 這些關係擴大五毛黨接觸範圍並讓其成員連結在一起。此外，跨社群連繫也藉此建立，讓相對孤立的五毛黨社群能串連在一起。正如志趣相同網站會比理念相左網站擁有更高的跨站連結，[61] 以不同網站為基地的五毛黨人也會將他們經常造訪的各種網站進行連結。例如，在「水木社區」的軍事版上，人們可以經常看到「未名空間」的軍事版、「西西河中文網」和「超級大本營」的貼文，或其他五毛黨同志的微博貼文。「未名空間」的釣魚作為可能會策動「水木社區」的類似活動。[62] 某些網民甚至還刻意鼓吹具有類似政治傾向之社群進行結盟，以迎戰共同敵人。「西西河中文網」某位使用者公開主張，五毛黨人應該支持「烏有之鄉」(wyzxsx.com，一個極左派網站)以對抗普世派共同敵人。[63] 諸如「四月傳媒」論壇(前身是Anti-CNN.com網站)以及如「觀察者」等較為嚴謹的新聞平臺內容顯示，大體上屬於回應性質的五毛黨可能正逐漸蛻變為一個懷抱著必須執行某項明確界定任務的更自覺性群體。[64] 透過此種轉變，至少其部分成員已轉變為致力於在網路散播自身政治信念的政治活動分子。

事實上，自帶乾糧的五毛黨已從一種網路現象，變成一個具有政治動能的群體。例如，在2016年初臺灣總統大選結束後，許多中國大陸網民為了辯護「一個中國」原則，蜂擁至總統當選人蔡英文的臉書網頁，這些人有許多都宣稱自己是五毛黨。[65] 雖然並非所有此類自稱為五毛黨都符合本章內容描述的該群體成員定義，但此一案例仍顯示此一群體的政治影響力。

以政治勢力而言，五毛黨現在也得到中共黨國體制的認可。2014年10月15日，在具有重要地位和象徵性的北京文藝論壇舉行時，中共國家主席習近平就公開讚揚周小平和花千芳等兩位「網路作家」，而兩人正是外界所認定的五毛黨代表人物。[66] 由於眾多更具影響力的網路名流和公共知識分子都沒有人獲邀參與該項論壇，中共當局吹捧周、花兩人的作為，顯然是想收編五毛黨成員於旗下。[67] 然而，這個舉動在五毛黨和一般網民間造成負面效應。對於五毛黨而言，周小平和花千芳並不被視為他們真正的代表：兩人都被認定為過度支持中共政權，且其評論在邏輯和事證上都過於薄弱。對於一般網民而言，產生與中共當局的關連性會立即讓五毛黨從一個相對中立的團體，變成當局唾手可得的傳聲筒。

事實上，五毛黨的民意支持度和影響力，似乎會因諸如當局行為等因素而隨時變化。以「水木社區」的軍事笑話版為例，如圖7.2所示，該討論版的影響力從2007至2011年大幅提高，但接著就陷入短暫停滯，並開始穩定下滑，然後到2012年底才短暫反彈。此種趨勢性變化完全呼應中共領導階層的接替過程。那段停滯期間和中共第18屆全國黨代表大會的權力鬥爭完全重疊，而在習近平掌權後更開始持續快速下滑——這兩段期間都發生中共當

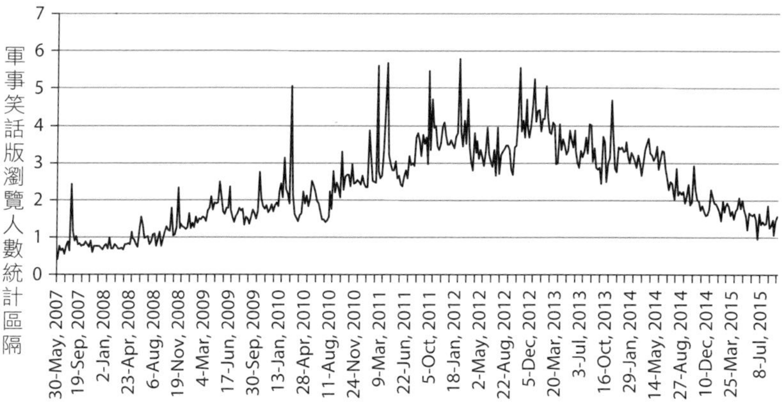

圖7.2 水木社區平均每週軍事笑話版瀏覽人數統計

資料來源：newsmth.net.

局對網路言論加強鉗制的情況。由於軍事笑話版只是一個很小的討論版，且一般都是支持中共政權的言論，其下滑不太可能是因為受到當局審查的直接衝擊。相反地，其非常可能是因為中共加強鉗制作為，讓該群體喪失正當性，使其在一般網民間失去吸引力。

結語

網路空間並非單一屬性的傳播媒介。相反地，其係由各種彼此分殊的領域所組成，可能是意見相左者彼此對抗的戰線，抑或某些社群盤據的地盤。本章內容針對自帶乾糧的五毛黨的分析，詳細說明群體身分認同如何在立場相左網民和同流社群成員的反覆言詞互動中逐漸形成。此種互動讓某些網路平臺成為五毛黨的基地，藉此製造和複製某些支持中共政權的論調。

雖然這些人只代表一小部分網民，但五毛黨已對輿論發揮重大影響力。例如，針對臉書使用者所進行的某項驗證性研究，即已看出大規模情緒感染的證據；換言之，其他人所表達的情感會影響自己本身的情感。[68] 還有一些研究人員也發現，社會共識會受到少數積極投入者的影響或改變，他們「不斷宣揚反對意見且不受外界左右。」[69] 就此一方面，五毛黨人正是中國大陸網路空間中的此類「少數積極投入者」。他們相對中立的立場、民族主義訴求、強調事實和理則，以及幽默感等，都使其能比國家執行人員更有效說服網民。事實上，「西西河中文網」某位使用者公開宣稱，由於中共當局宣傳機關的無能，五毛黨在維持中共政權穩定方面已開始扮演更重要的角色。[70]

本章的內容並非要否定「提出中共網路限制」之研究學者、觀察家及政治運動分子的諸般作為，而是希望凸顯網際網路輿論的複雜性與多元性，以及其後續的影響。[71] 此種觀點有助於讓人們以超越國家與社會對抗模式、下層規範與國家規範、成長中公共領域與國家審查、崛起公民社會與威權政權，以及獲得能力之社會行為者與國家高壓統治等角度，更深入瞭解中國大陸的網路政治生態，以求真正看清不同社會行為者間的彼此衝突。[72] 本章凸顯除了國家能量與調適能力以外的其餘變數，這種研究方法有利於威權政權韌性的著作研究，[73] 另自帶乾糧的五毛黨亦有助於穩定中共政權，其鮮少是為了促進統治正當性，反而主要目的是破壞中共政權挑戰者的士氣和論證基礎。

8

網路威權韌性

不相稱能量與遭錯估威脅

中國大陸數位媒體與威權統治的關係十分引人入勝。[1] 本書希望從獨特的角度，以數個違反直覺的主張檢視此一主題。網路言論的角力，既是審查遊戲，也是一種話語權競爭。針對審查遊戲方面，中共黨國體制、中介行為者和網民，不斷在禁忌地帶、灰色地帶及自由地帶的網路言論中進行各種越界鬥爭。在話語權競爭中，所有行為者都是在中共當局規定的範圍內參與活動，但這場角力的重點並不在於各方表達的內容，而是在於如何有效傳達、散播和操弄資訊。顯然這場角力並非只介於威權統治當局以及藉由數位管道獲得力量的社會行為者之間。網路言論的範圍和樣貌取決於黨國體制的內部分殊性、中介行為者的多元化能量和代理作用，以及網民團體的異質性。這種多元性質之網路政治生態導致數位時代的威權韌性明顯複雜化，同時削弱所有科技決定一切之民主化網際網路觀點。

本書有兩大特質不同於目前其他針對中國大陸網際網路政治生態的研究。第一，本書檢視多個中國大陸網路言論角力中鮮少被研究但卻關鍵之要素。例如，網路論壇經營者在折衝當局與社會互動方面所扮演角色往往遭到忽視。反思臉書與推特在阿拉伯之春的動員過程所扮演角色，當局對於中介行為者的控制，可能會促成其在中國大陸甚或以外地區(如俄羅斯)威權統治的韌性。[2] 另經常被西方媒體報導的五毛黨現象，卻鮮少有人研究。針對這些現象進行的分析，就有機會能評估當局如何適應數位時代，以及檢視中共分殊威權政權內部互動的方式。此外，本書藉由研究自帶乾糧的五毛黨，深入探索網路言論的多元化現象。更自由的網路言論雖有助於削弱當局的規範，然卻製造出中共政權批評者的反對者，反而使之影響力降低，這與一般人的直覺觀點有所出入。

第二，本書針對威權韌性在數位時代的統治，提供一個全新且挑戰外界觀點的解釋。現有研究不是推斷一個讓當局和社會[3]都被強化的「相互賦予權力」狀況，就是認為無所不能的當局能充分進行調適，還能在不承擔遭推翻風險下掌握自由言論。[4] 本書研究希望打破當局適應力的迷思，藉由證明中共當局形塑網路言論的種種作為最多僅有部分成功，進而找出當局能量方面的問題。中共威權政權屹立不搖，但發生阿拉伯之春的各國在嚴厲鉗制作為下卻仍垮臺的事實，[5] 顯示只靠當局的調適能力，很可能既非威權韌性統治的充分條件，亦非必要條件。但無效的國家鉗制行為並不會自動促成民主化。中國大陸的政權批評者，目前仍無法贏得網民的心。換言之，威權統治行為可以和相對自由的言論並存，因為政權仍擁有人民的普遍支持和／或批評當局的人士普遍缺乏公信力，誠如中共和俄羅斯的例證所示。

數位時代的威權韌性

本書的核心問題是中共威權政權在遭遇網際網路所帶來的各種深度複雜挑戰情況下，如何維持其韌性。中共黨國體制在網路時代前一直都能相當成功調適各種新挑戰。[6] 自毛澤東過世與毀滅性文化大革命結束後，共黨已歷經一場澈底的社會經濟再造，[7]並將其統治合法性的主要來源從原本的共產主義思想和革命言論，轉變成經濟發展和更佳的治理行為。[8] 中共黨國體制從1978年改革開放後，在政治上也完全轉型。[9] 除了定期領導高層更迭和更佳的幹部管理，中共也採取多項制度面和組織面的調整，諸如法律改革、基層選舉和引進黨內民主作為。[10] 此外，政治學者發現，中共黨國體制大幅強化其遏制和化解民眾動亂的能量，[11]不僅是為了維護社會穩定，[12] 也在於鞏固良善形象與威權主義的回應力。[13] 如同「正當抵抗」架構所示，中共黨國體制實際上設法藉由接受、甚或鼓勵民眾依據國家規範的訴求、管道和策略，對地方官員進行申訴，以強化其統治和政權合法性。[14] 就此一方面，大眾爭取權利反而變成「建設性不服從」(Constructive Noncompliance)。[15]

然而，某些學者仍對中共威權韌性統治有所質疑。[16] 即便過去主張此種想法的人，諸如知名中共政治研究專家黎安友(Andrew Nathan)和沈大偉(David Shambaugh)等人，都對自己原本的觀點有所修正。在2009年，《民主期刊》(*Journal of Democracy*)發行一份中共黨國體制自天安門事件後所遭遇各種挑戰的特刊。在該特刊的最後一篇論文中，黎安友主張中共黨國體制遭遇到基礎統治合法性不足問題，若因此出現強大的多數不滿意民眾、觸發性事件，以及領導階層的分裂等，都可能導致政權的移轉。[17] 在2015年3月《華爾街日報》(*Wall Street Journal*)的文章中，沈大偉也主張，「結束共產黨在中國大陸統治的終局開始了，習近平的殘暴手段只會讓這個國家更接近瓦解邊緣。」[18] 此種主張與另一個長期觀察中共菁英政治的研究專家李成所做之研究相呼應。在確認中共政權內部的主要緊張關係來源，包含裙帶關係、貪腐泛濫、寡頭日益集權，以及派系鬥爭等問題後，李成做出推斷，中共整個國家雖然具有韌性，但黨國體制的能量與統治合法性卻十分脆弱，甚至可能已陷入嚴重式微情況。[19]

各項既有研究可看出兩個本身相互衝突，但卻有充分依據的中共威權政權形象。其中一個形象顯示中共政權之所以強韌，在於其有控制群眾並適應各種新挑戰的強大能量。就此方面，外界預測「中共將持續崛起而非式微，因為其領導人能鞏固一黨專政模式，並在過程中挑戰西方世界自信認為政治發展必走向選舉式民主政體的見解。」[20] 另一個形象則顯示中共政權十分脆弱，在面對越來越多挑戰時，其能量日益式微與退化。從這個角度看，學者黃亞生認為，中共面對一個「不民主化就是等死」的情勢，且「真正使中共裹足不前的原因，並非欠缺對民主的需求，而是欠缺對民主的供給。」[21] 兩個觀點都提供寶貴的見解，可以深入洞悉中共的威權統治、其優劣勢，以及中共走向民主的前景。然而，在這項論辯中，真正缺乏的是更深入檢視當局能量與其所遭遇挑戰的相對關係，以及更詳細反思這些挑戰的本質。

許多挑戰都是來自網際網路，而黨國體制適應數位挑戰的靈活度亦令人佩服。然而，中共當局強大的能量並不能匹配資訊控制與操弄的新任務，造成其調適作為完全失效，甚至產生反效果。換言之，當局的調適能力不足以說明強韌的威權統治行為，至少在中共的個案中是如此。就此一方面，真正問題並非中共當局如何成功馴服網際網路，而是為何網際網路至今仍無法像許多人所預期般擊垮中共的威權統治。結果反而是網路言論的多元化現象，諷刺地促成其威權韌性。身分認同焦慮和網民在網路互動中的敵對行為，都讓民族主義派網民和自帶乾糧的五毛黨等「當局盟友」，獲得維繫支持中共政權論述的空間，這些人反而協助中共轉移並化解那些批評當局的聲音。

強大當局與不相稱能量

網際網路的擴大打破當局對於媒體的獨占局面，這種情況為中共黨國體制的特定威脅帶來兩項廣泛的權力賦予效應，其分別為促進集體動員和散播普遍性批評。[22] 第一項權力賦予效應主要是關於擴大政治開放和豐富動員資源，使一般百姓能更積極參與社會政治活動和反抗威權統治。但如同政治學者所言，中共黨國體制擁有豐富經驗和充分能量，足以應付集體動員。[23] 不僅如此，網路動員實際上可能反而讓當局更容易觀察與干預百姓的行動主義。[24] 這正是為何在中國大陸支持民主改革的「茉莉花革命」發生前，警察機關早已做好準備的原因。

第二項權力賦予效應基本上是一種理念性和文化性戰爭，或一種可視為規範性競爭的行為。[25] 中共黨國體制不論過去的韌性有多強，但現在卻必須「考量其對特定事件看法和大眾對這些事件看法之間所產生的落差」，[26] 還要對抗異議論述以爭取民心。此種情況對於中共黨國體制的破壞性更強，因為過去蘇聯在開始瓦解前就是遭遇此種挑戰。「由於國家從過去到現在都採取無情的道德監控，隨之產生追求自尊的智識與自豪的道德感」，快速「掏空強大的蘇聯當局，剝奪其統治合法性，並使其成為一個油盡燈枯的軀殼，導致蘇聯在1991年8月的解體。」[27]

中共黨國體制為了形塑網路言論，曾試圖運用大規模審查和諸如網路帶風向等創新公關手法，如本書第二章和第五章所討論的內容。中共當局如何採取此種調適作為不僅展現中共政權的適應能力，同時也讓外界有機會可以評估其能量。黨國體制的審查和操弄作為，證明其能對中介行為者進行規範和控制，以及對異議分子和不同派網民進行消音和懲罰的無比強大專制統治及基礎建設力量。尤其，針對組織能量方面，黨國體制有能力動員成千上萬的不同層次、不同部門國家執行人員，進行困難的審查和網路帶風向工作。就以網路帶風向為例，這項最初僅是地方創新作為的手法，現在已融入當局常態性宣傳工作，尤其在習近平時代更為明顯。透過諸如宣傳系統和共青團等機器──僅後者就掌握了一支至少包含35萬網路宣傳人員和1,050萬青年網路文明志願者的龐大人力──黨國體制擁有能支持中共政權的加工內容並隨時淹沒網路空間的能量。[28] 事實上，據金恩(Gary King)、潘(Jennifer

Pan)、羅伯茲(Margaret Roberts)等專家表示，估計中共當局每年製造高達4億4,800萬則的網路貼文。[29]

但當局能量與其在數位時代所遭遇的挑戰仍不相稱。網路言論難以控制的特質——包含匿名性、創意性和內容數量——都使審查成為一項近乎不可能達成的任務。完全依賴禁忌詞彙過濾和中介行為者的審查體系，極度欠缺反制創意性言論的能力。中共政權批評者和一般網民運用創意和娛樂性手法，成功規避當局的審查，同時將審查轉變成網路行動主義的打擊目標。在話語權角力過程中，說服力來自於表達、互動和文化特質，這些特質沒有一項是黨國體制擅長的。畢竟，中共當局並不會使用網路語言，也無法全心接受大眾網路文化或網路行為規範。即便其設法結合大眾表達形式或運用網路言論的匿名性，當局的創新作為往往證明完全沒有效果，一如本書在第四、五章所討論的情況。

黨國體制在轉換其網路外能力成為對網路世界的有效控制方面遇到極大困難。透過龐大的國家機器，中共當局集中相當大的制度性、組織性、行政性和技術資源，希望建立世界上最精密的審查體系。但這套系統卻因為當局內部的分殊性而難以發揮，因為此種內部分殊性現象主要來自於利益衝突、官僚系統責任分工和黨內意識形態分歧等問題。尤其，雖然中共中央似乎比較重視政權的全般統治合法性，但地方政府卻往往運用審查掩蓋其自身醜聞和維護自己形象。同樣地，當局強大的組織能量雖然可以動員龐大的五毛黨人力；然而，負責指派五毛黨任務的國家執行人員，往往沒有適切誘因和充分技術，可以涉入並引導網路討論的方向。此外，地方官員經常讓這些原本應該是祕密的五毛黨曝光，只為了誇耀自己的宣傳政績。顯然，對於地方官員而言，他們的優先工作並非說服網民，而是向上級表現自己的能力。換言之，中共當局的思想工作機器，包含宣傳系統和共青團等，已不再是思想灌輸的有效工具。兩者越來越成為國家執行人員藉以晉升和以政治忠誠度交換獎勵的載具，這點亦說明地方國家執行人員具有「噁心地展示忠誠度」特質的原因。[30]

國家能量與其遭遇挑戰的不相稱，顯示出中共黨國體制的調適作為截至目前為止並未完全發揮威權韌性。事實上，中共當局的鉗制和操弄作為，甚至還導致政權的統治合法性和治理危機更形惡化。第一，當局的審查挑起數位抗爭並坐實外界批評中共政權高壓統治的指控。尤其，僵化專斷的審查經常阻擾那些完全不具有政治敏感性的網路溝通。此種「附帶損害」引起網民在網路論壇、部落格、微部落格及其他社群媒體平臺的無數抱怨，讓許多原本漠不關心世事的網民走向政治化和背離之路。即便五毛黨人所採取的網路帶風向等創新公關手法，也會產生反效果。由於當局想操弄輿論，任何支持政府的聲音現在都會引來猜疑。事實上，網民被貼上五毛黨標籤和「草泥馬」大戰「河蟹」等個案，都是當局審查和輿論操弄作為如何激怒網民並造成網路抗爭的鮮明例證。

第二，黨國體制對於網路言論的鉗制也損害其與資訊科技企業家的關係。被當局賦予審查責任的網路營運者及其他中介行為者，在網路內容控制上扮演著關鍵角色。如第三章內容所述，中介行為者一般都會表現出對審查「不情不願的配合」態度，這意味著國家與企業關係的形態不同於文獻所述的情況。早期研究顯示黨國體制與企業相互依存的美好畫面：黨國體制促進企業發展，而經濟發展則成為統治合法性的來源，同時企業菁英密切連結且依賴既有政權在經濟與政治上的支持，因而使現狀得以維持，甚至讓企業與威權統治當局結盟。[31] 這種想定在審查體系卻截然不同。當局審查往往與企業利益相違背(也和其他中介行為者的利益相左)，因為審查會增加企業的經營成本、政治風險和市場不確定性。因此，中介行為者的服從，來自於對遭到懲罰的恐懼，遠高於志願性選擇。

第三，中共黨國體制藉由控制和操弄網路資訊流通，也削弱其反應百姓怨懟和改善治理的能量。如同在村里選舉和正當抵抗的個案，[32] 網路言論可以扮演安全閥的角色、[33] 提供政策回饋管道，[34] 以及協助整頓地方官員。[35] 然而，由於當局審查明顯以打壓網路言論為優先，而非呼應民眾訴求，[36] 因而讓黨國體制無法將百姓在網路上的抱怨變成「建設性不服從」，進一步對其善良且有行動力的形象造成傷害。同樣地，派遣五毛黨也扭曲了網路言論的政策回饋功能；因為中共當局內部的分殊性和地方官員以取悅上級為主的情況，高層官員反而很難判斷哪些是加工製造的言論，哪些是來自一般百姓的真實聲音。

最後，尤其值得強調的是，中共當局的鉗制行為可能封鎖網路言論的火災警報功能，並因為給予地方政府太大權力而削弱其整頓地方官員的能量。地方官員一直盡全力阻止百姓申訴，掩飾地方上發生的醜聞，並全力取悅上級官員。當局審查和網路輿論操弄作為讓地方官員有了從事上揭行為的便利工具。尤其，因為地方政府大部分都是針對具體的民怨，此種行為往往比那些抽象議題更容易激起民眾憤怒，官方的鉗制作為最後反而對中共政權的統治合法性和社會穩定造成傷害。想想這些原本可以透過接受部分訴求和整頓地方官員來解決實質的民怨，地方鉗制作法只是讓百姓更不信任地方官員和整個中共政權。畢竟，容許地方政府封鎖網路申訴的行為，是中央政府失能的徵候，更糟的是，讓百姓認為中央沒有意願整肅地方官員。同時，如同中國大陸學者所發現的情況，相信中央政府願意站在百姓一方並懲處違紀犯法地方幹部的想法，是中共政權能否存續的關鍵要素。[37]

賦予權力的言論與遭到錯估的威脅

網際網路由於本身就具有無法控制的特質，因此一直被視為能賦予社會行為者權力，以挑戰威權政權。雖然諸如推特和臉書等社群媒體平臺確實在阿拉伯之春扮演關鍵角色，但對於網際網路影響力的樂觀預期，仍受到諸如新加坡和中共等個案的挑戰。事實上，雖然觀察家發現此種新科技對於中國大陸公共言論、社會連繫和集體動員等確實是可以提供權力的工具，但對於其促成民主化效果的期待卻未能實現。既有研究提供各種不同的解釋：包含中共當局已能充分控制網際網路；[38] 網路空間只能作為日常反抗的論壇，其會緩慢地擴大公共領域並改變行為規範；[39] 以及網際網路雖能促成自由化，但卻無法促成民主化。[40] 本書認為應思考另一種解釋：亦即網路言論角力並不是一個國家與社會的雙方博弈。欲評估網際網路的權力賦予效應，必須從更廣義的面向上瞭解網路政治生態，認清社會行為者的多元化特性，以及檢視社會如何藉此獲得權力。

雖然網際網路無疑為政治行動主義提供各種機會，但並非所有網際網路使用者都被政治化，故認定所有中國大陸網民心中都有反抗威權政權統治的執念並不恰當。如同普瑞爾斯(Mark Priors)的主張，在一個已擁有大量選擇的環境中，積極政治參與的主要障礙或許是「缺乏動機，而非缺乏技巧或資源。」[41] 事實上，學者發現，「中國大陸網路雜音中只有極小部分是屬於政治內容」，[42] 而「中國大陸網際網路比較像是休閒、社交和商務的遊樂場，而非政治行動主義的溫床。」[43] 本書第四章針對流行行動主義的分析大致印證了網路言論與網路行動主義為非政治性動機，以及流行娛樂與政治的相互融合。簡言之，不應否定網際網路的非政治性用途，也不應過度高估網路行動主義的政治影響力。

此外，社會行為者雖獲得投入政治的力量，但卻不必然在方式或程度上足以帶來民主化效應。許多觀察家主張，更自由網路言論促成一個公共領域的出現，百姓於此領域內能在當局限制下表達意見和討論公共事務，[44] 然此種情況會轉而侵蝕黨國體制統治的合法性。然而，這些研究所推想的公共領域往往不完美，只強調其無法控制，而非其論證特質。事實上，網路體驗極可能反而激化網民的憤世嫉俗，因為不滿或政治參與的言論往往只限於網路空間，而這種地方根本不會有實質影響。這也是為何網民經常以負面方式稱網路異議分子為「鍵盤自由鬥士」。[45] 他們認為不應該在網路辯論花太多時間，因為「認真你就輸了」。不僅如此，網民群體間的貼標籤大戰和網路討論處處可見理念的極化現象，顯示中國大陸網路空間絕非一個具有理性辯論特質的公共領域。[46] 相反地，其為一個高度分殊的環境，裡面有許多相當獨立分離性的社群，並充斥著眾多文明與不文明的論述。

由於網民上網有各種不同目的，帶著南轅北轍的關切事項和主要信仰，任何完全以國家和社會互動為重點的理論架構，都不足以完全掌握網路政治動態的精髓。如本書內容所示，某些網民甚至發展出特定的身分認同，促使其攻擊中共政權批評者和挺身捍衛威權政權。換言之，網路空間的論述角力不只是一場「年輕下層行為規範」和「國家行為規範」之間的戰爭，[47] 而是網民在不同理念陣營間的戰爭。雖在網路政治生態的領域中相當新奇，但此種觀點卻完全符合針對中國大陸政治生態所做的學術研究結論：雖然存在統治合法性不足問題，但中共黨國體制卻仍擁有廣大的民意支持。事實上，各種民調研究一再顯示，中共黨國體制擁有世界上最高的政治支持度之一。[48]

相當令人好奇的是，許多網民竟然支持或被動容忍一個非民主且高壓統治的政權。據辛優漢(Johan Lagerkvist)表示，中國大陸百姓默默容忍當局鉗制言論自由的可能解釋有兩個：他們可能保留「私下真相」，卻呼應官方論調的「公開謊言」，抑或他們可能在尋求心理上的一貫性，以便能讓當前政治現狀合理化。[49] 然而，對於中共政權批評者的反撲和自帶乾糧的五毛黨之崛起都顯示，中國大陸網民對於中共政權的支持也應是發自內心且有其理則。事實上，網民可能是基於民族主義訴求而在話語權角力中與當局站在一起。雖然民族主義派行動分子和知識分子，可能「支持民主制度是捍衛民族主義利益的手段」，[50] 但今日中國大陸所流行的民族主義卻往往站在民主制度和民主化的對立面。原因何在？本書第六章內容顯示，並非中共當局已成功拉攏民族主義派。相反地，那是因為中共政權批評者，包含民主運動分子、親自由派媒體專業人士和知識分子，以及西方強權等，已喪失他們對民族主義派網民的吸引力。由於此種民族主義派論述方式，異議言論已非關如何捍衛百姓對抗高壓統治當局，而是關乎愛國網民與中共當局聯手對抗陰謀破壞行為者。

同樣地，自帶乾糧的五毛黨並非一群中共黨國體制或共產主義的真正信徒。他們心中雖有對於中共政權的批評，但卻選擇捍衛這個政權，原因就在於他們對於中共政權批評者的企圖與能力有所懷疑。這些網民承認共產革命和黨國體制的歷史定位，但更重要的是，他們相信中共當局處理當前治理與發展問題的意願和能力。他們相信中國大陸需要一個強大的政府，才能維繫國家的存續，而改變統治者並不會解決所有問題，反而只會造成某些問題更加惡化，甚至可能引發社會動亂。相較之下，他們認為中共政權批評者在批評政府時，都帶著明顯「反既有體制」的心態，此種心態讓他們的批評毫無意義，甚至損人不利己。[51] 在這些人眼中，將所有社會病態歸咎於中共政權並不公平，而中共政權批評者要求換一個政權統治更被視為有道德疑慮、缺乏事證及邏輯不通。他們質疑中共政權批評者是否有能力建立並運作其口中所說的民主政府。同時認為中共政權批評者對那些意見相左的網民毫無耐心與同理心。事實上，某些人甚至說，他們之所以加入自帶乾糧的五毛黨，就是受夠了這些中共政權批評者。

自帶乾糧的五毛黨的現象顯示出，雖然威權政權存在統治合法性不足的問題，但打擊獨裁者並不會自動贏得百姓的民心。

在中國大陸，中共政權批評者至今仍無法提出一個替代既有政權的可行方案。此種說法並非毫無根據，如「民主中國陣線」(Federation for a Democratic China)之類的民主運動組織，本身就存在許多內部問題。如同資深漢學家白夏(Jean-Philippe Béja)的真知卓見：

> 「找到合作的基礎經證明是有難度，然而，以民主中國陣線這樣一個流亡團體的地位，無可避免會使其與中國大陸實際狀況脫節。該陣線所屬成員間的辯論都是虛無飄渺，並對中國大陸的發展毫無影響力。競相爭取外國政治勢力的支持，挑起激烈的內部鬥爭，並讓孫中山再世的夢想化為泡影……這些流亡者最大成就只是幫助人們維持對1989年民主運動的記憶，並向外國政府、大眾和媒體管道控訴中國大陸違反人權的行為。」[52]

簡言之，儘管面對威權當局的高壓統治，網路言論仍賦予中國大陸百姓以某些方式挑戰威權統治的權力。尤其，更自由網路言論對於中共當局在獨占資訊方面構成挑戰，最終挑戰其理念領導地位。某些研究甚至主張，中共當局已輸掉網路空間的地位之戰。[53] 然而，中共當局的所失並未成為政權批評者的所得。那些企圖透過網路言論將民主制度引進中國大陸的人，至今仍未能說服大陸民眾，民主變革是向上提升的方向。對於許多網民而言，改朝換代的風險與不確定性遠超過其潛在利益。他們憂心社會穩定、經濟成長和國家安全都可能惡化，以及最後可能只得到一個功能不彰的民主制度。此種恐懼，加上網民對於中共政權批評者的企圖和公信力有所猜疑，說明為何當局統治合法性的下滑——如許多學者所觀察事實[54]——至今仍未能讓中國大陸走向包容性民主制度。就此一方面，網路言論多元化反而發揮對中共威權政權有利的效果。

網際網路是挑戰還是機會

中共黨國體制當前面對兩個獨特的挑戰或說是危機。第一個挑戰，或說是統治合法性危機，係黨國體制統治其人民的權利令人質疑。中共政權作為「人民的共和國」和社會主義國家的形象，在1989年民主運動鎮壓民眾時已澈底瓦解，而其奠基於共產主義的思想也受到日益擴大之市場經濟和自由民主價值傳播的侵蝕。[55] 誠如索恩頓(Patricia Thornton)所言，中共就像其他非民主國家一樣，「遭遇其無法解決的先天性缺陷：亦即一般人都認同其他政府形式更具合法性的事實。」[56]

但是，在許多案例中，中國大陸百姓並沒有直接質疑中共黨國體制統治的權利。他們反而是挑戰當局及其執行人員在特定案例中如何行使權力，並希望為自己的苦難找到立即解決之道。這說明為何中國大陸的群眾暴亂都有高度地方性和區隔性，其「幾乎沒有任何跨越階級或地區界線的動員徵候。」[57] 第二個挑戰，或說是治理危機，迫使中共當局必須改善其服務條件和解決社會病態，諸多理由都可以解釋為何中國大陸百姓選擇不否定中共政權的統治合法性：包含改革開放時代的快速經濟與社會政治發展，協助中共政權累積以政績為主的統治合法性，以及只專門針對某些特定議題而非追求改朝換代，這對於尋求解決某些立即性問題的百姓而言，或許是更有效的方式。即便連政治異議分子都選擇以治理缺陷和可解決的問題為優先重點，藉此為起點以追求更大的政治改變。例如，人權運動分子及「六四天網」(www.64tianwang.com)的創辦人黃琦曾表示：

> 「我認為一開始必須從保護一般人民上訪和打擊反貪而不被逮捕的權利出發。如果這可以做到，那就真的是一項重大進步。你可以反對共產黨，但還是有人會統治這個國家──即便他們稱自己為『民主黨』，但若沒有進行結構性改變，那一切還是沒變……假如我們只會要求『共產黨下臺』或任何人們想要的口號，那還不如真的做點有用的事情。」[58]

區隔治理與統治合法性挑戰的界線對於精確評估網路言論對威權政治的影響至關重要。由於多數百姓更關心治理缺陷而非政權統治合法性，[59] 威權當局因而認為展現自己解決治理問題的能力和企圖，將比遏阻批評或辯護有關自身統治合法性等問題更為重要。

本書研究發現顯示，中共黨國體制對於網路言論一直反應過度。雖然網路批評有時會挑戰中共政權統治的合法性，但其在動員革命方面根本沒有多少效果。網際網路的首要與最大功能是扮演安全閥，讓網民可以宣洩其對於個人和社會不公現象的憤怒。就此方面，當局的審查對於政權韌性是弊多於利，而減少審查也不會對中共政權造成災難。尤其，頻率更低但更精確的審查，還可能帶來網路空間中更少批判、更多支持的聲音。畢竟，審查一直是許多非政治性網民與中介行為者不滿的主要來源，減少審查當然可以化解此種抱怨。不僅如此，那些仍相信中共政權的網民能更有信心挺身而出。畢竟，當局審查實際上是讓支持的聲音消失，因為審查剛好坐實反抗中共政權的理由，並澆熄支持者的熱情。事實上，僵化的當局審查往往導致無差別地消除所有支持與挑戰的聲音。如此諷刺的情況──中共政權竟然不想讓網民為其辯護──會讓中共政權支持者心寒。如同在紐約所發行的異議雜誌《北京之春》主編胡平所言：

> 「當前，中國共產黨正在打壓從自由派、左派到毛派的所有聲音。在此種情況下，有一件很奇怪的事情，有人認為自己是左派分子而去為高壓政權辯護，結果卻遭到消音。」[60]

如果不要採取審查，中共黨國體制原本可以利用更自由的網路言論，作為改善其治理的機會。如同沈大偉所言，中共黨國體制「已同時陷入萎縮和調適的狀態。」[61] 中共政權的存續大體上取決於其調適作為能否比萎縮的速度快。系統性政治改革當然非常關鍵，[62] 但當局解決特定治理缺陷的作為亦同樣重要。網際網路及其他新的通信科技，可以是當局非常方便使用的工具。雖然晚了點，但中共當局可能已認清事實，企圖利用網際網路改善政府工作效率、透明度、責任歸屬及快速執行力。[63] 近期中共高層領導人的演說內容、「政府上線計畫」、各種地方電子政府試點驗證，以及利用熱門社群媒體平臺與百姓接觸等作為，似乎都是朝此一方向努力，至少整體上是如此。[64]

但當局還得採取更多嚴肅的行動，尤其是針對處理與大眾有關特定治理議題的要求。雖然中共前總理溫家寶曾敦促要「創造讓人民可以批評和監督政府的條件」，[65] 但強硬審查和懲罰放言高論的網民等行為，卻使百姓很難相信政府的誠意。即便中共當局主要關切重點仍在於維穩，且偏好持續網路內容審查，但其仍須容許對於治理議題的抱怨，展現其致力於解決此類問題的決心，回應網民訴求，而非一貫掩飾問題。

中共在世界的定位

在中國大陸所見事實若以相對背景觀之，當然會有更廣泛的影響。全球的威權統治與不自由政權都已在適應數位時代，並運用和中共相當類似的鉗制手法。[66] 除了審查之外，諸如肯亞、俄羅斯、敘利亞、土耳其和委內瑞拉等政權，都擁有各國專屬形態的五毛黨。[67] 針對中國大陸所做的研究──一個強大國家與威權主義統治的最鮮明個案──可以讓世人更深入瞭解這些類案，以及全般性的數位威權主義，因為其所提供的理論架構可以適用於類似的情況。事實上，傳聞證據顯示，雖然背後由俄羅斯政府所支持的網路暴民(trolls)比中共的網路評論員更投入、專業及擁有更高報酬，但他們同樣缺乏執行其工作的動機、士氣和技巧。[68] 同樣地，中國大陸自發性政權捍衛者的出現，也能呼應針對普丁民意支持度及其對俄羅斯政治影響的相關研究結果，[69] 凸顯檢視威權政權相互衝突信念、價值和身分認同的必要性。

此外，網路言論發揮讓中共政權喪失統治合法性的程度，高於其在中國大陸散布公民與民主行為規範的效果，此一發現也對民主化的文獻論述有所幫助。尤其，對於威權主義在某些發生阿拉伯之春國家的復辟，以及其他許多經歷過民主轉型卻無法鞏固新民主政權的國家，這項發現也提供可能的解釋。[70] 畢竟，網路論述的多元化現象既呈現威權統治的退縮，但也顯示社會信任或社會資本的弱化，而後兩者正是民主制度的關鍵要素。[71] 換言之，本書所提出的研究發現意味著某些危害新興民主國家的問題，可能與自由化過程的遺緒有關，而非威權統治行為。[72] 對於任何地方的民主運動分子而言，包含中國大陸的民運分子在內，為了達成包容性民主體制，建設(公民規範與民主價值)時，至少與破壞(國家規範)同樣重要。

附錄

帖子：法輪功信徒銷毀中共護照尋求政治庇護

[版：軍事] [OP: XI8]，2011年4月2日，14:38:49 [頁：1]

寄送者：XI8(匿名)，版：軍事

現在外國人不想要他們(法輪功信徒)，所以他們哭喊著要回中國，不知羞恥地等在大使館外，而(我)看見不少人被警衛趕出去。

—

寄送者：LBK(匿名)，版：軍事

你還沒找到工作，或許哪天你可以試試看法輪功。

【擷取自XI8(匿名)的貼文：】

現在外國人不想要他們，所以他們哭喊著要回去⋯⋯

—

寄送者：XI8(匿名)，版：軍事

我猜你們甚至不知道401K(美國退休儲蓄計畫)是啥意思。美國國家民主基金會永遠不會提供社會福利給你們，懂嗎？

>>寄送者：XI8(匿名)，版：工作

>> (你)真是一個毫無經驗、無知的傢伙。

>>我們公司提存3%，就不需要再付任何一分錢了。

【擷取自LBK(匿名)的貼文：】

你還沒找到工作，或許哪天你可以試試看法輪功。

—

寄送者：XWR(匿名)，版：軍事

你要死期到了，才加入老將？

所以老將中有許多這種前例(因為死期到了而變成老將)？

【擷取自LBK(匿名)的貼文：】

你還沒找到工作，或許哪天你可以試試看法輪功。

—

寄送者：XWF(匿名)，版：軍事

那他們要怎麼辦？沒了護照，他們是否就沒法證明身分？他們一輩子在美國就見不得光了嗎？

【擷取自XI8(匿名)的貼文：】

現在外國人不想要他們，所以他們哭喊著要回去……

—

寄送者：LBK(匿名)，版：軍事

(中國大陸)大使館對你們已經夠好了，甚至還提供401K的資料給你們。

【擷取自XI8(匿名)的貼文：】

我猜你們甚至不知道401K是啥意思。美國國家民主基金會永遠不會提供社會福利給你們，懂嗎？

——

寄送者：LBK(匿名)，版：軍事

在小將中有許多這種先例。

【擷取自XWR(匿名)的貼文：】

你要死期到了，才加入老將？

——

寄送者：XWR (匿名)，版：軍事

美國政府尊重人權，你們不必擔心。

【擷取自XWF(匿名)的貼文：】

那他們要怎麼辦？沒了護照，他們是否就沒法證明身分？

——

寄送者：XWR (匿名)，版：軍事

沒出息的小將最後變成老將，難怪老將的低素質。

【擷取自LBK(匿名)的貼文：】

在小將中有許多這種前例。

——

寄送者：XI8 (匿名)，版：軍事

如果沒發生那件事，他們就能被人用船送到印度並跟達賴喇嘛及其支持者(像動物一樣)團聚。他們雖然遭受物質生活痛苦，但應能在民主陽光下享受精神生活。

【擷取自XWF (匿名)的貼文：】

那他們要怎麼辦？沒了護照，他們是否就沒法證明身分？

——

寄送者：XWF (匿名)，版：軍事

違法移民者不是會被送入監牢？

【擷取自XWR (匿名)的貼文：】

美國政府尊重人權，你們不必擔心。

—

寄送者：XMD (匿名)，版：軍事

如果美國夠聰明，應該會想辦法避免這些人成為反美的恐怖分子。

【擷取自XI8 (匿名)的貼文：】

現在外國人不想要他們，所以他們哭喊著要回去……

—

寄送者：XWR (匿名)，版：軍事

(確認為)非法移民者(會被送入)監牢，裡面有吃有住，這就是人權。

【擷取自XWF (匿名)的貼文：】

違法移民者不是會被送入監牢？

—

寄送者：XWR (匿名)，版：軍事

中國人不是這樣的。我公司一位常走訪亞洲的美國人老實告訴我，中國人有好有壞，並很容易分辨，好人對美國有不同態度，而壞人都愛美國。

【擷取自XMD (匿名)的貼文：】

如果美國夠聰明，應該會想辦法避免這些人成為反美的恐怖分子。

—

寄送者：XJS (匿名)，版：軍事

並不是許多法輪功信徒都會撕毀護照，那些人大部分都是非法移民。

【擷取自XI8 (匿名)的貼文：】

現在外國人不想要他們，所以他們哭喊著要回去……

—

寄送者：XI8 (匿名)，版：軍事

這些法輪功信徒是沒骨氣的低等哈巴狗，甚至沒膽成為恐佈分子。

【擷取自XMD (匿名)的貼文：】

如果美國夠聰明，應該會想辦法避免這些人成為反美的恐佈分子。

—

寄送者：XMD (匿名)，版：軍事

老將恨中國共產黨，所以當他們被美國拋棄時可以恨美國，這非常正常。

【擷取自XI8 (匿名)的貼文：】

這些法輪功信徒是沒骨氣的低等哈巴狗，甚至沒膽成為恐佈分子。

—

寄送者：XTL (匿名)，版：軍事

你要加入嗎？

【擷取自LBK (匿名)的貼文：】

你還沒找到工作，或許哪天你可以試試看法輪功。

—

寄送者：XCI (匿名)，版：軍事

我昨天看了一下新唐人電視臺，他們在瞎攪和，從這點就能進一步看出法輪功信徒是垃圾中的垃圾。

【擷取自XI8 (匿名)的貼文：】

現在外國人不想要他們，所以他們哭喊著要回去……

—

註：使用者名稱採匿名，以保護其隱私。

資料來源："Wheels Tore Their Passports Up for Political Asylum," Mitbbs, April 2, 2011, http://www.mitbbs.com/article_t/Military/35576285.html.

註釋

序言

1. 我們當時有電腦課，但昌平校區的電腦並沒有連接網際網路。我們在這些課程只學輸入法和程式設計。
2. Guobin Yang, "Contention in Cyberspace," in *Popular Protest in China,* ed. Kevin J. O'Brien (Cambridge, MA: Harvard University Press, 2008), 135.
3. "The Trial of Xu Zhiyong: A New Citizen," *Economist,* no. 8871 (2014): 52.
4. 某些「水木清華」(Smth)管理員將其使用者資料移出校園，並將這些資料用於設立「水木社區」(NewSmth)。

1

1. See Philip N. Howard and Muzammil M. Hussain, *Democracy's Fourth Wave? Digital Media and the Arab Spring* (Oxford: Oxford University Press, 2013); Gilad Lotan, Erhardt Graeff, Mike Ananny, Devin Gaffney, Ian Pearce, and Danah Boyd, "The Revolutions Were Tweeted: Information Flows During the 2011 Tunisian and Egyptian Revolutions," *International Journal of Communication* 5 (2011): 1375-1405; Clay Shirky, "The Political Power of Social Media," *Foreign Affairs* 90, no. 1 (2011): 28-41; Mohamed Zayani, *Networked Publics and Digital Contention: The Politics of Everyday Life in Tunisia* (Oxford:

Oxford University Press, 2015); Nahed Eltantawy and Julie B. Wiest, "Social Media in the Egyptian Revolution: Reconsidering Resource Mobilization Theory," *International Journal of Communication* 5 (2011): 1207-24; Ethan Zuckerman, "The First Twitter Revolution?" *Foreign Policy,* January 15, 2011.

2. See Ian Johnson, "Activists Call for a 'Jasmine Revolution' in China," *New York Times,* February 24, 2011.
3. James Fallows, "Arab Spring, Chinese Winter," *Atlantic,* September 2011; Tania Branigan, "China's Jasmine Revolution: Police but No Protesters Line Streets of Beijing," *Guardian,* February 27, 2011; Jeremy Page, "Call for Protests Unnerves Beijing," *Wall Street Journal,* February 21, 2011; Austin Ramzy, "State Stamps Out Small 'Jasmine' Protests in China," *Time,* February 21, 2011, http://content.time.come/time/world/article0,8599,2052860,00.html.
4. Lisa Anderson, "Demystifying the Arab Spring," *Foreign Affairs* 90, no. 3 (2011): 2-7.
5. See Fallows, "Arab Spring, Chinese Winter"; Gady Epstein, "A Revolution Is Not a Tweetup: Jasmine Revolution and the Limits of China's Internet," *Forbes,* February 22, 2011, http://www.forbes.com/sites/gadyepstein/2011/02/22/a-revolution-is-not-a-tweetup-jasmine-revolution-and-the-limits-of-chinas-internet/print/.
6. Andrew Nathan, "Authoritarian Resilience," *Journal of Democracy* 14, no. 1 (2003): 6-17; David L Shambaugh, *China's Communist Party: Atrophy and Adaptation* (Berkeley: University of California Press, 2008).
7. See Kevin J. O'Brien and Lianjiang Li, *Rightful Resistance in Rural China* (New York: Cambridge University Press, 2006); Kevin J. O'Brien, ed., *Popular Protest in China* (Cambridge, MA: Harvard University Press, 2008); Yongshun Cai, *Collective Resistance in China: Why Popular Protests Succeed or Fail* (Stanford, CA: Stanford University Press, 2010); *Jianrong Yu, Kangzhengxing Zhengzhi: Zhongguo Zhengzhi Shehuixue Jiben Wenti* (*Contentious Politics: Basic Questions of Chinese Political Sociology*) (Beijing: People's Publishing House, 2010).
8. Guobin Yang, *The Power of the Internet in China: Citizen Activism Online* (New York: Columbia University Press, 2009); Johan Lagerrkvist, *After the Internet, Before Democracy: Competing Norms in Chinese Media and Society* (Bern,

Switzerland: Peter Lang, 2010); Yongnian Zheng, *Technological Empowerment: The Internet, State, and Society in China* (Stanford, CA: Stanford University Press, 2008); Ashley Esarey and Qiang Xiao, "Political Expression in the Chinese Blogosphere," *Asian Survey* 48, no. 5 (2008): 752-72.

9. Barbara Demick, "Protests in China Over Local Grievances Surge, and Get a Hearing," *Los Angeles Times,* October 8, 2011, http://articles.latimes.com/2011/oct/08/world/la-fg-chna-protests-20111009. 這篇報導指出，中國大陸抗議人士抱持針對性訴求與具體要求：農民希望他們土地不要再被徵收或是獲得更佳補償以彌補財產損失。房屋持有者希望停止拆屋。人民希望更乾淨的空氣、水源及安全的食物。卡車和計程車司機希望降低油價高漲壓力。

10. Sheri Berman, "Civil Society and the Collapse of the Weimar Republic," *World Politics* 49, no. 3 (1997); 401-29.

11. Taylor C. Boas, "Weaving the Authoritarian Web: The Control of Internet Use in Nondemocratic Regimes," in *How Revolutionary Was the Digital Revolution: National Responses, Market Transitions, and Global Technology,* ed. John Zysman and Abraham Newman (Stanford, CA: Stanford Business Books, 2006), 365.

12. Zeynep Tufekci and Deen Freelon, "Introduction to the Special Issue on New Media and Social Unrest," *American Behavioral Scientist* 57, no. 7 (2013): 843.

13. Philip N. Howard, Aiden Duffy, Deen Freelon, Muzammil M. Hussain, Will Mari, and Marwa Maziad, "Opening Closed Regimes: What Was the Role of Social Media During the Arab Spring?" *SSRN* (2011), https://ssrn.com/abstract=2595096, http://dx.doi.org/10.2139/ssrn.2595096; W. Lance Bennett and Alexandra Segerberg, *The Logic of Connective Action Digital Media and the Personalization of Contentious Politics* (New York: Cambridge University Press, 2013); Zeynep Tufekci, "Social Movements and Governments in the Digital Age: Evaluating a Complex Landscape," *Journal of International Affairs* 68, no. 1 (2014): 1-18; Zeynep Tufekci and Christopher Wilson, "Social Media and the Decision to Participate in Political Protest: Observations from Tahrir Square," *Journal of Communication* 62, no. 2 (April 2012): 363-79; Emily Parker, *Now I Know Who My Comrades Are: Voices from the Internet Underground* (New York: Farrar, Straus and Giroux, 2014).

14. Howard et al., "Opening Closed Regimes."
15. Howard and Hussain, *Democracy's Forth Wave?*
16. Goubin Yang, "The Internet and the Rise of a Transnational Chinese Cultural Sphere," *Media, Culture & Society* 24, no. 4 (2003): 469-90; Guobin Yang and Craig Calhoun, "Media, Civil Society, and the Rise of a Green Public Sphere in China," *China Information* 21, no. 2 (2007): 211-36; Yang, *The Power of Internet in China: Citizen Activism Online*; Johan Lagerkvist, *The Internet in China: Unlocking and Containing the Public Sphere* (Lund, Sweden: Lund University Publications, 2007); Yong Hu, *Zhongsheng Xuanhua: Wangluo Shidai de Geren Biaoda Yu Gonggong Taolun* (*The Rising Cacophony: Personal Expression and Public Discussion in the Internet Age*) (Nanning: Guangxi Normal University Press, 2008). 徐吳(音譯,Xu Wu)也主張網際網路創造出一個國家無法掌控的公共領域,因而孕育出一股網路民族主義,參見Xu Wu, *Chinese Cyber Nationalism: Evolution, Characteristics, and Implications* (Lanham, MD: Lexington Books, 2007).
17. Esarey and Xiao, "Political Expression in the Chinese Blogosphere"; Qiang Xiao, "The Battle for the Chinese Internet," *Journal of Democracy,* 22, no. 2 (2011): 47-61; Yang, *The Power of the Internet in China.*
18. Goubin Yang, "The Co-evolution of the Internet and Civil Society in China," *Asian Survey* 43, no. 3 (2003): 124-41; Guobin Yang, "The Internet and Civil Society in China: A Preliminary Assessment," *Journal of Contemporary China* 12, no. 36 (2003): 453-75; Guobin Yang, "How Do Chinese Civic Associations Respond to the Internet? Findings from a Survey," *The China Quarterly,* no. 189 (2007): 122-43; Zixue Tai, *The Internet in China: Cyberspace and Civil Society* (London: Routledge, 2006).
19. Zheng, *Technological Empowerment*; Yongnian Zheng and Guoguang Wu, "Information Technology, Public Space, and Collective Action in China," *Comparative Political Studies* 38, no. 5 (2005): 507-36; Patricia Thornton, "Manufacturing Dissent in Transnational China: Boomerang, Backfire or Spectacle?" in *Popular Protest in China,* ed. Kevin J. O'Brien (Cambridge, MA: Harvard University Press, 2008), 179-204; Chin-Fu Hung, "Citizen Journalism

and Cyberactivism in China's Anti-PX Plant in Xiamen, 2007-2009," *China: An International Journal* 11, no. 1 (2013): 40-54; Chin-Fu Hung, "The Politics of Cyber Participation in the PRC: The Implications of Contingency for the Awareness of Citizens' Rights," *Issues and Studies* 42, no. 4 (2006): 137-73; Li Gao and James Stanyer, "Hunting Corrupt Officials Online: The Human Flesh Search Engine and the Search for Justice in China," *Information, Communication, & Society* 17, no. 7 (2014): 814-29; Michael S. Chase and James C. Mulvenon, *You've Got Dissent! Chinese Dissident Use of the Internet and Beijing's Counter-Strategies* (Santa Monica, CA: RAND, 2002).

20. Lawrence Lessig, *Code and Other Laws of Cyberspace* (New York: Basic Books, 1999); Jack Goldsmith and Tim Wu, *Who Controls the Internet? Illusions of a Borderless World* (New York: Oxford University Press, 2006).
21. Yang, *The Power of the Internet in China*; *Yonggang Li, Women de Fanghuoqiang: Wangluo Shidai de Biaoda Yu Jianguan* (*Our Great Firewall: Expression and Governance in the Era of the Internet*) (Nanning: Guangxi Normal University Press, 2009); Eric Harwit and Duncan Clark, "Shaping the Internet in China: Evolution of Political Control Over Network Infrastructure and Content," *Asian Survey* 41, no. 3 (2001): 377-408; Ronald Dibert, John Palfrey, Rafal Rohozinski, and Jonathan Zittrain, eds., *Access Denied: The Practice and Policy of Global Internet Filtering* (Cambridge, MA: MIT Press, 2008); Ronald Deibert, John Palfrey, Rafal Rohozinski, and Johnathan Zittrain, eds., *Access Contested: Security, Identity, and Resistance in Asian Cyberspace* (Cambridge, MA: MIT Press, 2011); Ronald Deibert, John Palfrey, Rafal Rohozinski, and Jonathan Zittrain, eds., *Access Controlled: The Shaping of Power, Rights, and Rule in Cyberspace* (Cambridge, MA: MIT Press, 2010).
22. He Qinglian, *The Fog of Censorship: Media Control in China* (New York: Human Rights in China, 2008); Chase and Mulvenon, *You've Got Dissent*; Jonathan Zittrain and Benjamin Edelman, "Internet Filtering in China," *IEEE Internet Computing*, 2003, 70-77; Greg Walton, "China's Golden Shield: Corporations and the Development of Surveillance Technology in the People's Republic of China" (Montreal: International Centre for Human Rights and Democratic Development,

2001), accessed April 20, 2012, http//www.dd-rd.ca/site/_PDF/publications/globalization/CGS_ENG.PDF; Lena L. Zhang, "Behind the 'Great Firewall': Decoding China's Internet Media Policies from the Inside," *Convergence: The International Journal of Research into New Media Technologies* 12, no. 3 (2006): 271-91; Gary King, Jennifer Pan, and Margaret E. Roberts, "How Censorship in China Allows Government Criticism but Silences Collective Expression," *American Political Science Review* 107, no. 2 (2013): 1-18; Gary King, Jennifer Pan, and Margaret E. Roberts, "Reverse-Engineering, Censorship in China: Randomized Experimentation and Participant Observation," *Science* 345, no. 6199 (2014): 1-10; Lokman Tsui, "An Inadequate Metaphor: The Great Firewall and Chinese Internet Censorship," *Global Dialogue* 9, no. 1/2 (2007): 60-68.

23. See Walton, "China's Golden Shield"; Tsui, "An Inadequate Metaphor." 值得注意的是「防火長城」並不等於公安部所推動的「金盾工程」，後者用於使公安工作流程資訊化，「最佳的描述是一項公安的網路化作為，而非網路執法。」參見，Save Lyons, "China's Golden Shield Project: Myths, Realties and Context" (paper presented at the 7th Chinese Internet Research Conference, University of Pennsylvania, Philadelphia, PA, May 27-29, 2009).

24. Andrew Jacobs, "China Requires Censorship Software on New PCs," *New York Times,* June 8, 2009.

25. See Jens Damm, "The Internet and the Fragmentation of Chinese Society," *Critical Asian Studies* 39, no. 2 (2007): 273-94.

26. Guobin Yang, "Technology and Its Contents: Issues in the Study of the Chinese Internet," *The Journal of Asian Studies* 70, no. 4 (2011): 1043-50; Bingchun Meng, "Moving Beyond Democratization: A Thought Piece on the China Internet Research Agenda," *International Journal of Communication* 4 (2010): 501-8; Damm, "The Internet and the Fragmentation of Chinese Society."

27. Yang, "Technology and Its Contents," 1044.

28. Lagerkvist, *After the Internet,* Chapter 5 and p. 122.

29. Rebecca MacKinnon, "China's 'Networked Authoritarianism,'" *Journal of Democracy* 22, no. 2 (2011):32-46; Chin-Fu Hung, "China's Propaganda in the Information Age: Internet Commentators and the Weng'an Incident," *Issues &*

Studies 46, no. 4 (2010):149-81.

30. Johan Lagerkvist, "Internet Ideotainment in the PRC: National Response to Cultural Globalization," *Journal of Contemporary China* 17, no. 54 (2008): 121-40.
31. Yang, *The Power of the Internet in China.*
32. Paola Voci, *China on Video: Smaller-Screen Realties* (New York: Routledge, 2010); Meng, "Moving Beyond Democratization."
33. Zheng, *Technological Empowerment.*
34. Jonathan Hassid, "Safety Valve or Pressure Cooker? Blogs in Chinese Political Life," *Journal of Communication* 62, no. 2 (2012): 212-30.
35. 在屈指可數的中介行為者研究中，尚未有檢視直接與網民互動之論壇管理員的角色，參見Rebecca MacKinnon, "China's Censorship 2.0: How Companies Censor Bloggers," *First Monday* 14, no. 2 (2009), http://firstmonday.org/article/view/2378/2089; Lagerkvist, *The Internet in China: Unlocking and Containing the Public Sphere,* 166-76; Ethan Zuckerman, "Intermediary Censorship," in *Access Controlled: The Shaping of Power, Rights and rule in Cyberspace,* ed. Ronald Deibert, John Palfrey, Rafal Rohozinski, and Jonathan Zittrain, eds., *Access Controlled: The Shaping of Power, Rights and Rule in Cyberspace* (Cambridge, MA: MIT Press, 2010), 71-85.
36. Kenneth Lieberthal and Michel Oksenberg, *Policy Making in China: Leaders, Structures, and Processes* (Princeton, NJ: Princeton University Press, 1988); Lianjiang Li, "Political Trust in Rural China," *Modern China* 30, no. 2 (2004): 228-58; Andrew Mertha, "'Fragmented Authoritarianism 2.0': Political Pluralization in the Chinese Policy Process," *The China Quarterly,* no. 200 (2009): 995-1012.
37. See Cass R. Sunstein, *On Rumors: How Falsehoods Spread, Why We Believe Them, What Can Be Done* (New York: Farrar, Straus and Giroux, 2009); Cass R. Sunstein, *Infotopia: How Many Minds Produce Knowledge* (New York: Oxford University Press, 2006); Cass R. Sunstein, *Republic.com* (Princeton, NJ: Princeton University Press, 2002); Matthew Hindman, *The Myth of Digital Democracy* (Princeton, NJ: Princeton University Press, 2009); Barry Wellman and Milena Gulia, "Net-Surfers Don't Ride Alone: Virtual Communities as Communities," in *Networks in the Global Village: Life in Contemporary Communities,* ed. Barry

Wellman (Boulder, CO: Westview, 1999), 331-66; Kevin A. Hill and John E. Hughes, *Cyberpolitics: Citizen Activism in the Age of the Internet* (Rowman & Littlefield, 1998); Lincoln Dahlberg, "The Internet and Democratic Discourse: Exploring the Prospects of Online Deliberative Forums Extending the Public Sphere," *Information, Communication & Society* 4, no. 4 (2001): 615-33; Lincoln Dahlberg, "Rethinking the Fragmentation of the Cyberpublic: From Consensus to Contestation," *New Media & Society* 9, no. 5 (2007): 827-47; Anthony G. Wilhelm, "Virtual Sounding Boards; How Deliberative Is Online Political Discussion?" *Information, Communication & Society* 1, no. 3 (1998): 313-38; Lincoln Dahlberg, "Computer-Mediated Communication and the Public Sphere: A Critical Analysis," *Journal of Computer-Mediated Communication* 7, no. 1 (2001): 0, doi:10.1111/j.1083-6101.2001.tboo137.x.

38. Yang, "Technology and Its Contents," 1048.
39. 在2012年，前20名BBS網站在尖峰時段至少都有900個使用者同時上線。其中18個網站，上線人數甚至超過千人，而最大的NewSmth網站則有超過3萬名使用者同時上線，參見"BBS Zhandian Liebiao Qian Ershiqiang (2012 Nian 03 Yue)" ("Top 20 BBS Sites"), *Newsmth,* March 2012, http://www.newsmth.net/bbstcon.php?board=BBSView&gid=45334.
40. See Guobin Yang, ed., *China's Contested Internet* (Copenhagen: Nordic Institute of Asian Studies, 2015).
41. James Leibold, "Blogging Alone: China, the Internet, and the Democratic Illusion?" *The Journal of Asian Studies* 70, no. 4 (2011): 1023-41.
42. 例如，NewExpress@NewSmth、Maoyan@Kdnet、Military@Mitbbs、Triangle@Bdwm、Free@Tianya等論壇是人數最多的討論網站，而Qianguo Luntan主要是政治性論壇。
43. See "Social Media Dominates Asia Pacific Internet Usage," *Nielsen,* July 9, 2010, http://blog.nielsen.com/nielsenwire/global/social-media-dominates-asia-pacific-internet-usage/.
44. Kevin J. O'Brien, "Neither Transgressive nor Contained: Boundary-Spanning Contention in China," *Mobilization* 8, no. 1 (2003): 51-64.
45. Ron Deibert, "Cyberspace Under Siege," *Journal of Democracy* 26, no. 3 (2015):

64-78; Florian Toepfl, "Managing Public Outrage: Power, Scandal, and New Media in Contemporary Russia," *New Media & Society* 13, no. 8 (2011): 1301-19; Carolina Vendil Pallin, "Internet Control Through Ownership: The Case of Russia," *Post-Soviet Affairs,* 2016, 1-18; Luca Anceschi, "The Persistence of Media Control Under Consolidated Authoritarianism: Containing Kazakhstan's Digital Media," *Demokratizatsiya* 23, no. 3 (2015): 277-95; Çagri Yalkin, Finola Kerrigan, and Dirk vom Lehn, "(Il)Legitimisation the Role of the Nation State: Understanding of and Reactions to Internet Censorship in Turkey," *New Media & Society* 16, no. 2 (2013): 271-89.

46. For instance, see Calum MacLeod, "Media Controls Leave Most Chinese Unaware of Activist Chen," *USA Today,* May 5, 2012, http://usatoday30.udatoday.com/news/world/sotry/2012-05-04/China-media-blackout/54773020/1. 威權政權可能只追求對於自身政治、經濟與社會目的之充分宰制，而不是完全讓連技術最老練的人，也無法自由使用網際網路，參見Boas, "Weaving the Authoritarian Web."

47. 針對中國大陸權利認知的相關探討，參見Kevin J. O'Brien, "Villagers, Elections, and Citizenship in Contemporary China," *Modern China* 27, no. 4 (2001): 407-35; Lianjiang Li, "Rights Consciousness and Rules Consciousness in Contemporary China," *The China Journal,* no. 64 (2010): 47-68; Elizabeth J. Perry, "Chinese Conceptions of Rights: From Mencius to Mao—and Now," *Perspectives on Politics* 6, no. 1 (2008):37-50.

48. See Henrik Serup Christensen, "Political Activities on the Internet: Slacktivism or Political Participation by Other Means?" *First Monday* 16, no. 2 (2011), http://firstmonday.org/article/view/3336/2767; Evgeny Morozov, "The Brave New World of Slacktivism," *Foreign Policy,* May 19, 2009.

49. Kin, Pan, and Roberts, "How Censorship in China Allows Government Criticism but Silences Collective Expression"; Peter Lorentzen, "China's Strategic Censorship," *American Journal of Political Science* 58, no. 2 (2014): 402-14.

50. Manuel Castells, "A Network Theory of Power," *International Journal of Communication* 5, no. 1 (2011):779.

51. Evan Osnos, "Angry Youth: The New Generation's Neocon Nationalists," *New Yorker,* July 28, 2008, www.newyorker.com/reporting/2008/07/28/080728fa_fact_

osnos. Also see Li Guang, "'Siyue Qingnian': Wangluo Minzu Zhuyi Xin Shili" ("'April Youth': The New Force of Cyber Nationalism"), *Fenghuang Zhoukan* (*Phoenix Weekly*) 434, no. 13 (May 2012): 24-31; Wang Jiajun, "Cong Caogen dao Jingying-Dalun Wangluo Minzu Zhuyi Liubian" ("From Grassroots to Elitism: The Transformation of Mainland Cyber Nationalism"), *Fenghuang Zhoukan* (*Phoenix Weekly*) 434, no. 13 (May 2012): 36-38.

52. 事實上，中國大陸網民是亞太地區最可能針對這些文章張貼與分享惡評的一群人，參見"Social Media Dominates Asia Pacific Internet Usage."
53. Manuel Castells, *Communication Power* (New York: Oxford University Press, 2009), 362.
54. 在2012年與日本釣魚臺列嶼(尖閣諸島)爭議中，多家中國大陸地方媒體在報告中修改圖片，以遮蓋中華民國的國旗，而像《新華社》和《環球時報》等國營新聞機關則使用原本圖片。顯然，地方審查人員採取較嚴格的限制手段，以避免政治風險，參見Ding Li and Zheng Lingyu, "Diaoyudao Qingtian Bairi Qi, Zhongguo Meiti Nanti, Zaojiazhe Aipi Daoqian" ("The Flag of the Republic of China Over Diaoyu Islands Poses a Dilemma for Chinese Media, and Forgers Apologized After Being Criticized"), *VOA Chinese,* August 20, 2012, www.voachinese.com/content/hk_newspaper_20120820/1491305.html. 有關中央與地方機關在處理集體行動方面採取不同理則的精闢分析，參見Cai, *Collective Resistance in China,* 4-8.
55. 有關更多針對網路言論安全閥功能的分析，參見Hassid, "Safety Valve or Pressure Cooker?" 有關國家採取之新聞檢查與輿論操弄行為造成引火自焚效果的分析，參見Michael Wines, "China's Censors Misfire in Abuse-of-Power Case," *New York Times,* November 17, 2010.
56. Li, "Political Trust in Rural China"; Lianjiang Li, "Political Trust and Petitioning in the Chinese Countryside," *Comparative Politics* 40, no. 2 (2008): 209-26.
57. Lagerkvist, *The internet in China.*
58. Yang, "Technology and Its Contents," 1044.
59. James C. Scott, *Weapons of the Weak: Everyday Forms of Peasant Resistance* (New Haven, CT: Yale University Press, 1985).
60. See Yanqi Tong and Shaohua Lei, "War of Position and Microblogging in China, *Journal of Contemporary China* 22, no. 80 (2013): 292-311; Esarey and Xiao,

"Political Expression in the Chinese Blogosphere"; He Qinglian, "'Renmin Luntan' Diaocha Cuihuile Beijing de Zhidu Zixin" ("People's Forum Survey Defeats Beijing's Confidence in System"), *VOA Chinese,* April 15, 2013, www.voachinese.com/content/public-opinion-survey-20130415/1641814.html.

61. Damm, "The Internet and the Fragmentation of Chinese Society"; Leibold, "Blogging Alone."
62. "Chai Ling Jiaochu le Toumingzhuang" ("Chai Ling Has Proved Her Allegiance [to Foreign Powers]"), *Mitbbs,* September 28, 2011, www.mitbbs.com/article_t/Military/36507361.html (link expired).
63. "Wang Dan zai Fating Chengren: Shoudao Chen Shui-Bian de 40 Wan Meiyuan" ("Wang Dan Confesses in Court: He Received US$400,000 from Chen Shui-Bian"), *Mitbbs,* April 15, 2011, www.mitbbs.com/article_t/Military/35644205.html (link expired); "Wang Adan Na le Chen A-bian 40 Wan Meijin" ("Wang A-Dan Took US$400,000 from Chen A-Bian"), *Mitbbs,* April 15, 2011, www.mitbbs.com/article_t/Military/35642545.html (link expired).
64. 政治野心在網民中具有負面影響，因為其意味這並非一場人民與高壓統治政權間的鬥爭，而是只關心自身利益而非大眾福祉的政治權力競爭者間的鬥爭。
65. Lagerkvist, *After the Internet,* 39.
66. Guillermo O'Donnell and Philippe C. Schmitter, *Transitions from Authoritarian Rule* (Baltimore, MD: Johns Hopkins University Press, 1986), 8.
67. Zheng, *Technological Empowerment.*
68. Samuel. P. Huntington, *Political Order in Changing Societies* (New Haven, CT: Yale University Press, 1968), 1.
69. Austin Ramzy, "China's Alarming Spate of School Knifings," *Time,* April 30, 2010, http://content.time.com/time/world/article/0,8599,1985834,00.html.
70. See Robert D. Putnam, *Making Democracy Work: Civic Traditions in Modern Italy* (Princeton, NJ: Princeton University Press, 1993); Robert D. Putnam, *Bowling Alone: The Collapse and Revival of American Community* (New York: Simon and Schuster, 2001). Alexis de Tocqueville視公民聯盟為美國民主制度的關鍵要素，且界定利己主義為「一種對自己熱切與誇大的愛」，其會讓「所有道德的細菌衰退」，包含公職生活的部分，參見Alexis de Tocqueville, *Democracy in America,*

volume 2 (New York: Vintage, 1840), 98-99.

71. 網民稱專家為「磚家」，教授為「叫獸」，記者為「妓者」。即便連「公共知識分子」也在網民之間遭到貶抑，參見Rongbin Han, "Withering Gongzhi: Cyber Criticism of Chinese Public Intellectuals," *International Journal of Communication* (forthcoming).

72. 有關簡要檢討與批評民主團結的文獻，參見Andreas Schedler, "What is Democratic Consolidation?" *Journal of Democracy* 9, no. 2 (1998): 91-107. 針對探討民主制度素質的文獻，參見Larry Diamond and Leonardo Morlino, *Assessing the Quality of Democracy* (Baltimore, MD: Johns Hopkins University Press, 2005).

73. Guobin Yang, "The Internet and the Rise of a Transnational Chinese Cultural Sphere," *Media, Culture & Society* 24, no. 4 (2003): 471.

74. See James C. Scott, *Seeing Like a State: How Certain Schemes to Improve the Human Condition Have Failed* (New Haven, CT: Yale University Press, 1998).

75. 網路言論的代表性之所以成為潛在問題，是因為所有問題的其中之一，便是並非所有公民都會上網，且並非所有網民都同樣積極。但在此使用「代表性」(representative)一詞係從狹義角度觀之，僅包含本研究所研析的網路聲量程度。

76. 兩者都提供telnet管道，這是許多早期校園論壇最顯著的技術特徵。

77. 例如，Admin5.com只專門針對中、小型網站的設立者與管理者。

78. 例如，NewSmith的「BBSview Board」只用於吸引校園BBS網站管理者。

79. QQ是一個即時訊息服務平臺，其聊天群組類似網路聊天室。

80. See "Shanxisheng Shoupi Wangluo Bianji he Wangluo Pinglunyuan Peixunban Xueyuan Zhengshi Zai Bing Jieye" (Commencement of the First Training Class of Internet Editors and Commentators of Shanxi Province"), *Jincheng News,* December 20, 2006, www.jcnews.com.cn/Html/guondongtai/2006-12/20/120854983.html.

81. OpenNet Initiative, "Internet Filtering in China in 2004-2005: A Country Study," *OpenNet Initiative,* 2005, https://opennet.net/sites/opennet.net/files/ONI_China_Country_Study.pdf.

2

1. Ronda Hauben, Jay Hauben, Werner Zorn, and Anders Ekeland, "The Origin and Early Development of the Internet and of the Netizen: Their Impact on Science and Society," in *Past, Present and Future of Research in the information Society,* ed. Wesley Shrum, Keith Benson, Wiebe Bijker, and Klaus Brunnstein (Boston: Springer, 2007), 47-62; Werner Zorn, "How China Was Connected to the International Computer Networks," *The Amateur Computerist Newsletter* 15, no. 2 (2007): 72-98.
2. Rongbin, Han, "Cyberactivism in China: Empowerment, Control, and Beyond," in *The Routledge Companion to Social Media and Politics,* ed. Axel Bruns, Gunn Enli, Eli Skogerbo, Anders Olof Larsson, and Christian Christensen (New York: Routledge, 2016), 268-80.
3. Jesper Schlæger and Min Jiang, "Official Microblogging and Social Management by Local Governments in China," *China Information* 28, no. 2 (2014): 189-213; Ashely Esarey, "Winning Hearts and Minds? Cadres as Microbloggers in China," *Journal of Current Chinese Affairs* 44, no. 2 (2015): 69-103.
4. Johan Lagerkvist, "Internet Ideotainment in the PRC: National Responses to Cultural Globalization," *Journal of Contemporary China* 17, no. 54 (2008): 121-40.
5. Yongnian Zheng, *Technological Empowerment: The Internet, State, and Society in China* (Stanford, CA: Stanford University Press, 2008); Lena L. Zhang, "Behind the 'Great Firewall': Decoding China's Internet Media Policies from the Inside," *Convergence: The International Journal of Research Into New Media Technologies* 12, no. 3 (2006): 271-91.
6. Zheng, *Technological Empowerment,* 50-53.
7. Min Jiang, "Authoritarian Informationalism: China's Approach to Internet Sovereignty," *SAIS Review of International Affairs* 30, no. 2 (2010): 71-89.
8. See, for instance, Zheng, *Technological Empowerment*; Yongnian Zheng and Guoguang Wu, "Information Technology Public Space, and Collective Action in China," *Comparative Political Studies* 38, no. 5 (2005): 507-36; Guobin Yang,

The Power of Internet in China: Citizen Activism Online (New York: Columbia University Press, 2009); Patricia Thornton, "Manufacturing Dissent in Transnational China: Boomerang, Backfire or Spectacle?" in *Popular Protest in China,* ed. Kevin J. O'Brien (Cambridge, MA: Harvard University Press, 2008), 179-204; Susan Shirk, *China: Fragile Superpower* (New York: Oxford University Press, 2007); Susan Shirk, ed., *Changing Media, Changing China* (New York: Oxford University press, 2011); Ashley Esarey and Qiang Xiao, "Political Expression in the Chinese Blogosphere," *Asian Survey* 48, no. 5 (2008): 752-72; Guobin Yang, "The Internet and Civil Society in China: A Preliminary Assessment," *Journal of Contemporary China* 12, no. 36 (2003): 453-75; Johan Lagerkvist, *The Internet in China: Unlocking and Containing the Public Sphere* (Lund, Sweden: Lund University Publications, 2007).

9. Lawrence Lessig, *Code and Other Laws of Cyberspace* (New York: Basic Books, 1999); Jack Goldsmith and Tim Wu, *Who Controls the Internet? Illusions of a Borderless World* (New York: Oxford University Press, 2006).
10. Eric Harwit and Duncan Clark, "Shaping the Internet in China: Evolution of Political Control Over Network Infrastructure and Content," *Asian Survey* 41, no. 3 (2001): 377-408.
11. He Qinglian, *The Fog of Censorship: Media Control in China* (New York: Human Rights in China, 2008); Jonathan Zittrain and Benjamin Edelman, "Internet Filtering in China," *IEEE Internet Computing,* 2003, 70-77; Gary King, Jennifer Pan, and Margaret E. Roberts, "Reverse-Engineering Censorship in China: Randomized Experimentation and Participant Observation," *Science* 345, no. 6199 (2014): 1-10; Michael S. Chase and James C. Mulvenon, *You've Got Dissent? Chinese Dissident Use of the Internet and Beijing's Counter-Strategies* (Santa Monica, CA: RAND, 2002); Freedom House, "Freedom on the Net: A Global Assessment of Internet and Digital Media," *Freedom House,* April 1, 2009, https://freedomhouse.org/sites/default/fiels/Freedom%20OnThe%20Net_Full%20Report.pdf.
12. Edward Wong, "Xinjiang, Tense Chinese Region, Adopts Strict Internet Controls," *New York Times,* December 11, 2016.

13. 工業和信息化部針對大眾批評立即做出回應，宣稱這個軟體可以解除安裝且不會監控使用者的網路活動，參見Bao Ying, "Xin Diannao Xuzhuang Guolü Shangwang Ruanjian" ("Filtering Software to Be Installed on New Computers"), *Xin Jiangbao* (*Beijing News*), June 10, 2009.
14. King Wa Fu, Chung Hong Chan, and Michael Chau, "Assessing Censorship on Microblogs in China: Discriminatory Keyword Analysis and the Real-Name Registration Policy," *IEEE Internet Computing* 17, no. 3 (2013): 42-50; Johan Lagerkvist, "Principal-Agent dilemma in Chia's Social Media Sector? The Party-State and Industry Real-Name Registration Waltz," *International Journal of Communication* 6 (2012): 2626-46; Tamara Renee Shie, "The Tangled Web: Does the Internet Offer Promise or Peril for the Chinese Communist Party?" *Journal of Contemporary China* 13, no. 40 (2004): 523-40.
15. Zheng, *Technological Empowerment.*
16. Yang, *The Power of the Internet in China,* 47-51.
17. Yonggang Li, *Women de Fanghuoqiang: Wangluo Shidai de Biaoda Yu Jianguan* (*Our Great Firewall: Expression and Governance in the Era of the Internet*) (Nanning: Guangxi Normal University Press, 2009), 117-26. 楊氏與李氏兩人在第三階段開始後做出不同的評估。楊氏認為第三階段從2003年開始且剛好正是江澤民與胡錦濤兩人權力轉移之時。李氏主張第三階段從2004年開始，當時正是中共當局結束其政策學習過程，開始公布諸如《關於進一步加強互聯網管理工作的意見》等重要文件。
18. Zheng, *Technological Empowerment,* xviii.
19. See Michael D. Cohen, James G. March, and Johan P. Olsen, "A Garbage Can Model of Organizational Choice," *Administrative Science Quarterly* 17, no. 1 (1972): 1-25.
20. Li, *Women de Fanghuoqiang,* 117-26.
21. 某些機關可能也從事外圍性的網路控制。例如，國家工商行政管理總局(現已裁撤)與其他7個部會在2002年共同採取行動，限制所有網路不當資訊的出現，參見Zheng, *Technological Empowerment,* 55。同時，由於網際網路開始成為日益重要的公布管道，各國家級部會開始成立自己的資訊機關或網際網路辦公室。
22. 此一名詞也可能指涉所有網路監控機關。

23. See David Shambaugh, "China's Propaganda System: Institutions, Processes and Efficacy," *China Journal,* no. 57 (2007): 25-58. 國務院新聞辦公室第五局(互聯網局)就被賦予權力，負責監督與核准網際網路新聞機關，並可透過審查以干預日常網路新聞報導之發布。國務院第九局負責管理網際網路文化，但也有權力控制網路論壇、部落格及微部落格等，參見Su Yongtong, "Guoxinban 'Kuobian,' Wangluo Guanli Jusi Yi Bian Er" ("State Council Information Office Expansion: One Internet Administration Bureau Becomes Two"), *Nanfang Zhoumo* (*Southern Weekend*), May 20, 2010; Tao Xizhe, "Jiekai Zhongguo Wangluo Jiangkong Jizhi de Neimu" ("Uncovering Inside Stories of China's Internet Censorship Regime"), Reporters *Without Border,* October 10, 2007, http://archives.rsf.org/IMG/pdf/China_Internet_Report_in_Chinese.pdf.
24. Michael Wines, "China Creates New Agency for Patrolling the Internet," *New York Times,* May 4, 2012.
25. See Jack Linchuan Qiu, "Virtual Censorship in China: Keeping the Gate Between the Cyberspaces," *International Journal of Communications Law and Policy,* no. 4 (2000): 1-25. 邱氏主張在共產黨退居幕後之後，政府當局開始扮演更為重要的角色，亦參見Tao, "Jiekai Zhongguo Wangluo Jiankong Jizhi de Neimu."
26. 網路警察負責執行多項職掌，其中一項就是網路內容監控，參見Li, Women de Fanghuoqiang, 96-98.
27. 針對新聞報導部分，參見Xing Jun, Chen Wei, Ji Yu, and Zhang Gaofeng, ".cn Geren Yuming Shenqing Bei Jiaoting, Wangyou Zhiyi Tuixie Jianguan Zeren" ("Individuals' Applications to .cn Domain Name Suspended, Netizens Criticize it as Shirking Regulating Responsibility"), *Netease,* December 15, 2009, http://news.163.com/09/1215/08/5QIHRTVE0001124J.html; Hou Zhenwei, "Geren Weihe Bei Jin Zhuce'.cn'"("Why Individuals Are Forbidden to Register for .cn Domains"), *Beijing Wanbao* (*Beijing Evening News*), December 24. 2009.
28. Cui Qingxin, "Woguo Yi Chubu Jianli Hulianwang Jichu Guanli Zhidu" ("Our Country Has Established a Basic Internet Regulation System"), *Xinhua Net,* May 2, 2010, http://news.xinhuanet.com/fortune/2010-05/02/c_1269514.htm.
29. 中共當局從未公布官方的禁用詞彙清單，迫使所有論壇必須自訂清單。這是依據2012年10月24日蘇州全國校園BBS管理員大會之討論，以及2009年10月23到24

日於蘇州訪談BBS管理員所獲資訊；interviews RSZ 2009-21, RSZ 2009-23, RSZ 2009-24, RSZ 2009-25, RSZ 2009-29, and RSZ 2009-30.

30. For instance, see Shanghai Municipal Government, "Shanghai Shi Wangluo yu Xinxi Anquan Shijian Zhuanxiang Yingji Yu'an" ("Special Emergency Plan for Internet and Information Security Crises of Shanghai Municipality"), *Shanghai Emergency Response Center for Information Security,* February 20, 2014, http://www.sercis.cn/html/30254986.html; Fengxian County Party Committee Office and Fengxian County Government Office, "Fengxian Xinxi Anquan Tufa Shijian Yingji Yu'an" ("Emergency Plan for Information Security Crises of Fengxian County"), *Government Website of Fengxian County,* September 25, 2012, www.sxfx.gov.cn/?viewinfor-199-0-11518.htm.

31. "Guoxinban Fuzeren: Liyong Hulianwang Zaoyao Chuanyao shi Weifa Xingwei" (Cyberspace Administration of China Officials: Using the Internet to Fabricate and Spread Rumors Is Against the Law"), *Xinhua Net,* April 12, 2012, http://news.xinhuanet.com/politics/2012-04/12/c_111772774.htm.

32. Wang Xin, "Xinlang Tengxun Weibo Zanting Pinglun San Tian" (Sina and Tencent Suspend Comment Function of Microblog Services for Three Days"), *Chengdu Ribao* (*Chengdu Daily*), April 1, 2012.

33. Cheng Shuwen, "Woguo Wangluo Fanfu Chuxian 'Duanyashi Jiangwen'" ("Online Anticorruption Cools Down Dramatically"), *Nanfang Dushibao* (*Southern Metropolis Daily*), December 26, 2014.

34. See Tao, "Jiekai Zhongguo Wangluo Jiankong Jizhi de Neimu."

35. Jesper Schlæger, *E-Government in China: Technology, Power and Local Government Reform* (Abingdon, UK: Routledge, 2013); Kathleen Hartford, "Dear Mayor: Online Communications with Local Governments in Hangzhou and Nanjing," *China Information* 19, no. 2 (July 1, 2005): 217-60.

36. 2000年8月，人民日報敦促國營媒體應占據「思想和輿論的網路制高點」，參見"Dali Jianqiang Woguo Hulianwang Meiti Jianshe" ("Strengthen the Construction of Our Internet Media"), *People's Daily,* August 9, 2000. 2000年12月，國務院新聞辦公室核准9家網路新聞營運者，但全都是中共的傳聲筒，諸如《人民網》、《新華網》、《央視網》等。

37. Schlæger and Jiang, "Official Microblogging"; Liang Ma, "The Diffusion of Government Microblogging," *Public Management Review* 15, no. 2 (February 28, 2013): 288-309; Esarey, "Winning Hearts and Minds?"
38. Lagerkvist, "Internet Ideotainment in the PRC"; Rongbin Han, "Manufacturing Consent in Cyberspace: China's 'Fifty-Cent Army,'" *Journal of Current Chinese Affairs* 44, no. 2 (2015): 105-34; Chin-Fu Hung, "China's Propaganda in the Information Age: Internet Commentators and the Weng'an Incident," *Issues & Studies* 46, no. 4 (2010): 149-81.
39. 2004年，中共第16屆中央委員會第四次全體會議中，前國家主席胡錦濤提出「和諧社會」想法作為中共發展的戰略目標。這個想法很快就成為中共當局的官方基調，尤其是在地方執行人員方面，這被用來作為推動維持社會穩定、打壓群眾動員及監控網路言論等。這就是為何大陸網民將「和諧」兩個字用來代表國家審查的手段。第四章內容將進一步詳細討論網路對「和諧社會」的想法和國家審查手段的反應。
40. Shie, "The Tangled Web," 538.
41. See Li, *Women de Fanghuoqiang,* 126-30.
42. State Council Information Office, *Hulianwang Shangwang Fuwu Yingye Changsuo Guanli Tiaoli* (*Regulations on the Administration of Business Sites of Internet Access Services*), September 29, 2002.
43. 2016年11月通過的《網絡安全法》，明確要求網路營運者，包含所有網路服務商，必須查證使用者的真實身分。該法律導致更全面落實實名制登記，諸如「百度貼吧」和「水木社區」等網站，現在都強制要求使用者必須提供手機號碼，才會容許他們貼文。但到2017年6月6日止，「天涯社區」仍容許使用者毋須身分查證即可貼文。
44. For instance, see Gady Epstein and Lin Yang, "Sina Weibo," *Forbes Asia* 7, no. 3 (March 2011): 56-60.
45. Interview RSZ 2009-25，2009年10月24日訪談蘇州一名校園BBS論壇管理員；interview RBJ 2009-18，2009年10月22日訪談北京一名非官方校園BBS論壇管理員；interview OBE 2011-53，2011年2月9日電話訪談一名私人BBS論壇管理員。
46. 如同無數網路廣告所顯示，以實名制登記和授權程序協助企業，實際上是相當賺錢的事業。

47. See John Steinbruner, *The Cybernetic Theory of Decision: New Dimensions of Political Analysis* (Princeton, NJ: Princeton University Press, 2002).
48. Gary King, Jennifer Pan, and Margaret E. Roberts, "How Censorship in China Allows Government Criticism but Silences Collective Expression," *American Political Science Review* 107, no. 2 (2013): 1-18.
49. Li Shao, "The Continuing Authoritarian Resilience Under Internet Development in China: An Observation of Sina Micro-Blog" (master's thesis, University of California, Berkeley, 2012), 1-51, http://oskicat.berkeley.edu/record=b21909970~S1; Ian Bremmer, "Why China's Leaders Fear the Teletubbies," *Foreign Policy,* June 13, 2012, http://eurasia.foreignpolicy.com/posts/2012/06/13/why_china_s_leaders_fear_the_teletubbies.
50. King, Pan, and Roberts, "How Censorship in China Allows Government Criticism but Silences Collective Expression."
51. For instance, see "Lüba Pingce Baogao"("Technique Review of Green Dam Software"), *Southern Weekly Web,* June 11, 2009, http://www.infzm.com/content/29952 (link expired).
52. Hong Sha, "Liu Xiaobo 'Ruanjin' Bairi you Qizi Dierci Jianmian" ("After One-Hundred-Day House Arrest, Liu Xiaobo Sees His Wife Again"), Sina North America, March 20, 2009, http://news.sina.com/ch/dwworld/102-000-101-105/2009-03-20/04163726082.html; Nick Amies, "Europe Praises, China Condemns Liu Xiaobo Choice for Nobel Peace Prize," *Deutsche Welle,* October 8, 2010, www.dw-world.de/dw/article/0,,6093118,00.html; "Liu Xiaobo Bei Kong Shandong Dianfu Guojia Zhengquan Zui" ("Liu Xiaobo Accused of Inciting Subversion of State Authority"), *BBC Chinese,* June 24, 2009, http://news.bbc.co.uk/chinese/trad/hi/newsid_8110000/newsid_8116000/8116019.stm.
53. Jim Yadley, "Detained AIDS Doctor Allowed to Visit U.S. Later, China Says," *New York Times,* February 17, 2007.
54. Interview RBJ 2010-41，2010年5月21日訪談北京某位大型企業網站的論壇管理員。
55. Qin Wang, "Zhuli Zhe de Xin Jianghu" (New Rivers and Lakes for Profit Seekers"), Nandu Zhoukan (*Southern Metropolis Weekly*), no. 3 (2010): 36.

56. See Kenneth Lieberthal and Mchel Oksenberg, *Policy Making in China: Leaders, Structures, and Processes* (Princeton, NJ: Princeton University Press, 1988); Kenneth Lieberthal and David M. Lampton, eds., *Bureaucracy, Politics, and Decision Making in Post-Mao China* (Berkeley, CA: University of California Press, 1992); Kevin J. O'Brien and Lianjiang Li, *Rightful Resistance in Rural China* (New York: Cambridge University Press, 2006); Andrew Mertha, "'Fragmented Authoritarianism 2.0': Political Pluralization in the Chinese Policy Process," *The China Quarterly,* no. 200 (2009): 995-1012.
57. See Zheng, *Technological Empowerment,* 50. 理解規定和鉗制之間的關係是重要的，因為規定有助於控制內容。
58. See Austin Ramzy, "China's Domain-Name Limits: Web Censorship?" *Time,* December 18, 2009, www.time.com/time/world/article/0,8599,1948283,00.html; Zhang Yi, "Zhuce CN Yumin Jin Qi Ju Geren" ("CN Domain Name Registration Closed for Individuals from Today Onward"), *Xin Jingbao* (*Beijing News*), December 14, 2009. 2006年，中國互聯網絡信息中心大力鼓吹網路實名制登記，但目的主要是為了規範而非進行控制，參見"Xinxi Chanye Bu Jiang Zhengdun Yumin Zhuce"("The Ministry of Industry and Information Technology Will Start Rectifying Domain Name Registration), *Xinhua Net,* November 2006, http://news.xinhuanet.com/politics/2006-11/06/content_5297176.htm. 有人也在討論鬆綁政策限制的問題，參見 "Zhuceliang Die Zhi Disi, CN Yuming Ruhe Shoufu Shidi?" ("Registration Rate Falling to Number 4; How Will CN Domain Name Reclaim the Loss?"), *Zhongguo Xin Tongxin* (*China New Telecommunications*), no.14 (2010): 27-28.
59. 這點可能並不精確，因為另一個消息來源指出，三大電信集團共同關閉約13萬6,000個未註冊網站，參見Wang Yunhui, "Gongye he Xinxihua Bu: Shouji Saohuang 'Shenhoushi'" (The Ministry of Industry and Information Technology: the Aftermath of the Mobile Phone Anti-pornography Campaign"), *Nanfang Zhoumo* (*Southern Weekend*), January 21, 2010.
60. Wang, "Zhuli Zhe de Xin Jianghu," 36.
61. "Gongxin Buzhang Fouren Fengsha Geren Wangzhan, Chang Zhili Yao Jiada Lidu" ("Ministry of Industry and Information Technology Minister Denies

Banning Personal Websites, Asserting that Rectification Will Be Strengthened"), *Netease,* March 9, 2010, http://news.163.com/10/0309/09/61ASVNQK000146BD.html.

62. Interview RBJ 2009-34，2010年4月23日訪談北京某個跨國企業的公關經理。
63. Xi Yihao and Zhang Wei, "Wangjing Huilu Wangjing: Ti Lingdao Shantie" (Internet Police Bribing Internet Police: Deleting Posts for Local Leaders"), *Nanfang Zhoumo* (*Southern Weekend*), April 17, 2014.
64. See "Zhongyang Waixuanban Yuan Fujuzhuang Gao Jianyun Shouqian Shantie Beicha" ("Former Deputy Bureau Director of Central International Communication Office Gao Jianyun Under Investigation for Taking Bribes to Delete Online Postings"), *Xinhua Net,* January 21, 2015, http://new.xinhuanet.com/legal/2015-01/21/c_1114076120.htm.
65. See Johan Lagerkvist, *After the Internet, Before Democracy: Competing Norms in Chinese Media and Society* (Bern, Switzerland: Peter Lang, 2010), 49. 孫氏曾探討電子工業部、郵電部針對成立中國聯通以抗衡中國電信的競爭，參見Helen Sun, *Internet Policy in China: A Field Study of Internet Cafés* (Lanham, MD: Lexington, 2010), 148-49.
66. See Chen Hanci, "Xinwen Chunban Zongshu Zaici Qiangdiao Wangluo Youxi Shenpiquan Guishu" ("the General Administration of Press and Publication Reasserts Its Authority of Online Gaming Approval"), *Diyi Caijing Ribao* (*China Business News*), October 12, 2009.
67. See "Guangdian Zongju he Gongxinbu Qiajia, Haisi Putong Wangmin he Wangzhan Zhanzhang" ("Fight Between the State Administration of Radio, Film, and Television and the Ministry of Industry and Information Technology Damaging to Ordinary Netizens and Website Administrators"), *PC Online,* December 13, 2009, http://itbbs.pconline.com.cn/diy/topic_10477883-10849950.html. 國家廣播電影電視總局與工業和信息化部之間的競爭一直廣為外界熟知及為人報導，即便在主流媒體亦無例外，參見Chen Xuedong, "Liang Buwei Boyi Hulianwang Dianshi" (The Struggle Between the State Administration of Radio, Film, and Television and the Ministry of Industry and Information Technology Over Internet Television"), *Xin Kuaibao* (*New Express News*), August 27, 2009.

68. Tao, "Jiekai Zhongguo Wangluo Jiankong Jizhi de Neimu."
69. The First National Campus Bulletin Board System Managers Conference, Suzhou, Jiangsu Province, October 23-25, 2009.
70. 此處其中一個例證是前新華社高階官員許家屯，他在1989天安門事件後叛逃，參見Zhou Nan, "Zhou Nan Koushu: Xu Jiatun Pantao" ("Zhou Nan's Account: The Defection of Xu Jiatun"), *Lingdao Wencui* (*Leadership Digest*), no. 16 (2010): 109-112.
71. See the Constitution of the People's Republic of China (1982; amended 1988, 1993, 1999, 2004), Article 35. 最近一個例子是由前中央組織部副部長李銳為首的一群退休官員所撰寫「致全國人大公開信」，主張言論自由和新聞自由，參見David Bandurski (trans.) "Open Letter from Party Elders Calls for Free Speech," *China Media Project,* October 11, 2010, http://chinamediaproject.org/2010/10/13/translation-the-october-11-letter-from-party-elders/. 這個消息甚至還在「防火長城」內部散播，參見 "Jiang Ping, Li Rui, Hu Jiwei, deng Zhi Quanguo Renda Gongkaixin" (Open Letter to the National People's Congress from Jiang Ping, Li Rui, Hu Jiwei, et al."), *Newsmth,* October 12, 2010, http://www.newsmth.net/bbstcon.php?board=Law&gid=78794.
72. Oiwan Lam, "China: Censoring the Red and Bo Xilai's Supporters," *Global Voices,* March 16, 2012, http://advocacy.globalvoicesonline.org/2012/03/16/china-censoring-the-red-and-bo-xilais-supporters/.
73. Lagerkvist, *After the Internet,* 272-73.
74. Ibid., 265.
75. Interview RBE 2008-02，2008年10月25日於加州柏克萊訪談某位廣州日報離職記者；interview RBJ 2009-08，2009年1月9日於北京訪談某位離職記者；interview OBE 2010-52，2010年9月4日電話訪談在某間傳媒學校的資淺教職人員，其曾任央視記者。
76. Lagerkvist, "Principal-Agent Dilemma in China's Social Media Sector?"
77. Lagerkvist, *After the Internet,* 49-50.
78. 某項調查報告指出，在北京註冊的網站會比深圳註冊的網站受到更嚴格管制，參見Mr. Tao [pseud.], *China: Journey to the Heart of Internet Censorship* (Paris: Reporters Without Borders, 2007), http://www.refworld.org/docid/47fcdc630.

html. See also Rebecca MacKinnon, "China's Censorship 2.0: How Companies Censor Bloggers," *First Monday* 14, no. 2 (2009), http://firstmonday.org/article/view/2378/2089.

79. Maria Edin, "State Capacity and Local Agent Control in China: CCP Cadre Management from a Township Perspective," *The China Quarterly,* no. 173 (2003): 35-52; Maria Edin, "Remaking the Communist Party-State: The Cadre Responsibility System at the Local Level in China," *China: An International Journal* 1, no. 1 (2003): 1-15; Yuhua Wang and Carl Minzner, "The Rise of the Chinese Security State," *The China Quarterly,* no. 222 (2015): 339-59; Kevin J. O'Brien and Liajiang Li, "Selective Policy Implementation in Rural China," *Comparative Politics* 31, no. 2 (1999): 167-86.

80. See "Wang Shuai Yihuo Guojia Peichang, Gon'an Juzhang Dengmen Daoqian" ("Wang Shuai Receives State Compensation, Police Chief Visits His House and Apologizes"), *Fuzhou Ribao-Xin Dushi* (*Fuzhou Daily-New Metropolitan*), April 20, 2009.

81. Wang Junxiu, "Yipian Tiezi Huanlai Bei Qiu Bari" ("One Online Posting Resulted in Eight Days in Detention), *Zhongguo Qingnian Bao* (*China Youth Daily*), April 8, 2009; Zhang Dongfeng, "Fatie 'Feibang' Bei Panxing Shijian Wansgshang Taolun Relie" ("Hot Discussion Arises Among Netizens on Being Jailed for Online 'Libel'"), *Nanfang Dushibao* (*Southern Metropolis Daily*), April 21, 2009. 該報導英文版，參見"*Ordos* Becomes Nationally Known Word," *EastSouthWestNorth Blog,* April 21, 2009, http://www.zonaeuropa.com/200904a.brief.htm.

82. 有關維穩的相關研究，參見Yue Xie and Wei Shan, "China Struggles to Maintain Stability: Strengthening Its Public Security Apparatus," in *China: Development and Governance,* ed. Gungwu Wang and Yongnian Zheng (Singapore: World Scientific, 2012), 55-62; Wang and Minzner, "The Rise of the Chinese Security State"; Jonathan Hassid and Wanning Sun, "Stability Maintenance and Chinese Media: Beyond Political Communication?" *Journal of Current Chinese Affairs* 44, no. 2 (2015): 3-15; Yue Xie, "Rising Central Spending on Public Security and the Dilemma Facing Grassroots," *Journal of Current Chinese Affairs* 42, no. 2 (2013): 79-109; Jie Gao, "Political Rationality vs. Technical Rationality in China's

Target-Based Performance Measurement System: The Case of Social Stability Maintenance," *Policy and Society* 34, no. 1 (March 2015): 37-48.

83. Brook Larmer, "In China, an Internet Joke Is Not Always Just a Joke. It's a Form of Defiance—and the Government Is Not Amused," *New York Times Sunday Magazine,* October 30, 2011.
84. 審查體系的不確定性也可能助長自我審查，參見Rachel E. Stern and Jonathan Hassid, "Amplifying Silence: Uncertainty and Control Parables in Contemporary China," *Comparative Political Studies* 45, no. 10 (2012): 1230-54.

3

1. 中國大陸網民非常擅長從事越界的爭論，參見Kevin J. O'Brien, "Neither Transgressive nor Contained: Boundary-Spanning Contention in China," *Mobilization* 8, no. 1 (2003): 51-64.
2. For instance, see Vivienne Shue, *The Reach of the State: Sketches of the Chinese Body Politic* (Stanford, CA: Stanford University Press, 1988).
3. Kenneth Lieberthal and David M. Lampton, eds., *Bureaucracy, Politics, and Decision Making in Post-Mao China* (Berkeley: University of California Press, 1992); Jean Oi, *Rural China Takes Off: Institutional Foundations of Economic Reform* (Berkeley: University of California Press, 1999); Marc Blecher and Vivienne Shue, "Into Leather: State-Led Development and the Private Sector in Xinji," *The China Quarterly,* no. 166 (2001): 368-93; Thomas. P Bernstein and Xiaobo Lü, *Taxation Without Representation in Rural China* (New York: Cambridge University Press, 2003); Kevin J. O'Brien and Lianjiang Li, *Rightful Resistance in Rural China* (New York: Cambridge University Press, 2006); Kevin J. O'Brien, ed., *Popular Protest in China* (Cambridge, MA: Harvard University

Press, 2008).

4. Andrew Mertha, "'Fragmented Authoritarianism 2.0': Political Pluralization in the Chinese Policy Process," *The China Quarterly,* no. 200 (2009): 995-1012. Also see Yuan Yao and Rongbin Han, "Challenging, but Not Trouble-Making: Cultural Elites in China's Urban Heritage Preservation," *Journal of Contemporary China* 25, no. 98 (2016): 292-306.
5. Shanthi Kalathil, "China's New Media Sector: Keeping the State In," *The Pacific Review* 16, no. 4 (2003): 489-501.
6. 「只是做做生意」(just doing business)和「做正當生意」(doing just business)的聰明對比取自於以下文章的名稱：Gary Elijah Dann and Neil Haddow, "Just Doing Business or Doing Just Business: Google, Microsoft, Yahoo! and the Business of Censoring China's Internet," *Journal of Business Ethics* 79, no. 3 (2008): 219-34.
7. Sarah Lai Stirland, "Cisco Leak: 'Great Firewall' of China Was a Chance to Sell More Routers," *Wired,* May 20, 2008, www.wired.com/threatlevel/2008/05/leaked-cisco-do/.
8. Rebecca Mackinnon, "Shi Tao, Yahoo!, and the Lessons for Corporate Social Responsibility," *RConversation Blog,* December 30, 2007, http://rcomversation.blogs.com/YahooShiTaoLessons.pdf.
9. Jedidiah R. Crandall, Masahi Crete-Nishihata, Jeffrey Knockel, Sarah McKune, Adam Senft, Diana Tseng, et al., "Chat Program Censorship and Surveillance in China: Tracking TOM-Skype and Sina UC," *First Monday* 18, no. 7 (2013), http://firstmonday.org/ojs/index.php/fm/article/view/4628/3727.
10. 微軟公司在谷歌公司撤出中國大陸市場後仍與中共當局保持合作關係，參見 Joshua Rhett Miller, "Microsoft to Continue Censorship in China as Google Opens Up," *Fox News,* March 16, 2010, www.foxnews.com/scitech/2010/03/16/google-reportedly-ends-censorship-china/; Rebecca MacKinnon, "Flatter World and Thicker Walls? Blogs, Censorship and Civic Discourse in China," *Public Choice* 134, no. 1-2 (2008): 31-46.
11. Clive Thompson, "Google's China Problem (and China's Google Problem)," *New York Times,* April 23, 2006.
12. See Ethan Zuckerman, "Intermediary Censorship," in *Access Controlled: The*

Shaping of Power, Rights and Rule in Cyberspace, ed. Ronald J. Deibert, John Palfrey, Rafal Rohozinski, and Jonathan Zittrain (Cambridge, MA: MIT Press, 2010), 82-83.

13. See Yonggang Li, *Women de Fanghuoqiang: Wangluo Shidai de Biaoda Yu Jianguan* (*Our Great Firewall: Expression and Governance in the Era of the Internet*) (Nanning: Guangxi Normal University Press, 2009), 141.
14. See Johan Lagerkvist, *After the Internet, Before Democracy: Competing Norms in Chinese Media and Society* (Bern, Switzerland: Peter Lang, 2010), 146-47. 諸如論壇等中介行為者會採取先制措施，避免某些可能引起當局審查的文章被貼上網。就此一情況而言，他們就是在自我審查。
15. Rebecca MacKinnon, "China's Censorship 2.0: How Companies Censor Bloggers," *First Monday* 14, no. 2 (2009), http://firstmonday.org/article/view/2378/2089.
16. Johan Lagerkvist, "Principal-Agent Dilemma in China's Social Media Sector? The Party-State and Industry Real-Name Registration Waltz," *International Journal of Communication* 6 (2012): 2628-46.
17. Lagerkvist," Principal Dilemma," 2628.
18. See for instance, An Chen, "Capitalist Development, Entrepreneurial Class, and Democratization in China," *Political Science Quarterly* 117, no. 3 (September 15, 2002): 401-22; Kellee S. Tsai, *Capitalism Without Democracy: The Private Sector in Contemporary China* (Ithaca, NY: Cornell University Press, 2007); Bruce J. Dickson, *Red Capitalists in China: The Party, Private Entrepreneurs, and Prospects for Political Change* (Cambridge: Cambridge University Press, 2003); Jie Chen and Bruce J. Dickson, *Allies of the State: China's Private Entrepreneurs and Democratic Change* (Cambridge, MA: Harvard University Press, 2010).
19. For instance, see Jean-Jacques Laffont and David Martimort, *The Theory of Incentives: The Principal-Agent Model* (Princeton, NJ: Princeton University Press, 2009).
20. Interview RBJ 2009-09, January 11, 2009; interview RBJ 2010-37, May 14, 2010, interview RBJ 2010-38, May 14, 2010; with Bdwm system administrators, board managers, and users, all in Beijing.
21. Interview RBJ 2010-42, interview RBJ 2010-47, and interview RBJ 2010-49, with

several unofficial campus BBS managers, Beijing, May 22, 2010.有關網站主受當局審查的故事，參見Zhu Xiaokun, "Baozhengshu de Shijie" ("In the World of Affidavits"), *Diyi Caijing Zhoukan* (*CBN Weekly*), no. 43 (November 22, 2010): 56-64.

22. Xiong Li, "Ma Huateng deng Si Gaoguan Baoyuan Hulianwang Jianguan Yidaoqie" ("Four Senior Internet Executives, Including Ma Huateng, Complain About One-Size-Fits-All Internet Censorship), *Netease,* March 28, 2010, http://tech.163.com/10/0328/01/62R0RT6B000947HQ.html. For an English translation, see www.danwei.org/net_nanny_follies/net_censorship_complaints.php.
23. Rachel E. Stern and Jonathan Hassid, "Amplifying Silence: Uncertainty and Control Parables in Contemporary China," *Comparative Political Studies* 45, no. 10 (February 23, 2012): 1230-54.
24. See "Caifang Kaidi Wangluo Chuangshiren" ("An Interview with the Founder of Kdnet"), *Zhanzhang Zixun* (*Information for Webmasters*), January 4, 2006, www.chinahtml.com/0601/11363423773006.html.
25. See Article 17 of "Shuimu Shequ Guanli Guize" ("NewSmth Community Management Regulations"), *NewSmth,* November 11, 2012, www.newsmth.net/nForum/#!reg.
26. 大型商業或國家傳聲筒論壇都沒有問題，因為它們不是已註冊或是能輕易取得註冊。
27. 許多人取得註冊是付錢給那些自稱與信息產業部下級地方機關有關係的掮客。還有許多人則是將網站移到海外伺服器並註冊國際網域名稱，希望一次徹底解決問題以避免未來勞師動眾。
28. 這套系統會將使用者的網路活動(依據帳號歷史紀錄和帳號活動程度)轉換為積點，只有那些超過2,000積點者能在水木特快版上貼文。2011年10月，該網站將貼文要求降到500點。
29. 在這方面，中共並非獨特個案，相關案例參見Christopher Soghoian, "The Spies We Trust: Third Party Service Providers and Law Enforcement Surveillance," (Ph.D. dissertation, Indiana U2012): 1-107, http://files.dubfire.net/csoghoian-dissertation-final-8-1-2012.pdf. 事實上，像谷歌和臉書等資訊產業巨頭，現在每年都會公布政府向其請求資訊的紀錄。

30. See Article 5.1 of "Tianya Shequ Yonghu Zhuce Xieyi" ("Terms and Conditions of Tianya Community Account Registration"), http://service.tianya.cn/guize/regist.do.
31. See Article 6 of "Shuimu Shequ Baohu Yinsiquan zhi Shengming" ("NewSmth Community Statement of Privacy"), *NewSmth,* www.newsmth.net/about/privacy.html.
32. 某些論壇也被要求須提供輿論監控報告。Interview RBJ 2010-42, 2010年5月22日訪問北京某個非官方校園BBS論壇管理員。
33. See Li Shao, "The Continuing Authoritarian Resilience Under Internet Development in China: An Observation of Sina Micro-Blog" (master's thesis, University of California, Berkeley, 2012), 1-51, http://oskicat.berkeley.edu/record=b21909970~S1. 在某些案例中，貼文雖然仍會「公開」，但只有使用者自己可以看到。
34. Rebecca MacKinnon, "China's Censorship 2.0"; Yongming Zhou, *Historicizing Online Politics: Telegraphy, the Internet, and Political Participation in China* (Stanford, CA: Stanford University Press, 2005), 179.
35. MacKinnon, "China's Censorship 2.0."
36. 本書列舉的所有主要商業論壇，例如，「網易」(163)、「凱迪網絡」(Kdnet)、「新浪網」(Sina)、「搜狐」(Sohu)及「天涯社區」(Tianya)等都有安裝這套系統。「天涯社區」同時設有版主和內容編輯，後者負責內容監控，版主通常都從論壇使用者選出，且其責任包含主持討論、撰擬摘要，以及籌辦網路與網路外的活動。
37. 例如，2012年3月6日，該論壇的歡迎網頁提供一條下列文章的連結：Zhang Lei, "Wang Jingguan, Wo Xiang Bao Nin Yixia" ("Officer Wang, I Want to Hug You"), *Fazhi Wanbao* (*Legal Evening News*), February 23, 2012. 這篇文章特別讚揚北京市公安局海淀分局的一位警官。
38. Lagerkvist, *After the Internet,* 147; see also Lagerkvist, "Principal-Agent Dilemma in China's Social Media Sector?"
39. 北京許多BBS管理員都很羨慕北京郵電大學的官方校園BBS網站「北郵人」(BYR)，因為其管理者與校方當局保持良好關係。Interview RBJ 2010-48, with a forum manager, Beijing, May 22, 2010.
40. Interview RBJ 2010-43, 2010年5月22日訪問北京某位負責監督學生BBS網站的大學教職員。雖然無法完全排除中共當局的干預，但大學校方監督機關的信任可以降低自我審查的需求，因而促成較為自由的網路討論。

41. Interview RBJ 2010-44, interview RBJ 2010-45, interview RBJ 2010-48, and interview RBJ 2010-48, with forum mangers, Beijing, May 22, 2010.
42. Interview RBJ 2009-18, 2009年10月22日訪談北京某位非官方校園BBS網站管理員內容。
43. Lagerkvist, "Principal-Agent Dilemma in China's Social Media Sector?"
44. 這些低調的策略即史考特(James Scott)所稱「弱者的武器」，參見James C. Scott, *Weapons of the Weak: Everyday Forms of Peasant Resistance* (New Haven, CT: Yale University Press, 1985).
45. Interview OBJ 2009-13，2009年8月28日網路訪談某位國營論壇管理員。
46. Interview RBJ 2010-44，2010年5月22日訪談某位論壇管理員。
47. 與會所有官員都沒有對這些申訴做出回應。
48. 例如，以下片段在4月15日首度貼上網，到5月3日被刪文前已吸引50則回應，參見"'Bai Jia Hei'—Zhongguo Diyibu Miaoxie Liusi Yundong de Zizhuanti Xiaoshuo" ("'Black and White'—China's First Autobiographical Novel on the June Fourth Movement"), *NewSmth,* April 23, 2016, http://ar.newsmth.net/thread-1ac547bdd085e31-1.html.
49. See Li Liang and Yu Li, "14 Buwei Lianhe Jianghua Hulianwang" ("Fourteen Ministries and Commissions Jointly Cleanse the Internet"), *Nanfang Zhoumo* (*Southern Weekend*), August 18, 2005.
50. See Ministry of Information Industry, "Xinxi Chanyebu Guanyu Zuohao Hulianwang Wangzhan Shiming Guanli Gongzuo de Tongzhi" ("Ministry of Information Industry Circular on Effectively Enforcing Real-Name Administration of Websites"), July 19, 2007.
51. Qin Wang, "Zhuli Zhe de Xin Jianghu" ("New Rivers and Lakes for Profit Seekers"), *Nandu Zhoukan* (*Southern Metropolis Weekly*), no. 3 (2010): 34-37; Zhou Peng, "Zhongxiao Wangzhan Handong "'Duanwang'" ("Small and Medium-Size Website 'Down' in Freezing Winter"), *Nandu Zhoukan* (*Southern Metropolis Weekly*), no. 3 (2010): 26-30.
52. Interview RBJ 2010-42，2010年5月22日於北京訪談某位非官方校園BBS論壇版主。由於中共教育部在2005年強制要求將校園論壇轉成內部溝通平臺，許多校園BBS網站都在大學的壓力下開始落實這項政策。

53. Interview RBJ 2010-36，2010年5月6日訪問北京某位大型商業網站論壇管理員。

54. Xiao Qiang, "1984bbs Wangzhan Guanbi you Chongkai Shuoming le Shenme?" ("What Can We Learn from the Shutdown and Resurrection of 1984bbs?"), *Radio Free Asia,* October 26, 2010, www.rfa.org/mandarin/pinglun/xiaoqiang/xq-10276201017185 2.html. 這個論壇將伺服器安裝在中國大陸境外，但其創辦人和所有人張健男(匿名張書記)住在北京。該論壇曾遭到許多駭客攻擊，而張氏本人也受到當局的騷擾和威脅。此一論壇於2010年10月因為容許討論坐牢中異議分子劉曉波獲得諾貝爾和平獎的事情而遭強迫關閉。此處令人感興趣的是為何防火牆在1984bbs網站關閉前未能加以封鎖。張健男及其團隊宣稱那是因為他們比防火牆聰明。然而，有人(很可能是網路安全專家)質疑這種說法，並表示當局的防火牆故意不理會這個論壇，因為其早已被中共滲透。另一位網民則表示，很可能是因為中共當局有能力控制這個論壇，參見Huo Ju and Ayue A, "He SecretaryZhang Jiufen Shimo" ("The Whole Story of My Controversy with SecretaryZhang"), *Google Buzz,* November 1, 2010, https://profiles.google.com/109778955150081671489/buzz/c5E5GfefCpR. 值得一提的是，本文所指的1984bbs網站，完全是針對1984bbs.com而非1984bbs.org，後者是在前者被關閉後設立。

55. 有關這個醜聞的相關資訊，參見"Wangbao Shaanxi Ankang Huanyun Qi Yue Yunfu Qiangzhi Yinchan" ("Internet Disclosed Seven-Month Pregnant Women Forced to Abort in Ankang, Shaanxi"), *Netease,* June 12, 2012, http://news.163.com/12/0612/18/83QP5TAI00011229.html.

56. Interview RBJ 2009-09, January 11, 2009; interview RBJ 2010-37, May 14, 2010; interview RBJ 2010-38, May 14, 2010; 「北大未名」(Bdwm)網站的系統管理員、版主和使用者都是在北京。Also interview RBJ 2009-17，2009年9月23日訪問幾位資深論壇使用者。這次接管是在2003年1月1日以非常極端方式進行。大學校方當局召集所有系統管理員開會，並與其中部分人合作將BBS網站的伺服器從電腦中心移到該大學共青團黨委會的青年研究中心。那些與校方合作的人，宣稱這次接管使BBS網站獲得正式地位，因此可以保證獲得大學校方的支持，證明其選擇是對的。

57. Interview RBE 2008-01，2008年9月23日於加州柏克萊訪問某位清華大學前論壇管理員；interview RBJ 2009-12，訪問某位熟識參與北京鬥爭行動「水木清華」(Smth)系統管理員的該網站前使用者。針對這次事件的概要介紹，參見 "Weishenme You Iangge shuimu? 3.16 Shi Shenme?" ("Why are There Tow Smth Sites? What Is March 16?"), *NewSmth,* March 16, 2006, www.newsmth.net/bbscon.php?bid=313&id=9466&ftype=11.

58. See Albert O. Hirschman, *Exit, Voice, and Loyalty: Responses to Decline in Firms, Organizations, and States* (Cambridge, MA: Harvard University Press, 1970).
59. 後來，南京大學當局和論壇管理員事實上做出讓步並恢復「小百合」(Lily)網站，但設下更多限制條件。
60. 兩個設在中國大陸的網站——「一見如故」(yjrg.org)和「兩全其美」(lqqm.net)——都大量去政治化，但仍容許過去的「一塌糊塗」(Ytht)使用者發聲。第三個論壇後來在美國重建，也名為「一塌糊塗」(Ytht)。這三個網站全都使用原論壇所保留的備份資料。傳言說，當「一塌糊塗」(Ytht)網站被迫關閉時，當局已設法銷毀其所使用的硬碟。然而，但由於現場某些論壇管理員聲稱部分硬碟是個人所有，因此沒有被銷毀。Interview RBJ 2009-07，2009年1月6日訪問北京某位前「一塌糊塗」(Ytht)版主；interview RBJ 2010-38，2010年5月14日訪談北京某位「北大未名」(Bdwm)管理員，其曾是「一塌糊塗」(Ytht)資深使用者及版主。
61. See "Renminwang Qiangguo Shequ Xinban Shangxian Youjiang Huodong Huojiang Gonggao" ("Winning Announcement of People's Daily Online Qiangguo Community New Version Launch Awards Event"), *People's Daily Online,* July 27, 2012, www.people.com.cn/n/2012/0727/c345746-18613565.html.
62. Interview OBJ 2009-13，2009年8月28日與某位國營論壇管理員的網路訪談。
63. Gary King, Jennifer Pan, and Margaret E. Roberts, "How Censorship in China Allows Government Criticism but Silences Collective Expression," *American Political Science Review* 107, no. 2 (2013): 1-18; Garry King, Jennifer Pan, and Margaret E. Roberts, "Reverse-Engineering Censorship in China: Randomized Experimentation and Participant Observation," *Science* 345, no. 6199 (2014): 1-10.
64. For Instance, see Gady Epstein and Lin Yang, "Sina Weibo," *Forbes Asia* 7, no. 3 (March 2011): 56-60.
65. Ethan Zuckerman, "Cute Cats to the Rescue? Participatory Media and Political Expression," in *From Voice to Influence: Understanding Citizenship in a Digital*

Age, ed. Danielle Allen and Jennifer S. Light (Chicago: University of Chicago Press, 2015), 131-54.

66. State Council Information Office Internet Bureau, “Guanyu Tengxun Wang Weigui Qingkuang de Tongbao” (“Circular on Tencent's Violations of Regulations”)，2009年3月3日外洩中共內部審查指示通報。依據《互聯網信息服務管理辦法》，該公司沒有資格自行產製新聞報導，僅能複製國家管轄消息來源的報導。

67. Yawei Liu, “A Long Term View of China's Microblog Politics” (paper presented at the 10th Annual Chinese Internet Research Conference, University of Southern California, Annenberg, Los Angeles, CA, May 21-22, 2012).

68. See “Jinji Tongzhi: Zongheng Sousuo Kaifang Guanliyuan Sousuo Jinci Quanxian” (“Emergency Notice: Zongheng Search Enables Administrators to Search for Taboo Words”), *Discuz!,* April 10, 2012, www.discuz.net/thread-2755103-1-1.html. For an English translation of the notice, see “Censorship Instructions for Online Forums,” http://chinadigitaltimes.net/2012/10/censhorship-instructions-for-online-forums/.

69. See “Ni Zenme Kandai Google Tuichu Zhongguo Shichang” (“Your Opinions on Google's Withdrawal from China”), *Admin5,* January 13, 2010, www.a5.net/thread-1546443-1-1.html. 在問卷調查回復者中，330人(86.61%)表示谷歌讓中國大陸使用者相當方便，谷歌不應退出中國大陸，而中共當局應支持谷歌。

70. 多數校園論壇都是依附在大學內的伺服器，使用大學的頻寬，因此可以不受網際網路內容提供者在大學設施使用規定的限制，且可獲得其資訊。官方校園論壇可以賺取利潤，但並非專門用於謀利。某些論壇會出售廣告點擊來賺取豐厚報酬：例如「北大未名」(Bdwm)網站的廣告收入，在2009年估計超過20萬人民幣。但由於他們通常不能直接支用這些錢，因此論壇也沒有誘因要去賺取更多收入。Interview RBJ 2009-19 and interview RBJ 2009-20，2009年10月21年訪談北京幾個校園論壇管理員。

71. Interview RBJ 2009-18, interview RBJ 2009-19, and interview RBJ 2009-20，2009年10月21日訪談北京幾個校園論壇管理員；interview RSZ 2009-26，2009年10月24日訪談蘇州某位BBS網站管理員；interview RBJ 2010-46，2010年5月22日訪談某位北京BBS網站管理員內容。在其中一間大學，有4個學生論壇的管理員同時爭取某科技公司為推廣校園網際網路平臺的獎學金。

72. 早期的校園論壇，不論官方或非官方，主要都是基於非營利的動機。例如，「一塌糊塗」(Ytht)網站依靠其管理員與使用者的捐款；然而，這種方式無法長期經營。因為瞭解這點，論壇管理員開始討論各種能賺取較多報酬的方式。不幸的是，他們在網站於2004年關閉前並沒有機會嘗試其計畫，參見“lovemeandyou Huida mgzf Tiwen” (“lovemeandyou Responds to mgzf’s Questions”), *hkday.net,* October 26, 2003, www.hkday.net/ytht/SM_Election/8/3/7/1.html (link expired); “[Huida mgzf Wangyou Tiwen] Guanyu Yitahutu de Fazhan Fanxiang” (“[Responses to mgzf’s Questions] About the Direction of Ytht’s Future Development”), *hkday.net,* October 26, 2003, www.hkday.net/ytht/SM_Election/8/3/3/1.thml (link expired).
73. 作為一個主要由北京大學學生所經營的非官方BBS網站，「一塌糊塗」(Ytht)原本想維護一個自由的討論環境，因為其管理者與積極使用者相信言論自由。「新一塌糊塗」(NewYtht)網站的創新人也是北京大學畢業生。他和幾個朋友成立這個新網站，目的就是維持舊網站的精神。Interview RBJ 2009-18，2009年10月22日訪談北京某個非官方校園BBS網站論壇管理員。
74. 麥宜生(Ethan Michelson)發現與黨國體制及其人員建立官僚、機關或影響力關係，有助律師解決日常性的難題，參見Ethan Michelson, “Lawyers, Political Embeddedness, and Institutional Continuity in China’s Transition from Socialism,” *American Journal of Sociology* 113, no. 2 (2007): 352-414.
75. Kalathil, “China’s New Media Sector.”
76. Lagerkvist, “Principal-Agent Dilemma in China’s Social Media Sector?” 國家當局亦可使用類似策略控制傳統商業媒體，參見Ashley Esarey, “Cornering the Market: State Strategies for Controlling China’s Commercial Media,” *Asian Perspective* 29, no. 4 (2005): 37-83.
77. 那些平臺的某些管道也會在國家當局壓力下關閉。例如，「天涯社區」在2009年就暫停其「草根雜談」留言版，該版原本是讓網民在中共建政60週年紀念的那幾週對包含政府不當行為等議題進行討論。
78. Wang, “Zhuli Zhe de Xinjiang Hu”; Zhou, “Zhongxiao Wangzhan Handong ‘Duanwan’”; “Gongxin Buzhang Fouren Fengsha Geren Wangzhan, Cheng Zhili Yao Jiada Lidu” (“Ministry of Industry and Information Technology Minister Denies Banning Personal Websites, Asserting that Rectification

Will Be Strengthened”), *Netease,* March 9, 2010, http://news.163.com/10/0309/09/61ASVNQK000146BD.html.

79. 例如，「西西河中文網」(Ccthere)在2012年初想要藉由在首頁張貼公告，由所有人兼管理員(如鐵手)述明，「您歡迎使用herewp.com網頁，凡是認為Ccthere或Cchere等網頁限制太多人，可使用herewp.com網站。Ccthere不會探討具政治爭議性主題。Ccthere也會逐步清除這些主題，尤其是針對中國大陸內政相關議題。」參見Laowantong, “Jubao Tieshou” (“A Complaint Against Tieshou”), *Ccthere,* July 26, 2012, www.ccthere.com/article/3761371

80. 針對專探討意識形態與學術言論的論壇之相關資訊，參見Ji Tianqin and Tang Ailin, “BBS Wangship” (“The Legend of BBS”), *Nandu Zhoukan* (*Southern Metropolis Weekly*), no. 20 (May 28, 2012): 56-63.

81. Daniela Stockmann, *Media Commercialization and Authoritarian Rule in China* (Cambridge: Cambridge University Press, 2013), 51.

4

1. Mao Tse-Tung, “On Protracted War,” in *Selected Works of Mao Tse-Tung,* vol. 2 (Peking: Foreign Languages Press, 1965), 143-44.

2. Guobin Yang, ed., *China’s Contested Internet* (Copenhagen: Nordic Institute of Asian Studies, 2015).

3. Guobin Yang, *The Power of the Internet in China: Citizen Activism Online* (New York: Columbia University press, 2009), 14.

4. For instance, see Gabriel A. Almond and Sidney Verba, *The Civic Culture: Political Attitudes and Democracy in Five Nations,* (Princeton, NJ: Princeton University Press, 1963); Stuart Hall, “Cultural Studies: Two Paradigms,” *Media, Culture & Society* 2, no. 1 (1980): 57-72; Jean-François Lyotard, *The Postmodern Condition: A Report on Knowledge, Theory and History of Literature,*

vol. 10 (Minneapolis: University of Minnesota Press, 1984); Emile Durkheim, "The Cultural Logic of Collective Representations," in *Social Theory: The Multicultural, Global, and Classic Readings,* ed. Charles Lemert (Boulder, CO: Westview, 1993), 98-108; Edward W. Said, *Culture and Imperialism* (New York: Vintage, 1993); Max Weber, *The Protestant Ethic and the Spirit of Capitalism* (London: Penguin, 2002); Max Horkheimer and Theodor W. Adorno, *Dialectic of Enlightenment: Philosophical Fragments,* ed. Gunzelin Schmid Noeri (Stanford, CA: Stanford University Press, 2002); Liesbet van Zoonen, *Entertaining the Citizen: When Politics and Popular Culture Converge* (Lanham, MD: Rowman & Littlefield, 2005).

5. Gabriel Almond and Sidney Verba, *The Civic Culture* (Thousand Oaks, CA: Sage, 1963); Ronald Inglehart, *Culture Shift in Advanced Industrial Society* (Princeton, NJ: Princeton University Press, 1990); Robert D. Putnam, *Making Democracy Work: Civic Traditions in Modern Italy* (Princeton, NJ: Princeton University Press, 1993); Bob Franklin, *Packaging Politics: Political Communications in Britain's Media Democracy,* 2nd ed. (London: Bloomsbury Academic, 2004); van Zoonen, *Entertaining the Citizen*; Todd Gitlin, *Media Unlimited: How the Torrent of Images and Sounds Overwhelms Our Lives* (New York: Henry Holt, 2007).
6. Sidney Tarrow, *Power in Movement: Social Movements and Contentious Politics* (New York: Cambridge University Press, 1998), 16-18.
7. Nan Enstad, *Ladies of Labor, Girls of Adventure: Working Women, Popular Culture, and Labor Politics at the Turn of the Twentieth Century* (New York: Columbia University Press, 1999).
8. Rob Rosenthal and Richard Flacks, *Playing for Change: Music and Musicians in the Service of Social Movements* (Abingdon, Oxon: Routledge, 2016).
9. Tianjian Shi, "Cultural Values and Political Trust: A Comparison of the People's Republic of China and Taiwan," *Comparative Politics* 33, no. 4 (2001): 401-19; Tianjian Shi, "China: Democratic Values Supporting an Authoritarian System," in *How East Asians View Democracy,* ed. Larry Diamond, Andrew J. Nathan, and Doh Chull Shin (New York: Columbia University Press, 2008),

209-37; Wenfang Tang, *Populist Authoritarianism: Chinese Political Culture and Regime Sustainability* (New York: Oxford University Press, 2016).

10. Jeffrey N. Wasserstrom and Elizabeth J. Perry, eds., *Popular Protest and Political Culture in Modern China* (Boulder, CO: Westview, 1994).
11. Michael X. Delli Carpini, "The Political Effects of Entertainment Media," in *The Oxford Handbook of Political Communication,* ed. Kate Kenski and Kathleen Hall Jamieson (New York: Oxford University Press, 2014).
12. Gary King, Jennifer Pan, and Margaret E. Roberts, "How Censorship in China Allows Government Criticism but Silences Collective Expression," *American Political Science Review* 107, no. 2 (2013): 1-18; Ronald Deibert, John Palfrey, Rafal Rohozinski, and Jonathan Zittrain, eds., *Access Denied: The Practice and Policy of Global Internet Filtering* (Cambridge, MA: MIT Press, 2008); Ronald Deibert, John Palfrey, Rafal Rohozinski, and Jonathan Zittrain, eds., *Access Controlled: The Shaping of Power, Rights, and Rule in Cyberspace* (Cambridge, MA: MIT Press, 2010); John Sullivan, "China's Weibo: Is Faster Different?" *New Media & Society* 16, no. 1 (2014): 24-37.
13. Bingchun Meng, "From Steamed Bun to Grass Mud Horse: E Gao as Alternative Political Discourse on the Chinese Internet," *Global Media and Communication* 7, no. 1 (2011): 33-51; Paola Voci, *China on Video: Smaller-Screen Realities* (New York: Routledge, 2010); Christopher G. Rea, "Spoofing (E'gao) Culture on the Chinese Internet, in *Humour in Chinese Life and Culture,* ed. Jessica Milner Davis and Jocelyn Chey (Hong Kong: Hong Kong University Press, 2013), 149-72; David Kurt Herold and Peter Marolt, "Online Society in China: Creating, Celebrating, and Instrumentalising the Online Carnival," *Media, Culture and Social Change in Asia* (New York: Routledge, 2011).
14. Yang, *The Power of the Internet in China,* 85.
15. Goubin Yang, "Technology and Its Contents: Issues in the Study of the Chinese Internet," *The Journal of Asian Studies* 70, no. 4 (2011): 1043-50.
16. Jens Damm, "The Internet and the Fragmentation of Chinese Society," *Critical Asian Studies* 39, no. 2 (2007): 285.
17. James Leibold, "Blogging Alone: China, the Internet, and the Democratic

Illusion?" *The Journal of Asian Studies* 70, no. 4 (2011): 3.

18. Min Jiang, "The Coevolution of the Internet, (Un) Civil Society, and Authoritarianism in China," in *The Internet, Social Media, and a Changing China,* ed. Jacques DeLisle, Avery Goldstein, and Guobin Yang (Philadelphia: University of Pennsylvania Press, 2016), 28-48.
19. Yang, "Technology and Its Contents."
20. Yang, *The Power of the Internet in China,* 63.
21. Rea, "Spoofing (E'gao) Culture on the Chinese Internet."
22. Shaohua Guo, "Ruled by Attention: A Case Study of Professional Digital Attention Agents at Sina.com and the Chinese Blogosphere," *International Journal of Cultural Studies* 19, no. 4 (2016): 407-23.
23. OpenNet Initiative, "Internet Filtering in China in 2004-2005: A Country Study" (OpenNet Initiative, 2005), https://opennet.net/sites/opennet.net/files/ONI_China_Study.pdf.
24. 這可能正是為何人民網所設立「強國論壇」在2012年7月1日晚上10點關閉，並在早上10點新版本上線後重新開放的原因。
25. 由於那段時間網路流量較低，也是為何比較容易在前十名論壇貼文的原因。
26. 徐氏的討論也是在「北大未名」的私人群組進行，因為那時認識他的人比較少。
27. 網民不但使用這種策略避免遭到審查，同時也有其他目的(有時是惡作劇)。例如，「未名空間」某位使用者為鼓動其他人，就貼文表示會給10個未名空間幣(一種可以用在許多論壇功能的虛擬貨幣)給所有回復者。然在吸引上百個回復後，他就貼上色情圖片以改變原貼文。
28. See "Weishenme zai Tieba Yilou Yao Gei Baidu?" ("Why Dedicate the First Floor to Baidu?"), *Baidu Knows,* January 29, 2012, http://zhidao.baidu.com/question/371559846.html.
29. See Yang, *The Power of the Internet in China,* 61.
30. 技術老練的網民甚至還開發自動分開字彙或改變文字格式的軟體，讓過濾軟體無法找到禁忌詞彙。此種軟體例證，參見"Wangluo Fayan Fang Hexie Qi" ("Anti-censorship Software for Online Expression"), *SourceForge,* November 3, 2011, http://fanghexie.sourceforge.net/.
31. See Yue Sheng, "Ruhe Rang Quanli zai Yangguang Xia Yunxing" ("How to

'Exercise Power Under the Sun'"), *BBC Chinese,* March 8, 2010. www.bbc.co.uk/zhongwen/simp/china/2010/03/100308_china_media_liu.shtml.

32. See "Shuimu Qinghua BBS Zhannei Xianqi Xuexi, Yinyong Maozhuxi Yulu Rechao" ("Smth BBS Users Started the Upsurge of Learning and Citing Chairman Mao's Quotations"), *Oh My Media,* March 20, 2005, http://ohmymedia.com/2005/03/20/315/; "Guanshuiji de Zhonglei" ("Varieties of Automatic Posting Software"), *Smthbbs.blogspot.com,* April 21, 2005, http://smthbbs.blogspot.com/2005/04/post2005-04-21_21.html.
33. See Yang, *The Power of Internet in China,* 57. 楊氏引用歐布萊恩(Kevin O'Brien)與李連江所提出正當反抗理念，兩人過去都是研究中國大陸農民如何利用法律、政策及官方宣傳的價值，反抗地方官員不當行為，參見Kevin J. O'Brien and Lianjiang Li, *Rightful Resistance in Rural China* (New York: Cambridge University Press, 2006).
34. Ashley Esarey and Qiang Xiao, "Political Expression in the Chinese Blogosphere," *Asian Survey* 48, no. 5 (2008): 752-72.
35. See "'Longyan Dayue' 2011 Quanji" ("*The Emperor Looks Happy* 2011 Collection"), *Tianya,* January 17, 2011, www.tianya.cn/publicforum/content/funinfo/1/2447177.shtml.「屁民」這個名詞顯示出一種政治上的無力感。
36. 節目若越界有時會受到當局審查。例如，法輪功消息來源指出，某個節目場景批評所謂「官本位」(以官階為主的政治文化，將政治權力與地位列為優先考慮，而非其他功績或成就)，另訕笑武漢當地少年先鋒隊的五槓臂章就遭到當局查禁，參見"[Jinwen] Longyan Dayue Xinqu Egao Wudaogang" ("Forbidden News: New Song by *The Emperor Looks Happy Spoofs Five-Bar*"), YouTube video, 3:45, posted by "ntdtvchinese3," May 10, 2011, www.youtube.com/watch?v=Mrgd5PZZLvg. 湖北省武漢一名13歲少年在2011年5月將他繡有五條槓少年先鋒隊臂章的照片貼上微博後，成為當時中國大陸網路上最熱門的話題。中國少年先鋒隊是共黨所成立的龐大全國小學生組織。少年先鋒隊的實習幹部會穿繡有紅槓的白臂章，以彰顯其地位，二槓為中隊委，三槓為大隊委。過去從未看過五槓階級，黃姓學生的五槓臂章，顯示其地位是整個武漢少年先鋒隊的總指揮，這是當地的發明。
37. Interview OBE 2011-61，2011年10月18日網路訪問某位北京資深網民。

38. 「火星文」係指中文以非傳統形態表示，極難理解其實際意義為何。例如，在中共教育部強制要求各校園論壇要轉變為內部溝通平臺並限制校外連網管道後，清華大學官方「水木清華」BBS網站的網民，就將該論壇中文名稱「水木」改為困，以傳達這個論壇遭受限制。
39. See "Xinhuawang Shouye shag Kanshifu Zuixin Xiaoxi" ("The Latest News on Master Kang on the Front Page of Xinhua Net"), *Mitbbs,* May 7, 2012, http://www.mitbbs.com/article_t/Military/37741563.html.
40. David Barboza, "Billions in Hiden Riches for Family of Chinese Leader," *New York Times,* October 26, 2012.
41. Wen Jiabao, "Yangwang Xingkong" ("Looking Up to the Starry Sky"), *Remin Ribao* (*The People's Daily*), September 4, 2007.
42. See "Yangwang Xingkong, 27 Yi Ke Xingxing, Zuiliang de Yike Shi Huarui Fengdian" ("Looking Up to the Starry Sky. There Are 2.7 Billion Stars, and the Brightest One is Sinovel"), *Guba,* June 18, 2013, http://guba.eastmoney.com/news,601558,80317545.html.
43. 據公開報導指出，由溫家寶之子共同創辦「新天域資本」(New Horizon Capital)私人證券公司，最初資本額僅有7,500萬人民幣，但在運作3年內就賺超過100億人民幣。Hu Zhongbin, "Huarui Fengdian Ziben Chuanqi Xintianyu Sannian Huibao 145 Bei" ("Legendary Capital Operations of Sinovel New Horizon Capital Earned a 145-Times Return in Three Years"), *Jingji Guanchabao* (*Economic Observer*), January 10, 2011.
44. See "Wen Weishenme Jiao Yingdi" ("Why Is Wen Called Best Actor?"), *Baidu Knows,* February 26, 2014, gttp://dwz.cn/iJbdt.
45. See "271 Daibiao Shenme Yisi?" ("What Does 271 Stand For?"), *Baidu Knows,* July 22, 2013, http://dwz.cn/iJavX.
46. See "27 Yi Shi Shui" ("Who Is 2.7 Billion?"), *Baidu Knows,* January 19, 2014, http://dwz.cn/iJ9Sz.
47. 楊國斌提供一份針對某些數位競爭類型的精采摘要。據楊氏表示，其中兩個常見類型：一、懺悔／自傳型，包含日記、信件、論文和個人照片等；二、模仿／嘲弄型，包含笑話、打油詩、順口溜和Flash影片。他主張第二種類型隱含著數位競爭的戲謔風格，參見Yang, *The Power of the Internet in China,* 76-82, 89.

48. Richard Dawkins, *The Selfish Gene* (Oxford: Oxford University Press, 1989).
49. See "Cao Ni Ma Zhige" ("The Song of the Grass Mud Horse"), YouTube video, 1:23, posted by "ideacm," February 4, 2009, https://youtu.be/01RPek5uAJ4. 這個影片有超過110萬人觀看，英文字幕版，參見"Song of the Grass-Mud Horse (Cao Ni Ma)," YouTube video, 1:24, posted by "skippybentley," March 12, 2009, https://youtu.be/wKx1aenJK08.
50. 角色扮演是一種表演藝術，表演者會打扮成電影、喜劇或遊戲中某些角色。
51. See "Bainian Zhihou, Nide Muzhiming hui Zenme Xie?" ("What Would Be Your Epitaph After You Pass Away?"), *Tianya,* December 25, 2006, www.tianya.cn/publicforum/content/free/1/842556.shtml.
52. Ibid.
53. Ibid.
54. Ibid. 這個貼文只是在抱怨房價，但也揶揄開發商和政府當局。該開發商被稱為「沒錢勿擾」並專門幫有錢人開發墓園；由於政府禁止窮人自己蓋墳墓，迫使窮人得向開發商買墳墓。
55. See "Bainian Zhihou, Nide Muzhiming hui Zenme Xie?" 這篇文章遭到審查。人們應注意的是，「死無葬身之地」是中國人視為最不幸的情況之一，這句話常被用為最重的詛咒。
56. Guobin Yang and Min Jiang, "The Networked Practice of Online Political Satire in China Between Ritual and Resistance," *International Communication Gazette* 77, no. 3 (2015): 215-31.
57. 這段墓誌銘寫著，「早年求學而三度落榜；後習武，參試殺鼓手而遭逐出場；後習醫未見有成，自列處方服之，遂歿。」這段流行文字在內容中被引用好幾次，參見"Bainian Zhihou, Nide Muzhiming hui Zenme Xie?"
58. 這個名稱也是模仿「史記」，這本在古代中國被視為最著名、重要及可信的史書。
59. 重大疾病保險是政府支持的健保體系，可用於支付重大疾病相關費用。
60. 在2008年，中國大陸多家製造商所生產的奶粉和嬰兒奶粉都被發現添加三聚氰胺，數千人受害，包含造成數名嬰兒死亡。這場醜聞從三鹿集團開始，相關英文版報導內容，參見"Sanlu Milk Sickens Babies," *China Daily,* 2008, http://www.chinadaily.com.cn/china/china_2008sanlu_page.html.

61. See "Gaoxiao yu Zhongguo Zhengzhi" ("Spoofing and Chinese Politics"), *Ccthere,* December 10, 2008, www.ccthere.com/article/1933680.
62. Marcella Szablewicz, "The 'Losers' of China's Internet: Mems as 'Structures of Feeling' for Disillusioned Young Netizens," *China Information* 28, no. 2 (2014): 259-75.
63. 網民抱怨很難連結谷歌與臉書等網站，尤其中國大陸並沒有類似谷歌學者(Google Scholar)等查詢學術期刊的入口網站。此種指標性理由說明為何谷歌退出中國大陸後，導致國家審查受到排山倒海的批評。
64. Interview RBJ 2008-04，2008年7月29日訪談北京某位資深論壇使用者；interview RBJ 2009-16，2009年9月22日網路訪談某位資深論壇使用者。
65. Interview RBJ 2009-06，2009年1月6日訪談某位版主與資深論壇使用者；interview RBJ 2009-10，2009年8月21日訪談北京某位資深論壇使用者；interview RBJ 2009-17，2009年9月23日訪談北京某位資深論壇使用者。海外民主運動論壇「自由中國」網站的使用者對此有一段對話，參見 "Dui Ziyoumen Gongsi de Jianyi" ("Suggestions to the Freegate Company"), *Free China,* April 8, 2010, http://zyzg.us/archiverr/tid-207519.html.
66. See "Zhongguo Guge Bei Hei le Ma? Quanshi Zhexie Xinwen" ("Google.cn Got Hacked? News About It Everywhere"), *Long de Tiankong* (*Dragon's Sky*), November 8, 2008, http://lkong.cn/thread/204283.
67. 「法輪功」文字意義就是「佛法輪子的功夫」。網民稱法輪功參與者為「輪子」來嘲諷他們的信仰。
68. 這是在谷歌退出中國大陸前的事。這段文字是某位「龍的天空」(Lkong)論壇使用者最早貼文，他是從Google.cn入口無意間看到法輪功媒體《大紀元時報》的這個新聞報導，原本也會被搜尋引擎過濾掉。
69. See "Cao Ni Ma Zhige."
70. See Li Bin, "Wangyou Chuangzao 'Shida Shenshou'" ("Netizens Create Top Ten Holy Animals"), *Xinxi Shibao* (*Information Times*), January 6, 2009.
71. 其他9種神聖的動物分別為尾申鯨、潛烈蟹、達菲雞、吉跋貓、吟稻雁、菊花蠶、雅蠛蝶、法克魷，以及用來嘲笑流行歌手李宇春不男不女外表的鶉鴿。關於上述的一些資訊，參見"Baidu Ten Mythical Creatures," *Wikipedia,* last modified August 9, 2017, http://en.wikipedia.org/wiki/Baidu_10_Mythical_Creatures.

72. See "Cao Ni Ma Zhige"; Michael Wines, "A Dirty Pun Tweaks China's Online Censors," *New York Times,* March 12, 2009.
73. 有關屬於政治性或非政治性的討論，參見Maria Repnikova and Kecheng Fang, "China's New Media: Pushing Political Boundaries Without Being Political," *Foreign Affairs,* October 12, 2016, www.foreignaffairs.com/articles/china/2016-10-12/chinas-new-media.
74. 製作人表示他們希望這個主題會變成一個象徵，代表其節目可以帶給「觀眾無盡的快樂」，參見"'Longyan Dayue' 2011 Quanji."
75. Johan Lagerkvist, *The Internet in China: Unlocking and Contain the Public Sphere* (Lund, Sweden: Lund University Publications, 2007), 46.
76. See "Longyan Dayue 037 Qi: Longyan Buluo Hao" ("*The Emperor Looks Happy,* Issue 37: The Volume of the Long Yan Tribe"), *Tianya,* February 28, 2011, www.tianya.cn/publicforum/content/funinfo/1/2503694.shtml.
77. See "'Longyan Dayue' 2011 Quanji."
78. 網民使用這個名詞不必然是反對普世價值、民主制度或人民自由。相反地，許多人只是針對想從中共轉移動盪中獲取利益而讓一般百姓陷於苦海的個人或團體機會主義者。
79. See "Xiaobaitu de Guangrong Wangshi" ("The Glorious Past of the Little White Bunny"), *Cjdby,* February 24, 2011, http://lt.cjdby.net/thread-1066806-1-1.html.
80. For the comic serial, see "Nanian Natu Naxie Shier" ("Year, Hare, Affair"), *Cjdby,* June 19, 2011, http://lt.cjdby.net/thread-1163825-1-1.html. For the Videos, see "Nanian Natu Naxie Shier" (Year, Hare, Affair"), YouTube channel, www.youtube.com/channel/UCIyiOC9sDtnuZTVdZBU9bGw.
81. 雖然許多網民認為這張照片是在美國海軍小鷹號航艦(USS Kitty Hawk, CV-63)上拍攝，但這個照片集其中一張照片卻顯示其舷號是CV-61。
82. 針對劉華清在中共追求「航母夢」的角色，參見Andrew S. Erikson and Andrew R. Wilson, "China's Aircraft Carrier Dilemma," *Naval War College Review* 59, no. 4 (2006): 13-45. Also see Li Jun, "Cisheng Wukui 'Zhongguo Hangmu Zhifu,' Zhi Han Weineng Qinjian Zhongguo Hangmu Xiashui" ("He Is Worthy of Being Considered the 'Father of China's Aircraft Carrier,' His Only Regret Is Not Seeing China's Aircraft Carrier in Service"), *Yangzi Wanbao* (*Yangtse Evening News*),

January 15, 2011.

83. "Xinsuan Ah, Kanle Ni Jiu Mingbai Zhongguo Weishenme Yao Jian Hangma Le" ("So Bitter! You Will Understand Why China Needs an Air Carrier After Seeing this Picture"), *Mitbbs,* September 26, 2012, http:/www.mitbbs.com/article_t/Military/38453741.html.

84. See "[Heji] [Zhuan] Nanian Natu-Liaoning Jian" ("[Complied][Forwarded] Year, Hare-Carrier Liaoning"), *Newsmth,* September 27, 2012, www.newsmth.net/bbstcon.php?board=MilitaryJoke&gid=221488. 這篇貼文十分難得進入前十名清單，因為在軍事笑話版貼文通常只會吸引少數人觀看。

85. 「御宅族」(*Otaku*)是一個日本用詞，指的是那些整天窩在家裡，沉迷於日本動畫、卡通和電玩遊戲的人。

86. 「萌」(Moé)是一種與日本動漫次文化息息相關的想法。中國大陸的動漫粉絲和網民使用這個詞彙，係指特定形態的「可愛」或「俏皮」內容。

87. For instance, see "[Zhongbu Shisheng HGCG Meng Fanyi Xilie] 11 Qu Chanjing: Ji Er Shenme De Doushi Tubalu Wangtu Mabi Huangjun Douzhi de Guiji" ("[Headquarter Porn-Saint HGCG Moé Translation Serial"] Economic News from District 11: Talking about G2 Is Only a Scheme of the Eight Route Army to Lull the Will of Imperial Army"), *Cjdby,* November 16, 2009, http://lt.cjdby.net/thread-723428-1-1.

88. "Can't We All Just Get It On?" *Economist* 404, no. 8803 (2012): 54. 這篇文章大部分著墨於「釣魚島屬於中國；蒼井空屬於全世界」這個口號，該案例說明，對於那些將民族主義情緒和玩樂混在一起的流行行動主義者而言，並沒有太矛盾之處。

89. 類似訊息廣泛在網路上散播，參見Lubian Kuaixun: Ri Xiang Yetian Jiayan Timing Cangjing Kong wei Xinren Zhuhua Dashi" ("Roadside Express: Japanese Prime Minister Yoshihiko Noda Nominates Sora Aoi as New Ambassador to China"), *Tianya,* September 16, 2012, http://www.tianya.cn/publicforum/content/worldlook/1/565840.shtml.

90. Esarey and Xiao, "Political Expression in the Chinese Blogosphere"; Guobin Yang, "China Since Tiananmen: Online Activism," *Journal of Democracy* 20, no. 3 (2009): 33-36; Yang and Jiang, "The Networked Practice of Online Political Satire

in China."

91. Johan Lagerkvist, *After the Internet, Before Democracy: Competing Norms in Chinese Media and Society* (Bern, Switzerland: Peter Lang, 2010); Rongbin Han, "Defending the Authoritarian Regime Online: China's 'Voluntary Fifty-Cent Army,'" *The China Quarterly,* no. 224 (2015): 1006-25; Rongbin Han, "Manufacturing Consent in Cyberspace: China's 'Fifty-Cent Army,'" *Journal of current Chinese Affairs* 44, no. 2 (2015): 105-34.
92. Damm, "The Internet and the Fragmentation of Chinese Society"; Leibold, "Blogging Alone."
93. Guo, "Ruled by Attention."
94. Yang and Jiang, "The Networked Practice of Online Political Satire in China."
95. Meng, "From Steamed Bun to Grass Mud Horse," 35.
96. See "Shaojiang Zheme Meng, Nimen Buxu Chaoxiao Ta" ('Major Gernal Is So Moé, You Should Not Laugh at Him"), *Mitbbs,* March 26, 2012, www.mitbbs.com/article_t1/Miltiary/37501841_0_2.html. See also Shaojiang Zheme Meng, Nimen Buxu Zai Quxiao Ta" ("Major General Is So Moé, You Should Make Fun of Him"), *Tianya,* March 12, 2012, www.tianya.cn/publicforum/conten/free/1/2425719.shtml.
97. Liu Yiheng, "Ai Weiwei Zhen Mianmu: Wu Wan Yishu Jia-Wudu Juquan" ("Ai Weiwei's True Colors: A Five-Play Artist-Full of Evil"), *Wenweipo,* April 15, 2011. 《文匯報》雖然是一家香港報紙，但卻一直被視為是親共黨的媒體傳聲筒，亦參見Jin Yi, "Zhongguo Dangdai Yishujia Aiweiwei Zuopin 'Tonghua' Bei Zhi Chaoxi" ("Chinese Contemporary Artist Ai Weiwei's Work 'Fairy Tale' Charged with Plagiarism"), *Xinhua Net,* June 21, 2007, http://nwes.xinhuanet.com/shuhua/2007-06/21/content_6272614.htm; "Xifang Zongxiang Gei Zhongguo Fayuan 'Pi Tiaozi'" ("The West Always Wants to Issue Directives to the Chinese Court), *Global Times,* June 24, 2011. For a rebuttal, see Geremie R. Barmé, "A View on Ai Weiwei's Exit," *China Heritage Quarterly,* no. 26 (2011), www.chinaheritagequarrterly.org/articles.php?searchterm=026_aiweiwei.inc&issue=026.
98. See *Ai Weiwei Never Sorry,* directed by Alison Klayman (2012; United Expression Media).

99. See Meng Bingchun, "Mediated Citizenship or Mediatized Politics? Political Discourse on Chinese Internet" (paper presented at the 10th Annual Chinese Internet Research Conference, University of Southern California, Annenberg, Los Angeles, CA, May 21-22, 2012).

100. Lu Yang, "Ai Weiwei Hexie Yan Zhuizong Baodao" ("Follow-Up Reports on Ai Weiwei's River Crab Feast"), *VOA Chinese,* November 7, 2010, www.voachinese.com/content/article-20101107-ai-weiwei-106847008/772266.html. 艾未未本人在當時並未親自出席，因為他遭受軟禁。

101. Liu Qing, "Ai Weiwei Wangluo Xingwei Yishu Biaoda Yuanfen" ("Ai Weiwei Expresses Resentment Through Online Performance"), *Radio Free Asia,* July 7, 2009, www.rfa.org/mandarin/pinglun/teyuepinglun-07072009112454.html.

102. Andrew Jacobs, "Lawyer for Released Chinese Artist Seeks Review on Taxes," *New York Times,* June 29, 2011, www.nytimes.com/2011/06/30/world/asia/30artist.html?_r=1; "Ai Weiwei China Tax Bill Paid by Supporters," *BBC,* November 7, 2011, www.bbc.co.uk/news/world-asia-pacific-15616576.

103. See "Ai Weiwei Xuechang Cao Ni Ma Zhige" ("Ai Weiwei Learns to Sing The Song of the Grass Mud Horse"), YouTube video, 2:50, posted by "譯者", November 12, 2011, www.youtube.com/watch?v=oL57X4GcyTs.

104. "Yi Li Xiaolu Seqingpian Cang Liu Si Guanggao Wangshang Frengchuan" ("June 4 Ads Found in Suspected Li Xiaolu Sex Videos and Went Viral Online"), *DW News,* May 11, 2014, china.dwnews.com/news/2014-05-11/59470725.html. 在接受訪問時，溫氏宣稱他使用相同方法，透過流行歌手陳冠希性醜聞，在2008年散播天安門事件的紀錄片，參見"Shishi Dajiatan: Buya Shipin "Touliang Huanzhu', Duifu Baozheng Bushe Dixian?" (Roundtable on Politics: Infiltrating Sex Videos with Political Messages, No Bottom Line Fighting Against Tyranny?") *VOA,* May 14, 2014, ww.voachinese.com/a/1914392.hgml.

105. For the video clip, see www.flickr.com/photos/winterkanal/3967547911/, posted by "MotherLand_2," September 30, 2009.

106. See "Ai Weiwei: 'Cao Ni Ma Zuguo'—Tamen Zheyang 'Wenhou' Zuguo" ("Ai Weiwei: Grass Mud Horse Motherland-They Greet the Motherland in this Way"), *Dingsheng China,* October 4, 2009, http://top81.org/show.

php?f=1&t=879418&m=6002706. See also "Ai Weiwei Meiyou Shuoguo Cao Ni Ma Zuguo" ("Ai Weiwei Did Not Say "Grass Mud Horse Motherland""), *Mitbbs,* April 15, 2011, www.mitbbs.com/article_t/Miltiary/35644267.html.

107. See "Ai Weiwei Meiyou Shuoguo Cao Ni Ma Zuguo." 值得一提的是「wee wee」兩字是刻意使用。

108. 網民透過不斷互動會知道彼此的政治傾向。這個使用者經常且專門貼一些反對中共政權的文章。他過去每天都會貼馮正虎的報導，馮氏是一個從2009年11月到2010年1月因為中共當局拒絕讓他入境中國大陸，而被迫困在東京成田機場變成有家歸不得。在艾未未遭囚禁時，同一個使用者改變他的匿名貼上「我不是英雄；但我是英雄的金主」，以表達他曾捐錢給艾氏。

109. 這項政策被貼在版上最頂部，參見"Benban bu Huanying Zhengzhilei Ticai de Fei Xiaohua" ("This Board Does not Welcome Political Topics that Are not Funny"), *Mitbbs,* November 10, 2011, www.mitbbs.com/article_t2/Joke/32046745.html. 值得一提的是，為了避免審查壓力，中國大陸境內論壇也會以明示或暗示方式勸阻發表政治笑話，但此類「很難笑」標題是否引起使用者反感也很重要。

110. Lagerkvist, *After the Internet, Before Democracy.*

5

1. Xi Jinping, "Zai Quanguo Dangxiao Gongzuo Huiyi Shangde Jianghua" ("Talk at the National Party School Work Meeting"), *Qiushi,* April 30, 2016, www.qstheory.cn/dukan/qs/2016-04/30/c_1118772415.htm.

2. For instance, see Taylor C. Boas, "Weaving the Authoritarian Web: The Control of Internet Use in Nondemocratic Regimes," in *How Revolutionary Was the Digital Revolution: National Responses, Market Transitions, and Global Technology,* ed. John Zysman and Abraham Newman (Stanford, CA: Stanford University Press, 2006), 361-78; Eric Harwit and Duncan Clark, "Shaping the Internet in China:

Evolution of Political Control Over Network Infrastructure and Content," *Asian Survey* 41, no. 3 (2001): 377-408; Ronald Deibert et al., Ronald Deibert, John Palfrey, Rafal Rohozinski, and Jonathan Zittrain, eds., *Access Denied: The Practice and Policy of Global Internet Filtering* (Cambridge, MA: MIT Press, 2008); Ronald Deibert, John Palfrey, Rafal Rohozinski, and Jonathan Zittrain, eds. *Access Controlled: The Shaping of Power, Rights, and Rule in Cyberspace* (Cambridge, MA: MIT Press, 2010); Ronald Deiberrt, John Palfrey, Rafal Rohozinski, and Jonathan Zittrain, eds. *Access Contested: Security, Identity, and Resistance in Asian Cyberspace* (Cambridge, MA: MIT Press, 2011); Guobin Yang, *The Power of the Internet in China: Citizen Activism Online* (New York: Columbia University Press, 2009); Johan Lagerkvist, *The Internet in China: Unlocking and Containing the Public Sphere* (Lund, Sweden: Lund University Publications, 2007); Ashley Esarey and Qiang Xiao, "Political Expression in the Chinese Blogosphere," *Asian Survey* 48, no. 5 (2008): 752-72; Gary King, Jannifer Pan, and Margaret E. Roberts, "How Censorship in China Allows Government Criticism but Silences Collective Expression," *American Political Science Review* 107, no. 2 (2013): 1-18.

3. For instance, see Richard Rose, William Mishler, and Neil Munro, *Popular Support for an Undemocratic Regime: The Changing Views of Russians* (Cambridge: Cambridge University Press, 2011); Tianjian Shi, "Cultural Values and Political Trust: A Comparison of the People's Republic of China and Taiwan," *Comparative Politics* 33, no. 4 (2001): 401-19; Jie Chen and Bruce J. Dickson, *Allies of the State: China's Private Entrepreneurs and Democratic Change* (Cambridge, MA: Harvard University Press, 2010); Liangjiang Li, "The Magnitude and Resilience of Trust in the Center; Evidence from Interviews with Petitioners in Beijing and a Local Survey in Rural China," *Modern China* 39, no. 1 (2013): 3-36; Barbara Geddes and John Zaller, "Sources of Popular Support for Authoritarian Regimes," *American Journal of Political Science* 33. No. 2 (1999): 319-47; Wenfang Tang, *Populist Authoritarianism: Chinese Political Culture and Regime Sustainability* (New York: Oxford University Press, 2016); Bruce J. Dickson, *The Dictator's Dilemma: The Chinese Communist Party's Strategy for Survival* (New York: Oxford University Press, 2016); Teresa Wright, *Accepting Authoritarianism: State-Society Relations*

in China's Reform Era (Stanford, CA: Stanford University Press, 2010).

4. Andrew Nathan, "Authoritarian Resilience," *Journal of Democracy* 14, no. 1 (2003): 6-17; Xiaojun Yan, "Engineering Stability: Authoritarian Political Control Over University Students in Post-Deng China," *The China Quarterly,* no. 218 (2014); 493-513; Eva Bellin, "The Robustness of Authoritarianism in the Middle East: Exceptionalism in Comparative Perspective," *Comparative Politics,* 36, no. 2 (2004); 139-57; Steven Heydemann and Reinoud Leenders, "Authoritarian Learning and Authoritarian Resilience: Regime Responses to the 'Arab Awakening,'" *Globalizations* 8, no. 5 (2011): 647-53; Karrie J. Koesel and Valerie J. Bunce, "Diffusion-Proofing: Russian and Chinese Responses to Waves of Popular Mobilizations Against Authoritarian Rulers," *Perspectives on Politics* 11, no. 3 (2013): 753-68; Florian Toepfl, "Blogging for the Sake of the President: The Online-Diaries of Russian Governors," *Europe-Asia Studies* 64, no. 8 (2012): 1435-59.
5. Patricia Thornton, "Manufacturing Dissent in Transnational China: Boomerang, Backfire or Spectacle?" in *Popular Protest in China,* ed. Kevin J. O'Brien (Cambridge, MA: Harvard University Press, 2008), 179-204; Michael S. Chase and James C. Mulvenon, You've Got Dissent (Santa Monica, CA: RAND, 2002); Esarey and Xiao, "Political Expression in the Chinese Blogosphere"; Yang, *The Power of Internet in China.*
6. Jonathan Hassid, "Safety Valve or Pressure Cooker? Blogs in Chinese Political Life," *Journal of Communication* 62, no. 2 (2012): 212-30; Lijun Tang and Helen Sampson, "The Interaction Between Mass Media and the Internet in Nondemocratic States; The Case of China," *Media, Culture & Society* 34, no. 4 (2012): 457-71.
7. Li Gao and James Stanyer, "Hunting Corrupt Officials Online: The human Flesh Search Engine and the Search for Justice in China," *Information, Communication, & Society* 17, no. 7 (2014): 814-29.
8. Yongnian Zheng, *Technological Empowerment: The Internet, State, and Society in China* (Stanford, CA: Stanford University Press, 2008); Yongnian Zheng and Guoguang Wu, "Information Technology, Public Space, and Collective Action in

China," *Comparative Political Studies* 38, no. 5 (2005): 507-36.

9. Gary King, Jennifer Pan, and Margaret E. Roberts, "Reverse-Engineering Censorship in China: Randomized Experimentation and Participant Observation," *Science* 345, no. 6199 (2014): 1-10; King, Pan, and Roberts, "How Censorship in China Allows Government Criticism but Silences Collective Expression"; Rebecca MacKinnon, "China's Censorship 2.0: How Companies Censor Bloggers," *First Monday* 14, no. 2 (2009), http://firstmonday.org/article/view/2378/2089; Boas, "Weaving the Authoritarian Web"; Harwit and Clark, "Shaping the Internet in China"; Lena L. Zhang, "Behind the 'Great Firewall': Decoding China's Internet Media Policies from the Inside," *Convergence: International Journal of Research Into New Media Technologies* 12, no. 3 (2006): 271-91.
10. 中共當局要求的網路言論範圍有諸多漏洞，相關案例，參見Yang, *The Power of the Internet in China*; Esarey and Xiao, "Political Expression in the Chinese Blogosphere"; Lagerkvist, *The Internet in China,* See also chapter 2 of this book.
11. For instance, see David Barboza, "China Leader Encourages Criticism of Government," *New York Times,* January 27, 2011; Fareed Zakaria, "Interview with Wen Jiabao," *CNN Global Public Square,* October 3, 2010, http://transcripts.cnn.com/TRANSCRIPTS/1010/03/fzgps.01.html.
12. Ethan Zuckerman, "Cute Cats to the Rescue? Participatory Media and Political Expression," in *From Voice to Influence: Understanding Citizenship in a Digital Age,* ed. Danielle Allen and Jennifer S. Light (Chicago: University Press, 2015), 131-54.
13. See Gao and Stanyer, "Hunting Corrupt Officials Online"; Keith B. Richburg, "China's 'Netizens' Holding Officials Accountable," *Washington Post,* November 9, 2009, www.washingtonpost.com/wp-dyn/conten/article/2009/11/08/AR2009110818166_pf.html.
14. See Kevin J. O'Brien and Lianjiang Li, *Rightful Resistance in Rural China* (New York: Cambridge University Press, 2006); Peter Lorentzen, "Regularizing Rioting: Permitting Public Protest in an Authoritarian Regime," *Quarterly Journal of Political Science* 8, no. 2 (2013): 127-58.
15. Peter Lorentzen, "China's Strategic Censorship," *American Journal of Political*

Science 58, no. 2 (2014): 402-14; King, Pan, and Roberts, "How Censorship in China Allows Government Criticism but Silences Collective Expression"; King, Pan, and Roberts, "Reverse-Engineering Censorship in China."

16. Rachel E. Stern and Kevin J. O'Brien, "Politics at the Boundary: Mixed Signals and the Chinese State," *Modern China* 38, no. 2 (2011): 174-98.
17. Clay Shirky, "The Political Power of Social Media," *Foreign Affairs* 90, no. 1 (2011): 28-41.
18. Nathan, "Authoritarian Resilience"; Lorentzen, "China's Strategic Censorship."
19. China Internet Network Information Center, *Di 39 Ci Zhongguo Hulian Wangluo Fazhan Zhuangkuang Tongji Baogao* (*The 39th Statistical Report on Internet Development in China*), January 22, 2017.
20. Kathleen Hartford, "Dear Mayor: Online Communications with Local Governments in Hangzhou and Nanjing," *China Information* 19, no. 2 (2005): 217-60; Xia Li Lollar, "Assessing China's E-Government: Information, Service, Transparency and Citizen Outreach of Government Websites," *Journal of Contemporary China* 15, no. 46 (2006): 31-41; Jesper Schlæger, *E-Government in China: Technology, Power and Local Government Reform* (Abingdon, UK: Routledge, 2013).
21. See "Dali Jiaqiang Woguo Hulianwang Meiti Jianshe" ("Strengthen the Construction of Our Internet Media"), *People's Daily,* August 9, 2000.
22. See State Council Information Office and Ministry of Information Industry, *Hulian Wangzhan Congshi Dengzai Xinwen Yewu Guanli Zanxing Guiding* (*Interim Provisions for the Administration of News Publication by Internet Sites*), November 6, 2000; State Council Information Office and Ministry of Information Industry, *Hulianwang Xinwen Xinxi Fuwu Guanli Guiding* (*Administrative Provisions for Internet News Information Services*), September 25, 2005.
23. Tang Xujun, Wud Xinxun, Huang Chuxin, and Liu Ruisheng, eds., *Zhongguo Xinmeiti Fazhan Baogao No. 5* (*Annual Report on the Development of New Media in China, 2014*) (Beijing: Social Science Academic Press, 2014), 18-19.
24. Jesper Schlæger and Min Jiang, "Official Microblogging and Social Management by Local Governments in China," *China Information* 28, no. 2 (2014): 189-213;

Liang Ma, "The Diffusion of Government Microblogging," *Public Management Review* 15, no. 2 (2013): 288-309; Ashley Esarey, "Winning Hearts and Minds? Cadres as Microbloggers in China," *Journal of Current Chinese Affairs* 44, no. 2 (2015): 69-103; Nele Noesselt, "Microblogs and the Adaptation of the Chinese Party-State's *Governance* 27, no. 3 (2014): 449-68.

25. China Internet Network Information Center, *Di 39 Ci Zhongguo Hulian Wangluo Fazhan Zhuangkuang Tongji Baogao.*
26. Anne-Marie Brady, *Marketing Dictatorship: Propaganda and Thought Work in Contemporary China* (Lanham, MD: Rowman & Littlefield, 2008).
27. Yuezhi Zhao, "Toward a Propaganda/Commercial Model of Journalism in China? The Case of the Beijing Youth News," *International Communication Gazette* 58, no. 3 (1997): 143-57.
28. Daniela Stockmann, *Media Commercialization and Authoritarian Rule in China* (New York: Cambridge University Press, 2013); see also Daniela Stockmann and Mary E. Gallagher, "Remote Control: How the Media Sustain Authoritarian Rule in China," *Comparative Political Studies* 44, no. 4 (2011): 436-67.
29. Maria Repnikova, "Thought Work Contested: Ideology and Journalism Education in China," *The China Quarterly* (2017): 1-21, https://doi.org/10.1017/S0305741017000583.
30. Johan Lagerrkvist, "Internet Ideotainment in the PRC: National Responses to Cultural Globalization," *Journal of Contemporary China* 17, no. 54 (2008): 121-40.
31. See Chang Meng, "Xi's Cartoon Depiction Breaks Taboo," *Global Times,* February 20, 2014, www.globaltimes.cn/content/843632.shtml; "Li Joins Xi in Viral Cartoon Celebrity," *Global Times,* February 28, 2014, www.globaltimes.cn/content/845260.shtml. 這是中共當局首度公開出版最高領導人卡通影像，但像鄧小平等最高領導人的卡通畫在更早之前就已出現在非官方產製作品，參見Zhang Wu, "Lingdaoren Manhua Youxue Yourou, Baozhi Shichang Chuxian" ("Vivid Cartoon Images of Top Leaders Have Appeared in Newspapers Often"), *Xinwen Chenbao* (*Shanghai Morning Post*), February 20, 2014.
32. See "How Leaders Were Tempered?" YouTube video, 5:28, posted by "ministryoftofu," October 16, 2013, https://youtu.be/6BosGD5Bk98. 製作這段影片

的「復興路上工作室」並不知名。然而，中共中央電視臺總部原本是設在北京復興路。此外，「復興路」一詞也呼應中共當局所宣傳的中華民族復興大業。

33. 這段影片的結尾文字，「全民總動員一戰定乾坤的票決也好，中國功夫式的長期鍛煉，選賢任能也好，只要民眾滿意、國家發展、社會進步，這條路就算走對了。」

34. Youku Quanshijiao, "5 Fenzhong Xianqi Quanmin Da Taolun Lingdaoren Zheyang Liancheng" ("Five-Minute Video Inspired Nationwide Discussion, and This Is How Leaders Were Tempered"), Youku video, 3:47, posted by "Seven News," October 15, 2013, http://v.youku.com/v_show/id_XNjIzMTM4ODI0.html; "[Xi Da Pu Ben] Lingdaoren Shi Zenyang Liancheng De" ("[Exhilarating News that Everyone Is Celebrating and Spreading] How Leaders Were Tempered"), Youku video, 5:02, posted by "Fuxing Road," October 14, 2013, http://v.youku.com/v_show/id_XNjIxNTg1NzI0.html.

35. Johan Lagerkvist, *After the Internet, Before Democracy: Competing Norms in Chinese Media and Society* (Bern, Switzerland: Peter Lang, 2010), 122, and chapter 5.

36. Yanqi Tong and Shaohua Lei, "War of Position and Microblogging in China," *Journal of Contemporary* China 22, no. 80 (2013): 292-311; see also Xueyi Chen and Tianjian Shi, "Media Effects on Political Confidence and Trust in the People's Republic of China in the Post-Tiananmen Period," *East Asia* 19, no. 3 (2001): 84-118; Jiangnan Zhu, Jie Lu, and Tianjian Shi, "When Grapevine News Meets Mass Media: Different Information Sources and Popular Perceptions of Government Corruption in Mainland China," *Comparative Political Studies* 46, no. 8 (2012): 920-46.

37. Dexter Roberts, "Inside the War Against China's Blogs," *BusinessWeek,* June 12, 2008; Zhou Chunlin, "Jiekai Wangluo Tuishou Zhizao 'Zuimei Nüjiaoshi' Beihou Neimu" ("Uncovering How Internet Spin Doctors Crafted 'The Most Beautiful Female Teacher'"), *Xinhua Net,* July 28, 2007, http://news.xinhuanet.com/2007-07/28/content_6441463.htm; Zhang Shunhe, "Wangluo Tuishou Jiemi Chaozuo Neimu: Yige Fengjie Ke Fu Yige Tuandui" ("Internet Spin Doctor Discloses Inside Story of Spinning: A Sister Phoenix Can Make a Whole Group Rich"), *Sina,* April

15, 2010, http://tech.sina.com.cn/i/2010-04-15/11484061901.shtml; Kong Pu, "Jiemi Wangluo Weiji Gongguan" ("Deciphering Online Crisis Management"), *Xin Shiji Zhoukan* (*Century Weekly*) 304, no.28 (October 2008): 62-63. 帶風向戰爭往往會發生在市場競爭者之間，參見"The Chinese Dairy Wars," *EastSouthWestNorth Blog,* October 20-25, 2010, http://www.zonaeuropa.com/20101021_1.htm.

38. See David Streitfeld, "The Best Reviews Money Can Buy," *New York Times,* August 26, 2015.
39. Ron Deibert, "Cyberspace Under Siege," *Journal of Democracy* 26, no. 3 (2015): 64-78.
40. Tom Cahill, "Pro-Clinton Super PAC Spending $1 Million Hiring Online Trolls," *U.S. Uncut,* April 21, 2016, http://usuncut.com/politics/clinton-super-pac-busted/; Olga Khazan, "Russia's Online-Comment Propaganda Army," *Atlantic,* October 9, 2013, www.theatlantic.com/international/archive/2013/10/russias-online-comment-propaganda-army/280432/.
41. Chin-Fu Hung, "China's Propaganda in the Information Age: Internet Commentators and the Weng'an Incident," *Issues & Studies* 46, no. 4 (2010): 149-81.
42. Gary King, Jennifer Pan, and Margaret E. Roberts, "How the Chinese Government Fabricates Social Media Posts for Strategic Distraction, Not Engaged Argument," *American Political Science Review* 111, no. 3 (2017): 484-501.
43. Blake Andrew Phillip Miller, "Automatic Detection of Comment Propaganda in Chinese Media," *SSRN Electronic Journal,* 2016, 1-38, doi:10.2139/ssrn.2738325.
44. See "Shanxisheng Soupi Wangluo Bianji he Wangluo Pinglunyuan Peixunban Xueyuan Zhengshi Zai Bing Jieye" ("Commencement of the First Training Class of Internet Editors and Commentators of Shanxi Province"), *Jincheng News,* December 20, 2006, www.jcnews.com.cn/Html/guondongtai/2006-12/20/120854983.html.
45. 此舉類似史登(Rachel E. Stern)、歐布萊恩(Kevin J. O'Brien)兩人所主張「國家反應在社會的方法」，參見Stern and O'Brien, "Politics at the Boundary."
46. See "Jinian Tuoli Wumaodang Liang Zhounian" ("Memorial of the Two-Year Anniversary of Quitting the Fifty-Cent Army), *Mitbbs,* March 8, 2010, http://

mitbbs.com/article_t/NKU/31204643.html.

47. 學者對於國家宣傳的效果及其控制宣傳體系的能力有許多爭辯，參見Chen and Shi, "Media Effects on Political Confidence and Trust in the People's Republic of China in the Post-Tiananmen Period"; Stockmann, *Media Commercialization and Authoritarian Rule in China*; Sotckmann and Gallagher, "Remote Control"; David Shambaugh, "China's Propaganda System: Institutions, Processes and Efficacy," *China Journal,* no. 57 (2007): 25-58; John James Kennedy, "Maintaining Popular Support for the Chinese Communist Party: The Influence of Education and the State-Controlled Media," *Political Studies* 57, no. 3(2009): 517-36; Tong and Lei, "War of Position and Microblogging in China"; Lagerkvist, *After the Internet*; Maria Repnikova, *Media Politics in China: Improvising Power Under Authoritarianism* (Cambridge: Cambridge University Press, 2017); Jonathan Hassid, *China's Unruly Journalists: How Committed Professionals Are Changing the People's Republic* (New York: Routledge, 2015).
48. See "CCAV, Laozi Dong Fayu, Ni pian Gui Ah?" ("CCAV, Your Daddy Knows French, So You're Cheating the Ghost!"), *Huashang Forum,* March 28, 2011, http:/bbs.hsw.cn/a/t249/2677249.html. (CCAV是中國大陸網路評論員揶揄中央電視臺的稱呼，AV是色情片的意思。)
49. Hung, "China's Propaganda in the Information Age."
50. 依據2006年長沙年鑑內容，成立長沙網路評論員體系的工作原本應在2004年8月完成，參見Gong Jian, "Jiachi Sanjiehe, Zujian Wangluo Pinglunyuan Duiwu" ("Stick to the Three-in-One Combination and Establish the Troop of Online Commentators"), in *Changsha Yearbook 2006,* ed. Changsha Municipal Office of Local Chronicles (Beijing: Fangzhi Chubanshe, 2006), 55-56; "Zhongyang Jiwei Gaodu Zhongshi Wangluo Pinglun Gongzuo" ("Central Commission for Discipline Inspection Attaches Much Importance to Online Commentary Work"), *CCP Hubei Provincial Commission for Discipline Inspection,* January 1, 2005, www.hbjwjc.gov.cn/wzlm/info/18944.htm; David Bandurski, "China's Guerrilla War for the Web," *Far Eastern Economic Review* 171, no. 6 (July 2008): 41-44; Wen Yunchao, "Shouquan Fabu: Dalu Wangluo Pinglunyuan Jianru Gongzhong Shiye" ("Authorized Release: China's Internet Commentators Gradually Gaining

Public Sight"), *Zuiren Yiyu Blog,* July 17, 2007, https://wenyc1230.wordpress.com/2008/07/17/授權發布：大陸網路評論員漸入公眾視野/.

51. "Guanyu Nanchang, Changsha, Zhengzhou Xuanchuan Wenhua Gongzuo de Kaocha Baogao" ("Research Report on Propaganda and Cultural Work of Nanchang, Changshang, and Zhengzhou"), *CCP Hefei Municipal Committee Propaganda Department,* May 24, 2006, http://swxcb.hefei.gov.cn/ContentDir/20065/24124915293.shtml.
52. See Wen, "Shouquan Fabu."
53. 中共最大的石油與天然氣製造商中國石化集團透過網路帶風向手法，動員旗下員工支持油氣漲價是合理行為，參見Wang Xing, "Zhongshihua Beibao Zuizhi Renyuan zai Wangshang Xuanchuan Zhangjia Heli" ("Sinopec Exposed for Organizing Personnel to Justify Price Increase Online"), *Nanfang Dushibao* (*Southern Metropolis Daily*), February 13, 2011.
54. Zhang Lei, "Invisible Footprints of Online Commentators," *Global Times,* February 5, 2010, http://special.globaltimes.cn/2010-02/503820_2.html.
55. See Shandong University of Traditional Chinese Medicine, "Guanyu Jianli Shandong Zhongyiyao Daxue Wangluo Pinglunyuan Duiwu de Tongzhi" ("Circular on Establishing an Internet Commentator Troop at the Shandong University of Traditional Chinese Medicine"), November 27, 2008, http://xcb.web.sdutcm.edu.cn/htm/tz/646.html; Dingtao No. 1 Middle School, "Guanyu Zujian Dingtao Yizhong Wangluo Pinglunyuan Duiwu de Yijian ("Opinions on Establishing Internet Commentator Troops at Dingtao No. 1 Middle School"), December 21, 2009, www.sddtyz.cn/web/pro/detail.php?tid=1450; "'Dangxiao Zhendi' Wangpingyuan Guanli Banfa" ("Regulations on the Internet Commentator Management of the 'Party School Front'"), *Hengyang Party Building Net,* January 8, 2010, http://dx.hydjnet.gov.cn/News_View.asp?NewsID=28290; Chinese Communist Party Zhengding County Committee Propaganda Department, "Guanyu Zhaopin Hulianwang Wangluo Xuanchuan Pinglunyuan de Tongzhi" ("Circular on Recruiting Internet Commentators"), June 18, 2009, www.zd.gov.cn/ReadNews.asp?NewsID=12226&BigClassName=%B9%AB%B8%E6%C0%B8&SmallClassName=%B9%AB%B8%E6%C0%B8&SpecialID=0.

56. Observation at the First Conference of National Campus Bulletin Board System Managers, Suzhou, Jiangsu Province, October 23-25, 2009.
57. Qiao Long, "Heike Baoguang Wumao Shujuku Dangju Jiankong Yuqing Fenbu Zhuangkuang" ("Hacker Exposes Database of the 'Fifty-Cent Army' and How Authorities Monitor Public Opinion"), *Radio Free Asia,* May 20, 2015, www.rfa.org/mandarin/yataibaodao/renquanfazhi/ql1-05202015101938.html.
58. Chinese Communist Youth League Central Committee Office, "Wangluo Xuanchuanyuan DuiWu Jianshe Tongzhi" ("Circular on Establishing an Internet Propaganda Troop"), March 19, 2014.
59. See Wen, "Shouquan Fabu." 這篇文章清楚說明網路評論員的訓練方式。
60. Hong Yanqing, "Woqu Shouci Zuzhi Wangpingyuan Peixun" ("Our District Organizes Its First Internet Commentator Training"), *Jinri Jiangdong* (*Jiangdong Today*), October 27, 2009. For more examples, see Fuyang Public Health Bureau, "Woshi Weishengji Jianzhi Wangpingyuan Shanggang" ("Part-Time Internet Commentators of the Public Health Bureau in Position"), *Fuyang Public Health Bureau Website,* September 7, 2009, http://wsj.fuyang.gov.cn/zwdt_8848/2009090722664.shtml.
61. For instance, see "Wangpingyuan Jishu Fudao Tigang" ("Technical Training Outline for Internet Commentators"), *Hengyang Party Building Net,* January 8, 2010, http://dx.hydjnet.gov.cn/News_View.asp?NewsID=28291.
62. See "'Dangxiao Zhendi' Wangpingyuan Guanli Banfa."
63. For instance, see "Zhejiang Zaixian 'Shijia Banzhu, Shijia Boke, Shijia Wangpingyuan' Pingxuan Huodong" ("Selection of the Top Ten Board Managers, Top Ten Bloggers, and Top Ten Internet Commentators of Zhejiang Online"), *Zhejiang Online Community,* October 14, 2008, http://bbs.zjol.com.cn/zjolbbs/system/2008/10/14/010026334.shtml; "Dangwang 2009 Niandu Youxiu Tongxunyuan, Shida Wangpingren' Pingxuan, Huanying Toupiao" ("Please Vote for Outstanding Correspondents and the Top Ten Internet Commentators of Party Web in 2009), *July 1st Community,* January 22, 2010, http://71bbbs.people.com.cn/viewthread.php?tid=118294.
64. See "Zhonggong Zhengding Xianwei Xuanchuanbu Guanyu Zhaopin Hulianwang

Wangluo Xuanchuan Pinglunyuan de Tongzhi."

65. See Hung, "China's Propaganda in the Information Age."
66. See Rongbin Han, "Manufacturing Consent in Cyberspace: China's 'Fifty-Cent Army,'" *Journal of Current Chinese Affairs* 44, no. 2 (2015): 119-21.
67. Chen Liangqiu, "Guifan Yindao Liucheng, Zhuangda Wangping Duiwu" ("Standardize Opinion Guidance Procedures and Strengthen the Internet Commentating Troops"), *Zhongguo Xinwen Chuban Bao* (*China Press and Publishing Journal*), June 24, 2008.
68. Hou Lei, "Poor Construction Blamed for Shanghai Building Collapse," *China Daily,* June 30, 2009, www.chinadaily.com.cn/china/2009-06/30/content_8338226.htm.
69. 工業和信息化部在2009年曾欲要求所有個人電腦製造商預先安裝「綠壩」(Green Dam)軟體,用於濾除色情及其他「不應有」內容。這項政策後來變成一場公關災難,參見Andrew Jacobs, "China Requires Censorship Software on New PCs," *New York Times,* June 8, 2009; Rebecca Mackinnon, 'The Green Dam Phenomenon: Governments Everywhere Are Treading on Web Freedoms," *Wall Street Journal,* June 18, 2009, http://online.wsj.com/article/SB12425992051023961.html.
70. Zhou Kai, "Shanghai Putuoqu Chengguan Guren Baoli Zhifa Shijian Diaocha" ("Investigation of Violent Law Enforcement by Agents Hired by Putuo District Urban Management in Shanghai"), *China Youth Online,* July 3, 2009, http://zqb.cyol.com/content/2009-07/03/content_2739631.htm.
71. Qian Yanfeng, "Shanghai Residents fight forced Demolitions," *China Daily,* February 26, 2010, www.chinadaily.com.cn/china/2010-02/26/content_9506528.htm. 該報導宣稱事實上這不是一起自焚事件。相反地,這名抗議者當時是以汽油彈攻擊拆除小組。
72. 某位駕駛人在上海浦東區遭到查緝非法計程車的交通隊人員陷害。此人非常生氣,所以將自己一隻手指頭切下來證明清白。後續調查發現,當地交通隊就是使用這種「入人於罪」的執法方式,在兩年內累積數百萬人民幣的罰款。針對此一議題的報導綜合整理,參見"The Shanghai Illegal Cab Entrapment Case," *EastSouthWestNorth Blog,* October 17-27, 2009, www.zonaeuropa.

com/20091025_1.htm. See also Bao Qian, "Shanghai Shizhengfu Jieru Diaoyu Zhifa Shijian, Lüshi Shenqing Xinxi Gongkai" ("Shanghai Municipal Government Steps in Illegal Cab Entrapment Case, and Lawyer Asks for Information Disclosure"), *Legal Daily* (*Fazhi Ribao*), October 19, 2009.

73. See "Gewei Wangpingyuan Zhuyi: Jinji Renwu!!!" ("Attention Online Commentators, Urgent Task!!!"), *Red Net Forum,* October 9, 2008, http://bbs.rednet.cn/a/a.asp?B=339&ID=13937127.

74. See "Hengyangshi Xuanchuan Zhanxian 'Jiefang Sixiang Dajiatan' Taolun Zhuantie" ("Hengyang Municipal Propaganda Branch 'Big Discussion on Liberating Thoughts' Special Thread"), *Red Net Forum,* September 22, 2008, http://bbs.rednet.cn/a/a.asp?B=339&ID=13937127. 在2011年2月26日最後一次查閱時，這項貼文總共有1,155個評論。值得一提的是，這些評論所使用語言都帶著強烈宣傳意味。

75. Zhanggong District Internet Propaganda Office, "Shi Wenqing Zhongguo Ganzhou Wang Zaixian Fangtan" ("Shi Wenqing's Online Interview with China Ganzhou Net"), internal email communication, January 16, 2014, 12:24 AM.

76. "Cao Guoxing, Guanzhong Kuibao: Zhanggongqu Wangxinban XinXiang Baoguang Wumao Yunzuo Jizhi" ("Zhanggong District Cyberspace Administration Email Leakage Reveals How the 'Fifty-Cent Army' Operates"), *Radio France Internationale,* May 12, 2014, www. chinese.rfi.fr/中國/20141205-管中窺豹：章貢區網信辦信箱曝光五毛運作機制。

77. "Shanghai Shangxueyuan Wangxuan Duiwu Fadong Weibo Zhuanfa Pinglun Qingkuang" ("Shanghai Business College Internet Propaganda Team's Efforts to Forward and Comment on Weibo"), leaked internal email, December 13, 2014, 11:22 PM.

78. "Shanghai Shifan Daxue 'Guojia Gongjiri' Xuezi Zhiyuxing Huodong Canyu Qingkuang" ("Shanghai Normal University 'National Memorial Day' Student Awareness and Engagement Activity Report"), leaked internal email, December 13, 2014 9:26 PM; "Woxiao Shouge 12.13 Guojia Gongjiri Daonian Huodong Zongjie Shanghai Yiyao Gaodeng Zhuanke Xuexiao" ("The First December 13 National Memorial Day Activity Report by the Shanghai Institute of Health Sciences"),

leaked internal email, December 16, 2014, 10:22 AM; "Shanghai Caijing Daxue Wangxuanyuan Canyu Tuanzhongyang Gongjiri Huodong Qingkuang" ("The Shanghai University of Finance and Economics Internet Propaganda Team's Participation in the Chinese Communist Youth League Central Committee's National Memorial Day Campaign"), leaked internal email, December 13, 2014, 9:36 PM; "Huashida Gongjiri Huodong Zongjie" ("East China Normal University National Memorial Day Activity Report"), leaked internal email, December 13, 2014, 9:37 PM.

79. 這則微博貼文是在2014年12月12日下午2:43貼上網站，其所獲得的最後一則評論是在2014年12月16日下午2:39，顯示學生評論員評論的時間剛好是4天。

80. 很少人會為網際網路評論員系統辯護，但某些訪談者認為這是少數良性影響的其中一點。Interview RBJ 2010-39，2010年5月21日訪談某位北京前論壇使用者及觀察員；interview RBJ 2010-40，2010年5月21日訪問北京某位資淺媒體學者；interview RBE 2011-58，2011年5月28日訪談柏克萊大學某位大陸學者。

81. Zhang Lei, "Wumaodang de Wangluo Jianghu ("The Cyberspace Rivers and Lakes of the Fifty-Cent Party"), *Changcheng News Digest* (Changcheng Yeubao), no. 9 (2010).

82. Interview RBJ 2009-18, Interview RBJ 2009-19, and Interview RBJ 2009-20，2009年10月21日訪問北京多位校園論壇管理員。

83. "Hukou Xian Guanyu Dui 'Zhongwei Huagong Tuoqian Yuangong Gongzi' Yuqing de Huifu Shuoming" ("Hukou County on the Response to the Public Opinion Event of Arrears of Wages by Zhongwei Chemical Company"), internal e-mail communication to the Internet Propaganda Office of Jiujiang Prefecture, January 27, 2014, 3:17 AM.

84. Chinese Communist Youth League Central Committee Office, "Wangluo Xuanchuanyuan Duiwu Jianshe Tongzhi."

85. Chinese Communist Youth League Central Committee Office, "Gongqingtuan Zhongyang Guanyu Guangfan Zujian Qingnian Wangluo Wenming Zhiyuangzhe Duiwu, Shenru Tuijin Qingnian Wangluo Wenming Zhiyuan Xingdong de Tongzhi" ("Chinese Communist Youth League Central Committee Office Circular on Widely Establishing a Youth Internet Civilized Volunteers Troop and Deeply

Promoting Youth Internet Civilized Action"), February 16, 2015.

86. King, Pan, and Roberts, "How the Chinese Government Fabricates Social Media Posts for Strategic Distraction."
87. Ibid.
88. Haifeng Huang, "Propaganda as Signaling," *Comparative Politics* 47, no. 4 (July 2015): 419-37.
89. Zhang, "Wumaodang de Wangluo Jianghu."
90. See "Zhongguo Gansu Chengren Zujian Wumaodang, Beipi Niuqu Minyi" ("China's Gansu Province Admits Establishing Fifty-Cent Army and Is Criticized for Distorting Public Opinion"), *Voice of America,* January 24, www.voachinese.com/a/china-20100124-82548812/460017.html.
91. Interview RBJ 2009-15，2009年9月21日訪談北京某位學生網路評論員。
92. Ann Florini, Hairong Lai, and Yeliing Tan, *China Experiments: From Local Innovations to National Reform* (Washington, DC: Brookings Institution Press, 2012).
93. Zhang, "Wumaodang de Wangluo Jianghu."
94. "Shanxisheng Shoupi Wangluo Bianji he Wangluo Pinglunyuan Peixunban Xueyuan Zhengshi Zai Bing Jieye."
95. "Gansu Jiang Jian 650 Ren Wangping Duiwu Tixi" ("Gansu Province Will Set Up an Internet Commentator Troop with Six Hundred Members"), *Nanfang Dushibao* (*Southern Metropolis Daily*), January 20, 2010; Cai Xiaoquan, "Suqian 26 Wangpingyuan Jin Shanggang" ("Twenty-six Internet Commentators in Position Today"), *Yangzi Wanbao* (*Yangtse Evening Post*), April 29, 2005.
96. Liao Jingwen and Yao Wenjun, "Guangdong Jiang Zaijian Wanren Wangluo Yuqing Yindaoyuan Tuandui" ("Guangdong Will Establish Another Ten Thousand-Member Public Opinion Guidance Troop"), *Netease,* February 21, 2012, http://news.163.com/12/0221/05/7QOTQNCA0001124J.html.
97. Tong and Lei, "War of Position and Microblogging in China."
98. Zhang, "Invisible Footprints of Online Commentators."
99. Kenneth Lieberthal and David M. Lampton, eds., *Bureaucracy, Politics, and Decision Making in Post-Mao China* (Berkeley: University of California Press,

1992); Andrew Mertha, "'Fragmented Authoritarianism 2.0': Political Pluralization in the Chinese Policy Process," *The China Quarterly,* no. 200 (2009): 995-1012.

6

1. See *Tiananmen: The Gate of Heavenly Peace,* directed by Richard Gordon and Carma Hinton (Boston: Long Bow, 1995). For a complete transcript of the documentary, see www.tsquare.tv/film/transcript.html.
2. Johan Lagerkvist, After the Internet, Before Democracy: Competing Norms in Chinese Media and Society (Bern, Switzerland: Peter Lang, 2010).
3. Yonggang Li, *Women de Fanghuoqiang: Wangluo Shidai de Biaoda Yu Jianguan* (*Our Great Firewall: Expression and Governance in the Era of the Internet*) (Nanning: Guangxi Normal University Press, 2009).
4. See Fang Tang, "Zhengzhi Wangmin de Shehui Jingji Diwei yu Zhengzhi Qingxiang: Jiyu Qiangguo he Maoyan de Tansuoxing Fenxi" ("Political Netizens' Socioeconomic Status and Political Orientations: Exploratory Research on Qiangguo and Maoyan Forums"), *China Media Report* 8, no. 3 (2009): 96-107.
5. Xu Wu, *Chinese Cyber Nationalism: Evolution, Characteristics, and Implications* (Lanham, MD: Lexington, 2007); Simon Shen and Shaun Breslin, eds., *Online Chinese Nationalism and China's Bilateral Relations* (Lanham, MD: Lexington, 2010); Peter Gries, "Chinese Nationalism: Challenging the State?" *Current History* 104, no. 683 (2005): 251-56; James Leibold, "More than a Category: Han Supremacism on the Chinese Internet," *The China Quarterly,* no. 203 (2010): 539-59.
6. Min Jiang, "The Coevolution of the Internet, (Un) Civil Society, and Authoritarianism in China," in *The Internet, Social Media, and a Changing China,* ed. Jacques DeLisle, Avery Goldstein, and Guobin Yang (Philadelphia: University of Pennsylvania Press, 2016), 28-48.

7. Adrian Rauchfleisch and Mike S. Schäfer, "Multiple Public Spheres of Weibo: A Typology of Forms and Potentials of Online Public Spheres in China," *Information, Communication & Society* 18, no. 2 (February 24, 2015): 139-55.
8. 辛優漢主張，「只要網路匿名性及網路使用仍比離線世界自由，就可以將其視為促成規範改變的制度與文化形式，進而澈底改變中共走向其最終境地——建立包容性民主制度。」參見Lagerkvist, *After the Internet,* 39.
9. 某些使用者會在半夜提出一些政治敏感主題，不僅在於避免審查，還能很快登上前十大名單，因而創造比特定版面更大影響力。
10. 許多論壇容許使用者擁有多個帳號。最常使用的帳號被稱為主要ID，其他帳號則稱為幽靈帳號或外掛。幽靈帳號經常用於決定前十大清單及其他BBS網站活動，導致主要BBS網站必須改變限制外掛ID使用的規則。例如，「北大未名」(Bdwm)和「水木社區」(NewSmth)都將前十大排名的方式，從以ID為主改成以IP為主，因為後者造假難度要高得多。此外，兩大網站現在都要求使用者不能擁有超過3個ID。然而，在沒有嚴格貫徹實名制登記的情況下，論壇實際上根本無法阻止使用者使用外掛帳號。
11. See Yongnian Zheng, *Technological Empowerment: The Internet, State, and Society in China* (Stanford, CA: Stanford University Press, 2008).
12. 商業帶風向的活動在中國大陸網路空間十分氾濫。事實上，企業經營者都在如「豬八戒網」(zhubajie.com)等群眾外包平臺，僱人從事商業帶風向活動。國營媒體集團一直強力批評此種現象，參見Jing Xiaolei, "The Business of Manipulation," *Beijing Review* 54, no. 2 (2011): 18-19; interview RBJ 2010-36，2010年5月6日，訪談北京某個大型商業網站的論壇管理員。
13. See Yongshun Cai, "Disruptive Collective Action in the Reform Era," in *Popular Protest in China,* ed. Kevin J. O'Brien (Cambridge, MA: Harvard University Press, 2008), 163-78; Yongshun Cai, *Collective Resistance in China: Why Popular Protests Succeed or Fail* (Stanford, CA: Stanford University Press, 2010).
14. See Michael S. Chase and James C. Mulvenon, *You've Got Dissent* (Santa Monica, CA: RAND, 2002), 1. 異議團體包含法輪功、支持新疆和西藏獨立的活動分子，以及民主運動分子等，這些人都被中共當局視為陰謀破壞者。
15. 即便今日，法輪功消息來源的貼文仍會遭到許多論壇的反對，即便這些貼文並沒有被禁止。中共當局的詆毀以及法輪功與外國勢力支持的關連性，都是造成這種反感的原因，另外的原因是本章所討論法輪功公關作為造成的反撲。

16. Chase and Mulvenon, *You've Got Dissent.*
17. 這封電子郵件是在2010年12月6日收到。
18. 某些網民懷疑這篇貼文原本就來自法輪功人士。例如，某位「愛卡汽車」(Xcar)使用者回復，「操，又是法輪功分子嗎？」參見 www.xcar.com.cn/bbs/viewthread.php?tid=13568953&extra=&showthread=&page=2. 某位「寬帶山」(KDS)使用者也說，「內容看起來很像是法輪功團體寫的。」參見http://club.pchome.net/thread_1_15_5957312.html. 不同於「愛卡汽車」，多數使用者都表示懷疑。
19. See "[Kaozheng] Yige Liuchuan le Hao Jinian de Huanghua Tie" ("[Investigation] A Rumor that Circulated for Years"), *Ccthere,* January 28, 2010, www.ccthere.com/topic/2690660#C2690660.
20. 在2011年初，有一篇標題為「舊照片：五毛一起吃飯」的貼文被登在「水木社區」(NewSmth)的軍事笑話版上，其中一些照片來自「中國民主黨」美國總部的第四屆便餐飯局。這篇貼文聲稱，照片中有一個人是活躍的網路帶風向者(「王主任」)，並透過比較美國和中國大陸政府建築物指控其捏造該貼文，參見"Laotu: Wumeifen Kaifan le" ("Old Pictures: Five-Cents Dinging Together"), *NewSmth,* January 1, 2011, www.newsmth.net/bbscon.php?bid=1031&id=125689.
21. See "Comment on False Web Postings Regarding RAND Work on China," *RAND Corporation,* October 4, 2010 (revised January 20, 2012), www.rand.org/news/announcements/2012/01/20.html.
22. Interview RBJ 2010-32，2010年4月22日訪談北京某位入口網站高層主管。
23. Henry Chiui Hail, "Patriotism Abroad: Overseas Chinese Students' Encounters with Criticisms of China," *Journal of Studies in International Education* 19, no. 4 (January 12, 2015): 311-26.
24. See Cecilia Kang, "Secretary Clinton Dines with High-Tech Titans to Talk Diplomacy," *Washington Post,* January 11, 2010, http://voices.washingtonpost.com/posttech/2010/01/sec_clinton_dines_high-tech_ti.html; Hillary Rodham Clinton, "Remarks on Internet Freedom," *U.S. Department of State,* January 21, 2010, https://2009-2017.state.gov/secretary/20092013clinton/rm/2010/01/135519.htm.
25. Jeremy Page, "What's He Doing Here? Ambassador's Unusual Protest Cameo," *Wall Street Journal,* February 23, 2011, http://on.wsj.com/17d6nlq. 關於中國大

陸網民反應，參見"Tuwen + Shipin Baoliao: Meiguo Dashi Qinfu Wangfujing Wei 'Dailu dang' Zhuwei Daqi!" ("Text, Pictures, and Video Reports: The U.S. Ambassador Showed Up on Wangfujing Street to Encourage 'Road-Leading Party!'"), *April Youth Community,* February 23, 2011, http://bbs.m4.cn/viewthread.php?tid=301579&rpid=4155507&ordertype=0&page=30#pid4155507.

26. 洪博培(Jon Huntsman)在2012年南卡羅萊那州共和黨總統辯論會上提出這段說法。中國大陸網民的反應，參見"Wokao, Hong Peibo Huochuqu le" ("Holy Shit! Huntsman Has Thrown Caution to the Wind"), *Mitbbs,* November 15, 2011, www.mitbbs.com/article_t/Military/36740857.html; "Hong Bopei-Meiguo Jiang, Jiezhu Zhongguo Wangmin de Liliang lai Jikui Zhongguo" ("Jon Huntsman: The U.S. Will Topple China with Assistance from Chinese Netizens"), *Newsmth,* November 15, 2011, www.newsmth.net/bbstcon.php?board=MilitaryJoke&gid=174754; "Hong Peibo: Women Yao he Zhongguo Neibu de Mengyou Yiqi Yindao Zhongguo de Biange" (Jon Huntsman: We Should Guide China's Reform with Allies Inside China"), *Ccthere,* November 15, 2011. www.ccthere.com/article/3610243.
27. Wei Cheng, "Shui shi Xizang Saoluan Zhong de Shujia?" ("Who Loses in the Tibet Riots?"), *Financial Times Chinese,* March 31, 2008, www.ftchinese.com/story/001018283.
28. 這個平臺後來變成一個名為「四月青年媒體」(m4.cn)更大更廣的民族主義網站。
29. 據Anti-CNN.com網站內容，此類媒體管道包含bild.de、n-tv.de、rtlaktuell.de、N24、《華盛頓郵報》、《福斯新聞網》等。
30. 《美國有線電視新聞網》(CNN)裁剪了一張照片，將其中西藏人對卡車丟石頭的那一半畫面消去。
31. 《柏林晨報》(*Berliner Morgenpost*)和《英國廣播公司》(BBC)都誤將救護車當成警車。
32. YouTube網站據說曾降低一個名為「西藏過去、現在和將來都屬於中國一部分」中國民族主義影片的點閱率。
33. Liang Wendao, "Zai Fanhua Langchao yu Kuangre Minzu Zhuyi Zhijian" ("Between China-Bashing and Frenetic Nationalism"), *University Students Online,* April 27, 2008, www.univs.cn/newweb/univs/hust/2008-04-27/837018.html.

34. "What Do You Really Want from Us?" *Washington Post,* May 18, 2008.
35. "Zongjie Pian——Du Mark A. Jones he Zangdu Bianlun Yougan" ("Summary: Reflections After Reading How Mark A. Jones Debated with Tibet Independence Supporters"), *Mitbbs,* April 21, 2008, www.mitbbs.com/pc/pccon_2306_36397.html.
36. See "Lingqu Buzhu Shouxu Liucheng [4 Yue 24 Ri Gengxin Zanzhu Jipiao Feiyong $ 11777.41 Meiyuan Juankuan]" ("Procedure to Claim the Subsidies [April 24 Update: Donated Airfare Funding $11,777.41]"), *Mitbbs,* April 8, 2008, www.mitbbs.com/article_t/SanFrancisco/31296057.html.
37. 卡佛帝在2008年4月9日的CNN「戰情室」節目中提出這個說法。此一說法引起對CNN的離線抗議，後來CNN正式道歉，參見David Pierson, "Protesters Gather at CNN," *Los Angeles Times,* April 20, 2008, http://articles.latimes.com/print/2008/apr/20/local/me-cnn20; Matthew Moore, "CNN Apologises to Chinese Over Host's 'Goons and Thugs' Outburst," *Telegraph,* April 16, 2008, www.telegraph.co.uk/news/worlnews/1895792/CNN-apologises-to-Chinese-over-hosts-goons-and-thugs-outburst.html.
38. "Wang Dan zai Fating Chengren: Shoudao Chen Shui-Bian de 40 Wan Meiyuan" (Wang Dan Confesses in Court: He Received US$400,000 from Chen Shui-bian"), *Mitbbs,* April 15, 2011, www.mitbbs.com/article_t/Military/35644205.html; "Wang A-Dan Na le Chen A-Bian 40 Wan Meijin" ("Wang A-Dan took US$400,000 from Chen A-Bian), *Mitbbs,* April, 2011, http://www.mitbbs.com/article_t/Military/35642545.html.
39. 這個帳號就是他的網路暱稱「Liu 300」。事實上，「未名空間」(Mitbbs)軍事版附了一個剪貼文(附在頁面上方的貼文)名為「美國國家民主基金會2009年亞洲專案重點」，直到2011年4月29日前都未刪文。
40. 諷刺的是，這個機制在中國大陸以外地區的論壇較為普遍，部分原因在於中共當局禁止這些團體存在於「防火長城」內。
41. See Wang Juntao, Twitter post, March 1, 2011, 1:32 AM, http://twitter.com/#!/juntaowang/status/42472321251942401.
42. 網民後來發現，那是想要透過爭議性話題吸引注意力的某個團體所使用帳號。這並不影響本書的分析，因為關鍵並非言論本身，而是其人氣。

43. 這個訊息被轉發至本書觀察的所有論壇，包含「西西河中文網」(Ccthere)、「四月青年媒體」(m4.cn)、「未名空間」(Mitbbs)、「水木社區」(NewSmth)和「天涯社區」(Tianya)等，亦參見"Tuwen + Shipin Baoliao"; "Haishi Kankan Ranxiang de Dianjing Zhiyu" ("Let's See Ranxiang's Perceptive Comments Again"), *Ccthere,* February 24, 2011, https://www.ccthere.com/article/3298313.
44. See Ranxiang's microblog, "Chupai de Xuewen" ("The Art of Positioning in A Card Game"), *Sina Weibo,* February 22, 2011, http://t.sina.com.cn/1671042153/5KD0VOr8xB9.
45. See Ranxiang's microblog, "Kandao Dajia zai Zhuipeng Ranxiang de Zhili Mingyan" ("I Saw People Following Ranxiang's Words of Wisdom"), *Sina Weibo,* February 22, 2011, http://t.sina.com.cn/1654592030/60L0VOrqCZg.
46. 天安門這部紀錄片對於柴玲的形象造成負面影響。許多人相信她和一些人的頑固才導致共軍鎮壓。
47. 針對貼標籤大戰的更多討論，參見後續討論，尤其是表6.1。
48. See Wusuonanyang's microblog, "Wo dui Qingnian men Zhuiqiu Minzhu de Yongqi Biaoshi Zanshang" ("I Admire the Young People for Their Courage to Pursue Democracy"), *Sina Weibo,* February 22, 2011, http://t.sina.com.cn/1671042153/5en0VNP4PI. 然而這篇貼文在2011年11月14日重新閱覽時已被刪除。
49. See "The Impact of a Celebrity Microblogger," *EastSouthWestNorth Blog,* January 29, 2011, http://www.zonaeuropa.com/201101a.brief.htm#037. 寧氏本人深感懊悔並決定盡量避免觸及政治主題，參見Yang Tingting, "Ningcaishen: Aiji Nashier Huisi Wo le!" ("Ningcaishen: That Egypt Thing Really Ruined Me!"), *Economic Observer,* February 17, 2011, www.eeo.com.cn/Business_lifes/wenhua/2011/02/17/193600.shtml.
50. See "Xiang Zhidao Yulun, Zhenxiang Zenme Zaochulai he Chuanbo de me?" ("Do You Want to Know How Public Opinion and Truth Are Fabricated and Circulated?"), *Newsmth,* January 29, 2011, www.newsmth.net/bbstcon.php?board=MilitaryJoke&gid=129800.
51. See Li Chengpeng's microblog, http://t.sina.com.cn/1189591617/5en0TsZ7hN6; see also "The Biggest Corruption Case in American History," *EastSouthWestNorth*

Blog, February 12, 2011, http://www.zonaeuropa.com/201102a.brief.htm#029.

52. "Wumanlanjiang Jiancai Meihua Miguo Tanfu An Bei Jiechuan Dalian" ("Wumanlanjiang's Face Slapped for Cropping and Beautifying Corruption Case in the U.S.), *jinbushe.org,* February 13, 2011, http://xinu.jinbushe.org/index.php?doc-view-2757.

53. 某些網民稱「南方集團」為「南方蜥」，參見"Shenshou Xinpian; Nanfang Xi" ("New Holy Animals: Southern Lizard"), *Ccthere,* April 14, 2010, www.ccthere.com/article/2841932. 依據網民在類似維基百科的「互動百科」網站上所產製的一筆資料，南方蜥生活在馬勒戈壁(音似中文髒話)的「騰訊叢林」。南方蜥的鱗片會改變顏色以偽裝自己。它們會以「普世、普世」的聲音(取笑普世價值)吸引昆蟲和小動物。這種聲音吸一種名為「菁」蠅(與中文菁英的「菁」同音)的飛蟲。南方蜥還有一種特殊能力。當它遇到掠食者時，可以驅使像菁蠅等小昆蟲對掠食者進行攻擊，而自己就逃之夭夭。南方蜥的利齒有劇毒，且喜歡喝「柿油」(與中文「自由」諧音)。因此有人就煮柿油來引誘南方蜥，並威脅不喜歡柿油的人說南方蜥會咬死他們，參見 "Nanfang Xi" (Southern Lizard), *Hudong Wiki,* last updated on December 12, 2012, http://www.hudong.com/wiki/南方蜥。

54. 這點呼應辛優漢認為《南方周末》是帶動中國大陸探索性報導的主要動力之觀察，參見Lagerkvist, After the Internet, Chapter 3.

55. Interview RBE, 2011-54，2011年2月11日訪談加州柏克萊大學某位南方都市報記者。許多媒體從業人員也顯現出類似傾向。參見interview RBE 2008-02, 2008年訪談柏克萊大學某位廣州日報報業集團前記者；interview RBJ 2009-08，2009年2月9日訪談北京某位前記者；interview OBE 2010-52，2010年9月4日電話訪談某位曾擔任中央電視臺記者的傳播學院資淺教職員。關於關鍵記者的研究，參見Maria Repnikova, *Media Politics in China: Improvising Power Under Authoritarianism* (Cambridge: Cambridge University Press, 2017); Jonathan Hassid, *China's Unruly Journalists: How Committed Professionals Are Changing the People's Republic* (New York: Routledge, 2015); H. Christoph Steinhardt, "From Blind Spot to Media Spotlight: Propaganda Policy, Media Activism and the Emergence of Protest Events in the Chinese Public Sphere," *Asian Studies Review* 39, no. 1 (2015): 119-37; David Bandurski and Martin Hala, eds., *Investigative Journalism in China: Eight Cases in Chinese Watchdog Journalism* (Hong Kong:

Hong Kong University Press, 2010).

56. 此類衝突案例，參見"Lüshi Zhangxian: Nanfang ZM Quan Women Busha Yao Jiaxin" ("Lawyer Zhang Xian: *Southern Weekend* Tries to Persuade Us Not to Pursue Yao Jiaxin's Death Penalty"), *Newsmth,* April 12, 2011, http://www.newsmth.net/bbstcon.php?board=Reader&gid=495482.
57. Liu Yuan, "[Zhongguo Bu Gaoxing]: Zuofen de Huanghun" ("China is Unhappy: the Coming Doomsday of the Shit Leftists"), *Liu Yuan's Blog Sanjiaquan Ye You Xiangchou,* April 10, 2009, http://sohuliuyuan.blog.sohu.com/114075956.html.
58. See Sichuan Xiaoqi, "You Zhihui de Wangyou Zongjie: Nanfang Zhoumo: Buxu Shuo Meiguo Huaihua" ("Summary by Wise Netizens: *Southern Weekend:* We Don't Allow You to Say Anything Bad About the U.S."), *April Youth Community,* November 18, 2011, http://bbs.m4.cn/thread-324443-1-1.html.
59. 相關案例，參見"Tengxun Shexian Paozhi Jia Xinwen: Sanpian Bolan Zongtong Zhuiji Fangtan Yidoucongsheng" ("Tencent Allegedly Fabricated Facts: Three of Its Interviews on Polish President's Plane Crash Are Suspicious"), *Cjdby,* April 12, 2010, http://lt.cjdby.net/thread-906493-1-1.html; "Lian ge Bolan Zongtong Zhuiji Dou Youren Nong Jia Xinwen" ("Someone Fabricated Facts on Polish President's Plane Crash"), *Newsmth,* April 13, 2010, www.newsmth.net/bbstcon.php?board=MilitaryJoke&gid=87874.
60. 「開天窗」意指讓某個頁面空白，隱喻內容遭到審查，相關報導，參見Chris Buckley, "China Demotes Editor After Obama Interview: Sources," *Reuters,* December 13, 2009, www.reuters.com/article/2009/12/13/us-obama-china-sensorship-idUSTRE5BC0BM20091213.
61. 相關案例，參見"Yao Jiaxin Sixing Ji Yicheng Dingju Meiti Qiuqing Beiju" ("Yao Jiaxin's Death Penalty Is Almost Certain, Media's Plea for Forgiveness Was Rejected"), *KDS Community,* April 20, 2011, http://club.kdslife.com/t_6249691_0_0.html.
62. 該畫面已從原出處遭到刪除(weibo.com/2105744042)。有關民族主義反應的案例，參見"Dailu Dang, Yige Exin de Qunti" ("The Road-Leading Party: A Sick Group of People"), *Tiexue Shequ* (*The Iron and Blood Community*), December 10, 2011, http://bbs,tiexue.net/post2_5628039_1.html.

63. See "Biantai Laojiang Zhenshi Xiaoshun Ah, Kaulai Weiguann Laojiang Gei Wolao Gaode Mudi" ("The Psychopathic Laojiang Is So Filial-Hearted: Come and Have a Look at the Graveyard Laojiang Built for Me"), *Mitbbs,* April 20, 2011, http://www.mitbbs.com/article_t/Military/35674583.html.

64. "Yiding Yao Daji Yaoyan Beihou de Laojiiang, Minyun, Dailu Dang" (We Must Strike Old Generals, Democratic Activists, and the Road-Leading Part Behind Those Rumors"), *Mitbbs,* May 6, 2012, http://www.mitbbs.com/article/Military/35464931_3.html.

65. 某些使用者曾彈劾中國新聞版的某位版主，因為他們相信此人根本就是老將冒名頂替的。

66. 「防火長城」內部與外部論壇最大差別在於討論範圍，諸如法輪功和1989年民主運動等禁忌話題在海外論壇可以自由討論(不論是譴責或是讚揚)，但國內論壇就不行。

67. Yong Hu, *Zhongsheng Xuanhua: Wangluo Shidai de Geren Biaoda Yu Gonggong Taolun* (*The Rising Cacophony: Personal Expression and Public Discussion in the Internet Age*) (Nanning: Guangxi Normal University Press, 2008).

68. "Shuiyao Zaigei Xiao Riben Juankuan, Wo Duo le Tal (Zhuanzai)" ("Whoever Donates to the Japanese, I will Chop!" (forwarded), *Mitbbs,* March 29, 2011, www.mitbbs.com/article_t/Stock/33405813.html; "Zhongguo Juanzeng Bengche Hou Riben Wangmin de Fanying" ("Reactions from Japanese Netizens After China Donates Pump Vehicles to Japan"), *China Net Forum,* March 22, 2011, http://club.china.com/data/thread/1011/2723/93/31/8_1.html; "[Shishi Jujiao] Zhongguo Bengche Zao Baiyan" ("[News Focus] Japanese Disdained Pump Vehicles Donated by China" (forwarded), *Tianya,* March 24, 2011, http://www.tianya.cn/publicforum/content/worldlook/1/333008.shtml; "Riben Wangmin Ruhe Pingjia Zhongguo Juankuan?" ("How Japanese Netizens Responded to Chinese Donations"), *Baidu Tieba Shenzhen Ba,* March 19, 2011, http://tieba.baidu.com/f?kz=1029009252.

69. 中共當局與媒體菁英已喪失對於外在世界傳播資訊的獨占權力，此種情況對於形塑其他國家及中國大陸本身的大眾認知至為關鍵(更廣義就是傳播「事實」的權力)，參見Haifeng Huang and Yao-Yuan Yeh, "Information from Abroad: Foreign Media, Selective Exposure and Political Support in China," *British Journal of*

Political Science (2017): 1-26, https//doi.org/10.1017/S0007123416000739.

70. 這並非唯一運作中的機制。在地震發生的時候，某些網民就提議不要幫助日本，原因在於雙方過去不愉快的歷史記憶，參見"Xiezai He Chen'ai Shangwei Luoding de Shike" ("At this Time when Nuclar Dust Is Still in the Air"), *Ccthere,* March 15, 2011, https://ccthere.com/article/3326816. 這篇貼文最後有超過3,000名「追隨者」(顯示支持的符號)，使其成為該網站建立以來第三高點閱率貼文。
71. See "Xiezai He Chen'ai Shangwei Luoding de Shike"; "Shuiyao Zaigei Xiao Riben Juankuan."
72. "Google Fangyan Tuichu Zhongguo, Xilali Yeshi Muhou Tuishou?" ("Google Declares Withdrawal from China; Is Hillary Also Pushing Behind the Scenes?"), *April Youth Community,* January 14, 2010, http://bbs.m4.cn/thread-217242-1-1.html; "Google Shitu Yaoxie Zhongguo? Baigong Shitu Zhengzhihua Google?" ("Is Google Attempting to Blackmail China? Is the White House Attempting to Politicize Google?"), *April Youth Community,* January 13, 2010, http://bbs.m4.cn/thread-217168-1-1.html. 類似貼文可能也在「西西河中文網」(Ccthere)、「未名空間」(Mitbbs)、「水木社區」(Newsmth)和「天涯社區」(Tianya)等流傳。
73. "Yuanlai Gougou Yijing Bangjia le Yixie Guoren~" ("So Google Has Already Hijacked Some of Our Compatriots"), *Ccthere,* January 13, 2010, http://www.ccthere.com/article/2654701.
74. "Meicuo, Wo Shi Maiban, Wo Shi Jing, Wo Shi Diguozhuyi Fang Zhongguo de Diwu Zhongdui" ("Alright! I Am a Comprador. I Am Elite. I Am a Fifth-Column Agent Planted in China by Imperialists"), *Ccthere,* January 13, 2010, http://www.ccthere.com/articlle/2654783.
75. "Kuai Yinian le, Huitou Kankan Zhiqian Ziji Fa de Zhepian Tiezi, Yi You Shenme Fenlu Gan le" ("Almost a Year Later, When I Read this Post Again, I Am no Longer Angry"), *Ccthere,* December 27, 2010, http://www.ccthere.com/article/3222301. 這可能是大多數小網站管理員都支持谷歌的原因。
76. Lagerkvist, *After the Internet,* 265-67.
77. 這個機制呼應黃海峰的研究。黃氏發現中國大陸人民對於政府的態度取決於其對別的國家之觀感，參見Haifeng Huang, "International Knowledge and Domestic Evaluations in a Changing Society: The Case of China," *American Political*

Science Review 109, no. 3 (2015): 613-34.

78. 相關案例，參見Anthony G. Wilhelm, "Virtual Sounding Boards: How Deliberative Is Online Political Discussion?" *Information, Communication & Society* 1, no. 3 (1998): 313-38; Lincoln Dahlberg, "Rethinking the Fragmentation of the Cyberpublic: From Consensus to Contestation," *New Media & Society* 9, no. 5 (2007): 827-47; Cass R. Sunstein, *Infotopia: How Many Minds Produce Knowledge* (New York: Oxford University Press, 2006).

7

本章內容大部分取自《捍衛網路威權政權：中國大陸「自帶乾糧的五毛黨」》乙文。Reprinted with permission from *The China Quarterly*, no. 224 (2015): 1006-25.

1. Guobin Yang, "The Internet and the Rise of a Transnational Chinese Cultural Sphere," *Media, Culture & Society* 24, no. 4 (2003): 469-90.
2. Min Jiang, "The Coevolution of the Internet, (Un)Civil Society, and Authoritarianism in China," in *The Internet, Social Media, and a Changing China,* ed. Jacques DeLisle, Avery Goldstein, and Guobin Yang (Philadelphia: University of Pennsylvania Press, 2016), 28-48; Rongbin Han, "Withering Gongzhi: Cyber Criticism of Chinese Public Intellectuals," *International Journal of Communication,* forthcoming.
3. Johan Lagerkvist, *The Internet in China: Unlocking and Containing the Public Sphere* (Lund, Sweden: Lund University Publications, 2007), 151. 辛優漢引用吉特林(Todd Gitlin)所提出的概念，"Public Sphere or Public Sphericules?" in *Media, Ritual and Identity,* ed. Tamar Liebes and James Curran (London: Routledge, 1998), 68-174.
4. 一些優質的著作，參見Bingchun Meng, "Moving Beyond Democratization: A

Thought Piece on the China Internet Research Agenda," *International Journal of Communication* 4 (2010): 501-8; Bingchun Meng, "From Steamed Bun to Grass Mud Horse: E Gao as Alternative Political Discourse on the Chinese Internet," *Global Media and Communication* 7, no. 1 (2011): 33-51; Paola Voci, *China on Video: Smaller-Screen Realities* (Abingdon, Oxon: Routledge, 2010); Christopher G. Rea, "Spoofing (E'gao) Culture on the Chinese Internet," in *Humour in Chinese Life and Culture,* ed. Jessica Milner Davis and Jocelyn Chey (Hong Kong: Hong Kong University Press, 2013), 149-72; David Kurt Herold and Peter Marolt, "Online Society in China: Creating, Celebrating, and Instrumentalising the Online Carnival," *Media, Culture and Social Change in Asia* (Abingdon, Oxon: Routledge, 2011).

5. Jens Damm, "The Internet and the Fragmentation of Chinese Society," *Critical Asian Studies* 39, no. 2 (2007): 273-94.
6. 相關案例，參見Yongnian Zheng, *Technological Empowerment: The Internet, State, and Society in China* (Stanford, CA: Stanford University Press, 2008); Guobin Yang, "The Co-evolution of the Internet and Civil Society in China," *Asian Survey* 43, no. 3 (2003): 124-41; Guobin Yang, "How Do Chinese Civic Associations Respond to the Internet? Findings from a Survey," *The China Quarterly,* no. 189 (2007): 122-43; Guobin Yang, *The Power of the Internet in China: Citizen Activism Online* (New York: Columbia University Press, 2009); Lagerkvist, *The Internet in China*; Yong Hu, *Zhongsheng Xuanhua: Wangluo Shidai de Geren Biaoda Yu Gonggong Taolun* (*The Rising Cacophony: Personal Expression and Public Discussion in the Internet Age*) (Nanning: Guangxi Normal University Press, 2008).
7. Evgeny Morozov, *The Net Delusion: how Not to Liberate the World* (London: Penguin, 2011); Bruce Bimber, "Information and Political Engagement in America: The Search for Effects of Information Technology at the Individual Level," *Political Research Quarterly* 54, no. 1 (2001): 53-67; Dietram A. Scheufele and Matthew C. Nisbet, "Being a Citizen Online: New Opportunities and Dead Ends," *Harvard International Journal of Press/Politics* 7, no. 3 (2002): 55-75.
8. 辛德曼(Matthew Hindman)運用連網密度的網路流量及分享數作為有效代理

數據，參見Matthew Hindman, *The Myth of Digital Democracy* (Princeton, NJ: Princeton University Press, 2009), 56.

9. Barry Wellman and Milena Gulia, "Net-Surfers Don't Ride Alone: Virtual Communities as Communities," in *Networks in the Global Village: Life in Contemporary Communities,* ed. Barry Wellman (Boulder, CO: Westview, 1999), 331-66.
10. Kevin A. Hill and John E. Hughes, *Cyberpolitics: Citizen Activism in the Age of the Internet* (Lanham, MD: Rowman & Littlefield, 1998).
11. Anthony G. Wilhelm, "Virtual Sounding Boards: How Deliberative Is Online Political Discussion?" *Information, Communication & Society* 1, no. 3 (1998): 313-38.
12. Lincoln Dahlberg, "The Internet and Democratic Discourse: Exploring the Prospects of Online Deliberative Forums Extending the Public Sphere," *Information, Communication & Society* 4, no. 4 (2001): 615-33; Lincoln Dahlberg, "Computer-Mediated Communication and the Public Sphere: A Critical Analysis," *Journal of Computer-Mediated Communication* 7, no. 1 (2001): 0; Lincoln Dahlberg, "Rethinking the Fragmentation of the Cyberpublic: From Consensus to Contestation," *New Media & Society* 9, no. 5 (2007): 827-47.
13. Cass R. Sunstein, *On Rumors: How Falsehoods spread, Why We Believe Them, What Can Be Done* (New York: Farrar, Straus and Giroux, 2009), 7. See also Cass R. Sunstein, *Infotopia: How Many Minds Produce Knowledge* (New York: Oxford University Press, 2006).
14. Damm, "The Internet and the Fragmentation of Chinese Society"; James Leibold, "Blogging Alone: China, the Internet, and the Democratic Illusion?" *The journal of Asian Studies* 70, no. 4 (2011): 1023-41.
15. Cuiming Pang, "Self-Censorship and the Rise of Cyber Collectives: An Anthropological Study of a Chinese Online Community," *Intercultural Communication Studies* VXII, no. 3 (2008): 57-76.
16. See Fang Tang, "Zhengzhi Wangmin de Shehui Jingji Diwei yu Zhengzhi Qingxiang: Jiyu Qiangguo he Maoyan de Tansuoxing Fenxi" ("Political Netizens' Socioeconomic Status and Political Orientations: Exploratory Research on

Qiangguo and Maoyan Forums"), *China Media Report* 8, no. 3 (2009): 96-107. 唐氏一開始從兩個論壇的使用者取樣，接著透過追蹤並編排其網路貼文方式，以分析這些人的政治取向。

17. Yuan Le and Boxu Yang, "Online Political Discussion and Left-Right Ideological Debate: A Comparative Study of Two Major Chinese BBS Forums" (paper presented at the 7th Annual Chinese Internet Research Conference, University of Pennsylvania, Philadelphia, PA, May 27-29, 2009). 兩人都從網路貼文取樣，這或許解釋為何「貓眼看人」的左右派比例沒有像唐氏的研究那麼明顯。右派網民因為在貼文方面較不積極，因此人數可以被低估。
18. James Leibold, "More Than a Category: Han Supremacism on the Chinese Internet," *The China Quarterly,* no. 203 (2010): 539-59; Peter Gries, "Chinese Nationalism: Challenging the State?" *Current History* 104, no. 683 (2005): 251-56; Simon Shen and Shaun Breslin, eds., *Online Chinese Nationalism and China's Bilateral Relations* (Lexington Books, 2010); Xu Wu, *Chinese Cyber Nationalism: Evolution, Characteristics, and Implications* (Lanham, MD: Lexington, 2007).
19. Johan Lagerkvist, *After the Internet, Before Democracy: Competing Norms in Chinese Media and Society* (Bern, Switzerland: Peter Lang, 2010), 14.
20. 相關案例，參見Hill and Hughes, Cyberpolitics; Wilhelm, "Virtual Sounding Boards"; Fang Tan, "Zhengzhi Wangmin de Shehui Jingji Diwei yu Zhengzhi Qingxiang"; Le and Yang, "Online Political Discussion and Left-Right Ideological Debate."
21. Susan Shirk, *China: Fragile Superpower* (New York: Oxford University Press, 2007); Rebecca MacKinnon, "China's 'Networked Authoritarianism,'" *Journal of Democracy* 22, no. 2 (2011): 32-46; Chin-fu Hung, "China's Propaganda in the Information Age: Internet Commentators and the Weng'an Incident," *Issues & Studies* 46, no. 4 (2010): 149-81; Gary King Jennifer Pan, and Margaret E. Roberts, "How the Chinese Government Fabricates Social Media Posts for Strategic Distraction, Not Engaged Argument," *American Political Science Review* 111, no. 3 (2017): 484-501; Blake Andrew Phillip Miller, "Automatic Detection of Comment Propaganda in Chinese Media," *SSRN Electronic Journal,* 2016, 1-38, doi:10.2139/ssrn.2738325.

22. Dahlberg, "The Internet and Democratic Discourse," 618.
23. 這個貶抑的暱稱來自異議分子余杰所著的一本書名。他流亡海外，中國大陸亦禁止該書在境內流通，參見Yu Jie, *Zhongguo Yingdi Wen Jiabao* (China's Best Actor: Wen Jiabao), (Hong Kong: New Century, 2010). See also Michael Wines, "China Seeks to Halt Book That Faults Its Prime Minister," *New York Times,* July 7, 2010.
24. Yang, "The Internet and the Rise of a Transnational Chinese Cultural Sphere," 471.
25. 「意外傷亡者」並非單一面向性。多位受訪者表示自己都被同時貼上「五毛黨」和「美分黨」(U.S. cent)的標籤。Interview OBJ 2009-05， 2009年1月3日線上訪談資深論壇使用者與版主；interview RBJ 2009-11，2009年8月23日在北京訪談某位資深論壇使用者與資淺經濟學教職員；interview RBJ 2010-33，2010年4月23日在北京訪談某位傳媒學生；interview RBJ 2010-35，2010年5月6日在北京訪談某位BBS資深使用者與觀察家。
26. Zhang Lei, "Invisible Footprints of Online Commentators," *Global Times,* February 5, 2010, http://special.globaltimes.cn/2010-02/503820.html. 這篇報告引用張勝軍所寫的文章，張氏主張西方媒體在散播該名詞方面具關鍵地位。由於這篇文章，張氏也多次被貼上五毛黨的標籤，參見Zhang Shengjun, "Wumao Dang' de Maozi Neng Xiazhu Shui?" ("Who Will Be Intimidated by Being Labeled as Fifty-Cent Army?"), *Netease,* January 20, 2010, http://news.163.com/10/0120/16/5TG1UTRM00012GGA.html.
27. 如第四章內容所述，暱稱往往顯示其與共黨的親密程度，因為對自帶乾糧的五毛黨而言，正是因為黨的草根性本質，才能拉近共產黨和人民的距離。
28. See "Guanyu 2000 Nian-2005 Nian Renkou Zengzhhang de Linglei Jieshi" ("An Alternative Explanation to Population Growth from 2000 to 2005"), *Ccthere,* March 7, 2007, http://www.ccthere.com/article/996699.
29. Andy Yinan Hu, "The Revival of Chinese Leftism Online," *Global Media and Communication* 3, no. 2 (2007): 233-38.
30. 這兩個標籤通常都是刻意且具諷刺性的拼錯字，所以才會分別變成「精蠅」和「公蜘」。
31. 這些網民並不盡然一定支持審查。即便某些網民相信網路言論應該加以規範，但許多人只是認為「自由網際網路」是一個不切實際的想法。諷刺的是，這種想法並非完全沒有根據。事實上，如果西方世界可以因為顧慮恐怖主義或公共安全而進行網路控制，為何中共不能基於維穩或國家利益的理由進行審查？參見Ronald J. Deibert, John Palfrey, Rafal Rohozinski, and Jonathan Zittrain, eds., *Access Controlled: The Shaping of Power, Rights, and Rule in Cyberspace* (Cambridge, MA: MIT Press, 2010), 4-5.

32. 這篇貼文寫道，「我記得在汶川大地震之後，許多人跳起來怒吼，中國地震局完全失能，而且黨中央也是，因為他們無法預測地震發生，這些人主張像日本等國家都有先進科技準確預測地震！他們……會攻擊任何膽敢說地震無法預測的人！那這次發生在日本的地震又該怎麼說呢？……我就看他們怎麼解釋？」參見"Dangnian Wenchuan Dizhen Shi Naxie Yubao Dang Ne?? Wo Jintian Lai Dalian Le" ("Where Are Those Earthquake Forecasters After the Wenchuan Earthquake? I am Going to Face-Slap Today"), *Cjdby,* March 12, 2011, http:/lt.cjdby.net/threat-1090661-1-1.html; see also "Qiguai, Riben de Dizhen Xuejia Zenme Ye Yubao Buliao Dizheng Ah" ("Is It strange That Japanese Seismologists Could Not Forecast an Earthquake Either?"), *Tianya,* March 11, 2011, http://www.tianya.cn/publicforum/content/free/1/2114334.shtml.

33. "Nanfang Riwu Zhoukan Pinming wei Riben Dizhen Biaoxian Xidi" ("*Southern People Weekly* Is Trying Its Best to Justify Japan's Behaviors After the Earthquake"), *jinbushe.org,* March 31, 2011, http://xinu.jinbushe.org/index.php?doc-view-4740.html; "Nanfang Zhoumo: Di Luan Le, Xin Que Bu Luan, Zai Da Zhenzhai Li Du Riben" (*Southern Weekend:* "The Earth Is a Mess, The Heart Isn't: Read About Japan's Disastrous Earthquake"), *NewSmth,* March 17, 2011, www.newsmth.net/bbstcon.php?board=MilitaryJoke&gid=139829; "Chaoxiao Guizi Dizhen de, Dou Yinggai Qukan Zuixin de Nanfang Renwu Zhoukan" ("All Those Laughing at the Japanese Earthquake Should Read the Latest Issue of *Southern People Weekly*"), *NewSmth,* March 26, 2011, www.newsmth.net/bbstcon.php?board=MiliitaryJoke&gid=141451.

34. 殲星艦是在科幻小說中所描述的一種強大太空武器載臺，不存在於現實世界，參見"Ah, Buyao Piaofu de Haishang Guanchai, Women Yao Jianxing Jian" ("Ah, No Floating Coffin on the Sea, We Want a Star Destroyer"), *Ccthere,* August 9, 2011, http://www.ccthere.com/article/3528859.

35. 稱中共航空母艦為鐵棺材的大有人在，相關案例，參見"Meiguo Zhuangjia: Dalu Hangmu Shige 'Tie Guanchai', Taiwan Wuxu Danxin" ("American Experts: Mainland's Aircraft Carrier Is an Iron Coffin, Taiwan Should Not Worry"), *Global Times Online,* October 19, 2011, http://taiwan.huanqiu.com/taiwan_military/2011-10/2096184.html.
36. 這個法輪功經常使用的標語，係基於傳統政治信仰中，天然災難就是代表上天對於不正當或無能統治者的憤怒。
37. 許多網民(及異議分子)將2008年汶川大地震歸咎於三峽大壩興建計畫，參見Li Ping, "Sanxia Gongcheng Hui Shengtai, Yuanshi: Daba Jiancheng Dizhen Duo" ("Three Gorges Project Damages the Ecology, Chinese Academy of Sciences Academic: More Earthquakes to Come After Dam Constructed"), *Epoch Times,* June 9, 2011, www.epochtimes.com/gb/11/6/9/n3280858.htm; "1992 Nian Sanxia Shuiku Kaijian shi Fanduipal de Beitan, Rujin Sanxia Zhishang Zhende Yingyan le" ("Sigh of Someone Who Opposed Three Gorges Project in 1992, and now Worries Are Becoming Real"), *Tianya,* May 21, 2011, www.tianya.cn/publicforum/content/free/1/2169063.shtml.
38. See "Niuyue Dazhen, Tianmie Zhonggong" ("New York Shakes and Heaven Condemns the Chinese Communist Party"), *Mitbbs,* August 23, 2011, www.mitbbs.com/article_t/Joke/31999563.html. 除了標題本身外，這個貼文只有一行字：「一切都是三峽壩害的。」
39. 「國民黨粉」是在嘲笑那些支持1949年前統治中國的國民黨網民。「真相黨」指的是那些宣稱找到中國共產黨銷毀歷史事實的網民。這兩群人都有扭曲共產黨統治正當性之目的。
40. "Muhaogu," Liuyan de Cuihuawu: Diaoyu yu Zhengwei" ("Catalyst for Rumor: Fishing and Falsification"), *Jianghuai Chenbao* (*Jianghuai Morning Post*), January 7, 2011.
41. 這篇貼文的標題是「高鐵：悄悄開啟群發性地質災害的魔盒。」原貼文已被刪除，相關參考，參見"[Taolun] Gaotie: Qiaoqiao Kaiqi Qunfaxing Dizhi Zhaihai de Mohe" ("[Discussion] High-Speed Rail Quietly Opening a Pandora's Box of Geological Disasters"), *Songshuhui Sciences Forum,* September 12, 2010, http://songshuhui.net/forum/viewthread.php?tid=14993. 就算連「張拾遺」這個角色也是

直接的諷刺詞，「拾邁」就是「十英哩」，至於「萬里」等於10,000里。「里」是中國大陸的度量單位，等於半公里。

42. "Chuan Zhongguo Dizhi Bushihe Jian Gaotie, Zhongkeyuan Cheng Xi Yaoyan" ("Rumors Say China's Geological Conditions Not Suitable for High-Speed Rail, Chinese Academy of Sciences Refutes Claim as Groundless"), *Netease,* October 31, 2011, http://news.163.com/10/1031/11/6KAR20VS0001124J.html.

43. Zhang Lihua and Zhang Li, "Gaotie 'Zizhu Chuangxin' Zhimi" ("The Myth of the 'Self-Reliant Innovation' of High-Speed Rail"), *Diyi Caijing* (*China Business Network*), July 29, 2011, www.yicai.com/news/2011/07/970535.html. 引述「張拾邁教授」的內容在遭到網民批評後就從連結被移除。但直到2017年4月20日，引述內容原本文章仍可在以下連結看到：http://finance.qq.com/a/20110729/000413.htm.

44. See Xinhuashe Wen Jing's microblog, http://weibo.com/1461830555/xivWBzQ9Z. 在遭到批評之後，這名部落客刪除這篇文章並宣稱「她無法認同刪文的理由。」網民認為這種說法只是找藉口掩飾，並將自己說成是國家審查的受害者。更多內容，參見"Jiao Nimen Ya de Hai Diaoyu" ("You Guys Fishing Again!"), *NewSmth,* August 13, 2011, http://www.newsmth.net/bbstcon.php?board=RailWay&gid=719820.

45. 既有趣又諷刺的是，許多自帶乾糧的五毛黨事實上並不認同國家宣傳。他們通常和其他反對者一起批評中央電視臺、人民日報及其他官媒，以及整個國家宣傳體系。在他們眼中，宣傳官員不論技術上和思想上都已被西方世界擊敗，並無法有效與人民溝通。

46. See "Xiaobaitu de Guangrong Wangshi" ("The Glorious Past of the Little White Bunny"), *Cjdby,* February 24, 2011, http://lt.cjdby.net/threat-1066806-1-1.html.

47. See "Jingli guo Haiwan, Yinhe, Taihai, 58, Zhuangji, Gunzi, Jingli guo BKC Mantianfei de Toushinian de Xiongdi tou TMD Jinlai ya" ("Come in! Brothers Lived Through the Gulf War, Yinhe Incident, Strait Crisis, May 8th Incident, Air Collision, J-10, and the Ten Years When the Sky Was Full of BKC!"), *Cjdby,* January 11, 2011, http://lt.cjdby.net/thread-1048839-5-1.html. 這篇文章喚起一連串歷史事件的記憶，除了殲-10戰機外，所有事件都被愛國網民認為是奇恥大辱。波灣戰爭曝露出中共與美國之間的科技落差，讓中國大陸人民大感震驚。銀河

號事件則是1993年美「中」對峙，因為美國海軍懷疑中共貨櫃輪銀河號可能運送化學武器給伊朗，將其截停於國際水域達3週。美國與沙烏地阿拉伯聯合搜查未果，經證實指控不實後，仍拒絕道歉。「海峽危機」是指1995至1996年臺海危機，當時美國的干預行動被視為粗暴侵犯中共主權。「5月8日事件」(58事件)則是美國空軍於1999年轟炸中共駐貝爾格勒大使館。「空中碰撞」則是2001年美國EP3-E電偵機與中共殲-8II型戰機空中相撞事件，造成中共飛行員喪生。殲-10是中共自製第三代戰機，代表中共在迎頭趕上最新軍事科技上的重大成就。「BKC」意指「白色內褲」(白褲衩)，係投降之意，因為「白內褲」象徵白旗。相對的「HKC」意指「紅色內褲」(紅褲衩)，指的是自信和驕傲。

48. 網民喜歡這個曲調的其中一個原因是他們瞭解所有隱含的意義。就方法論而言，這是長期從事網路民族誌工作獲得回報的一個例證。

49. See "The Surrounding Gaze," *China Media Project,* January 4, 2011, http://cmp.hku.hk/2011/01/04/9399/; "Zhongguo Hulianwang 16 Nian: Weiguan Gaibian Zhongguo" (Sixteen Years of China's Internet: Onlooking Changes China"), *Xin Zhoukan* (*New Weekly*), no. 22 (November 2010); and Wang Xiuning, "Weibo Zhili Shidai Shida Shijian: Weiguan Gaibian Zhongguo ("Top Ten Big Events in the Era of Microblog Governance: Onlooking Changes China"), *Shidai Zhoubao* (*Time Weekly*), November 29, 2010.

50. 相關案例，參見貼文的回復"Mao Huijian Riben Shehui Dang Weiyuangzhang Zuozuomu Gengshan" ("Mao Meeting Japan Socialist Party Chairman Sasaki Kouzou"), *Ccthere,* April 5, 2009, http://www.ccthere.com/article/2118383.

51. See "[Wenzhai Jizhang] BBC: Yizhang Zhaopian Yong Banian, Yushijujin Hao Bangyang" ("[Account-Keeping Digest]: BBC Uses the Same Photo for Eight Years, Good Example for Keeping Pace with the Times"), *Ccthere,* August 1, 2008, www.ccthere.com/article/1717029.

52. 這並不代表自帶乾糧的五毛黨真的比他們的對手更能掌握正確事實或更理性。但他們會在言論中強調事實和理性。針對中共當局及其批評者如何在內容控制上爭取誰才是「事實」的有趣研究，參見Li Shao, "The Continuing Authoritarian Resilience Under Internet Development in China: An Observation of Sina Micro-Blog" (master's thesis, University of California, Berkeley, 2012), 1-51, http://oskicat.berkeley.edu/record=b21909970~S1.

53. 一個絕佳案例，參見"[Heji] Zhe Neng Diao Shang Shayu Bu?" ("[Compilation] Can This Hook Some Foolish Fish?), *NewSmth,* September 12, 2011, http://www.newsmth.net/bbstco.php?board=MilitaryJoke&gid=165373.
54. 有時他們會要求原作者同意將貼文轉載至其他論壇；另一些時候，他們就逕自轉貼。一旦貼文受到歡迎，就會像謠言一樣開始散播。
55. "Yige Meiyou Renquan de Guojia, Zao Hangmu You Shenme Yong?" ("For a Country Without Huma Rights, What's the Point of Building Aircraft Carriers?"), *Mitbbs,* August 15, 2011, http://www.mitbbs.com/article_t/Military/36266465.html; "Mou Zheng Jianzao Hangmu de Daguo, Ni Minzhu le Ma?" ("The Power That Is Building an Aircraft Carrier, Are You Democratized?), *Ccthere,* August 15, 2011, http://www.ccthere.com/article/3535578.
56. 自帶乾糧的五毛黨瞭解這個難局，參見"[Heji] Xinzhu Yihou Cai Zhidao, Gen Kandaha de Wanggong bi, Zhongguo de Gugong Zhishi ge Nongzhuang" ("[Compilation] Didn't Know Until I Believed in God: The Forbidden City Is Only a Farm Compared to Kandahar's Palaces"), *NewSmth,* June 11, 2012, http://www.newsmth.net/bbstcon.php?board=MilitaryJoke&gid=166906.
57. 就技術上而言，「未名空間」(Mitbbs)和「水木社區」(NewSmth)都已不再設於任何校園內。但兩者都承接原有論壇對大學生的龐大影響力(包含國內和海外大學)。
58. 有關注意力經濟的探討，參見Thomas H. Davenport and John C. Beck, *The Attention Economy: Understanding the New Currency of Business* (Cambridge, MA: Harvard Business School Press, 2001).
59. 從2008年之後，「未名空間」的紀錄顯示，軍事版在尖峰時刻通常都有超過2,000人同時上線，而中國新聞版一般都不到200人。
60. QQ和微信都是中國大陸資訊科技巨頭騰訊所提供的大眾社群媒體平臺。
61. Cass R. Sunstein, *Republic.com* (Princeton, NJ: Princeton University Press, 2002), 59-60.
62. 不只自帶乾糧的五毛黨人來自跨網站連結，其他團體也這樣做。例如，「水木社區」讀者版的使用者也和「豆瓣」(douban.com)的特定團體關係密切。
63. "Weishenme Yao Zhichi Wuyou Zhixiang?" ("Why We Should Support WYZX?"), *Ccthere,* August 14, 2011, www.ccthere.com/article/3534277.「西西河中文網」

(Ccthere)多數使用者都不認為自己是「烏有之鄉」(WYZX)的使用者，因為他們認為自己才是極左派。

64. 有關「四月傳媒」的簡史，參見"Siyue Licheng" ("The Journey of April Media"), *Siyue Wang* (*The April Net*), http://www.m4.cn/aobut/#m4history. 「觀察者」(Guancha.cn)是一個網路新聞和評論整合平臺。其主編和多位專欄作家過去在「音速論壇」(Sonicbbs，其前身為「上班族論壇」[Sbanzu])與「西西河中文網」等兩個五毛黨聚集的論壇上十分活躍。

65. 相關案例，參見"Diba Chuzheng Yiyi Zhihou Ziganwu Shengshi Yuanchao JY" (After the Battle of the Diba Expedition, the Voluntary Fifty-Cent Army Overwhelms the Elites"), *Tiayan,* January 22, 2016, http://bbs.tianya.cn/post-worldlook-1619685-1.shtml.

66. Ning Hui and David Wertime, "Is This the New Face of China's Silent Majority?" *Foreign Policy,* October 22, 2014; "Sheping: Weigong Zhou Xiaoping Bushi Wangluo Da V de Guangrong" ("Editorial: It is Not Glorious for Big Vs to Attack Zhou Xiaoping"), *Global Times,* October 17, 2014; Xin Lin, "Liang 'Ziganwu' Zuojia Huo Xi Jinping Dianming Biaoyang Yin Zhengyi" ("Controversies Arise from Two 'Voluntary Fifty-Cent' Writers Praised by Xi Jinping"), *Radio Free Asia,* October 17, 2014, www.rfa.org/mandarin/yataibaodao/meiti/xl1-10172014093716.html.

67. Xin, "Liang 'Ziganwu' Zuojia Huo Xi Jinping Dianming Biaoyang Yin Zhengyi."

68. Adam Kramer, Jamie E. Guillory, and Jeffrey T. Hancock, "Experimental Evidence of Massive-Scale Emotional Contagion Through Social Networks," *Proceedings of the National Academy of Sciences* 111, no. 24 (2014): 8788-90.

69. See J. Xie, S. Sreenivasan, G. Korniss, W. Zhang, C. Lim, and B.K. Szymanski, "Social Consensus Through the Influence of Committed Minorities," *Physical Review E* 84, no. 1 (2011): 1-9.

70. See "Xianhua 67: Zidai Ganliang de Wumao" ("Casual Talk Serial 67: The Fifty-Cent Army Carries Its Own Rations"), *Ccthere,* March 1, 2011, www.ccthere.com/article/3304108.

71. Edward Wong, "Pushing China's Limits on Web, if Not on Paper," *New York Times,* November 7, 2011.

72. Eric Harwit and Duncan Clark, "Shaping the Internet in China: Evolution of Political Control Over Network Infrastructure and Content," *Asian Survey* 41, no. 3 (2001): 377-408; Lagerkvist, *After the Internet;* Guobin Yang, "The Internet and Civil Society in China: A Preliminary Assessment," *Journal of Contemporary China* 12, no. 36 (2003): 453-75; Yang, "The Co-evolution of the Internet and Civil Society in China"; Yang, "How Do Chinese Civic Associations Respond to the Internet?"; Yang, *The Power of the Internet in China;* Ashley Esarey and Qiang Xiao, "Political Expression in the Chinese Blogosphere," *Asian Survey* 48, no. 5 (2008): 752-72; Ronald Deibert, John Palfrey, Rafal Rohozinski, and Jonathan Zittrain, eds., *Access Denied: The Practice and Policy of Global Internet Filtering* (Cambridge, MA: MIT Press, 2008); Deibert, Palfrey, Rohozinski, and Zittrain, *Access Controlled;* Ronoald Deibert, John Palfrey, Rafal Rohozinski, and Jonathan Zittrain, eds., *Access Contested: Security, Identity, and Resistance in Asian Cyberspace* (Cambridge, MA: MIT Press, 2011); Gary King, Jennifer Pan, and Margaret E. Roberts, "How Censorship in China Allows Government Criticism but Silences Collective Expression," *American Political Science Review* 107, no. 2 (2013): 1-18.
73. 相關案例，參見Eva Bellin, "The Robustness of Authoritarianism in the Middle East: Exceptionalism in Comparative Perspective," *Comparative Politics* 36, no. 2 (2004): 139-57; Yanhua Deng and Kevin J. O'Brien, "Relational Repression in China: Using Social Ties to Demobilize Protesters," *The China Quarterly,* no. 215 (2013): 533-52; Kevin J. O'Brien and Yanhua Deng, "Reach of the State: Work Units, Family Ties and 'Harmonious Demolition," *The China Journal,* no. 74 (2015): 1-17; Ching Kwan Lee and Yonghong Zhang, "The Power of Instability: Unraveling the Microfoundations of Bargained Authoritarianism in China," *American Journal of Sociology* 118, no. 6 (2013): 1475-1508; Julia Chuang, "China's Rural Land Politics: Bureaucratic Absorption and the Muting of Rightful Resistance," *The China Quarterly,* no. 219 (2014): 649-69; Rachel E. Stern and Jonathan Hassid, "Amplifying Silence: Uncertainty and Control Parables in Contemporary China," *Comparative Political Studies* 45, no. 10 (2012): 1230-54; Andrew Nathan, "Authoritarian Resilience," *Journal of Democracy* 14, no. 1 (2003): 6-17; Daivd

L. Shambaugh, *China's Communist Party: Atrophy and Adaptation* (Berkeley: University of California Press, 2008); Suzanne E. Scoggins, "Policing China: Struggles of Law, Order, and Organization for Ground-Level Officers" (Ph.D. dissertation, University of California, Berkeley, 2016).

8

1. 這個主題吸引多位曾撰寫多篇優異專文的第一流學者注意，參見Daniela Stockmann, *Media Commercialization and Authoritarian Rule in China* (New York: Cambridge University Press, 2013); Guobin Yang, *The Power of Internet in China: Citizen Activism Online* (New York: Columbia University Press, 2009); Yongnian Zheng, *Technological Empowerment: The Internet, State, and Society in China* (Stanford, CA: Stanford University Press, 2008); Johan Lagerkvist, *After the Internet, Before Democracy: Competing Norms in Chinese Media and Society* (Bern, Switzerland: Peter Lang, 2010); Haiqing Yu, *Media and Cultural Transformation in China* (Abingdon, Oxon: Routledge, 2009); Paola Voci, *China on Video: Smaller-Screen Realities* (Abingdon, Oxon: Routledge, 2010); Eric Harwit, *China's Telecommunications Revolution* (New York: Oxford University Press, 2008); Jack Linchuan Qiu, *Working-Class Network Society: Communication Technology and the Information Have-Less in Urban China* (Cambridge, MA: MIT Press, 2009).
2. Carolina Vendil Pallin, "Internet Control Through Ownership: The Case of Russia," *Post-Soviet Affairs* 33, no. 1 (2017): 16-33.
3. Zheng, *Technological Empowerment.*
4. Gary King, Jennifer Pan, and Margaret E. Roberts, "How Censorship in China Allows Government Criticism but Silences Collective Expression," *American Political Science Review* 107, no. 2 (2013): 1-18; Peter Lorentzen, "China's

Strategic Censorship," *American Journal of Political Science* 58, no. 2 (2014): 402-14.

5. Philip N. Howard and Muzammil M. Hussain, *Democracy's Fourth Wave? Digital Media and the Arab Spring* (Oxford: Oxford University Press, 2013); Philip N. Howard, *The Digital Origins of Dictatorship and Democracy: Information Technology and Political Islam* (New York: Oxford University Press, 2010).
6. Andrew Nathan, "Authoritarian Resilience," *Journal of Democracy* 14, no. 1 (2003): 6-17; David L. Shambaugh, *China's Communist Party: Atrophy and Adaptation* (Berkeley: University of California Press, 2008).
7. Barry Naughton, *The Chinese Economy: Transitions and Growth* (Cambridge, MA: MIT Press, 2007; Gabriella Montinola, Yingyi Qian, and Barry R. Weingast, "Federalism, Chinese Style: The Political Basis for Economic Success in China," *World Politics* 48, no. 1 (1995): 50-81; Barry Naughton, *Growing Out of the Plan: Chinese Economic Reform,* 1978-1993 (Cambridge: Cambridge University Press, 1996).
8. Dingxin Zhao, "The Mandate of Heaven and Performance Legitimation in Historical and Contemporary China," *American Behavioral Scientist* 53, no. 3 (2009): 416-33; Bruce Gilley and Heike Holbig, "In Search of Legitimacy in Post-Revolutionary China: Bringing Ideology and Governance Back," *GIGA Working Paper,* GIGA Research Programme: Legitimacy and Efficiency of Political Systems, March 8, 2010.
9. Lowell Dittmer and Guoli Liu, *China's Deep Reform: Domestic Politics in Transition* (Lanham, MD: Rowman & Littlefield, 2006); Nathan, "Authoritarian Resilience"; Shambaugh, *China's Communist Party.*
10. Gang Lin, "Leadership Transition, Intra-Party Democracy, and Institution Building in China," *Asian Survey* 44, no. 2 (2004): 255-75; Cheng Li, "Intra-Party Democracy in China: Should We Take it Seriously?" *China Leadership Monitor* 30, no. 3 (2009): 1-14; Neil Jeffrey Diamant, Stanley B. Lubman, and Kevin J. O'Brien, eds., *Engaging the Law in China: State, Society, and Possibilities for Justice* (Stanford, CA: Stanford University Press, 2005);

Randall Peerenboom, " A Government of Laws: Democracy, Rule of Law and Administrative Law Reform in the PRC," *Journal of Contemporary China* 34, no. 12 (2003): 45-67; Kevin J. O'Brien and Rongbin Han, "Path to Democracy? Assessing Village Elections in China," *Journal of Contemporary China* 18, no. 60 (2009): 359-78; Kevin J. O'Brien and Liangjiang, Li, "Accommodating 'Democracy' in a One-Party State: Introducing Village Elections in China," *The China Quarterly,* no. 162 (2009): 465-89; Kevin J. O'Brien, "Villagers, Elections, and Citizenship in Contemporary China," *Modern China* 27, no. 4 (2001): 407-35; Thomas Heberer and Gunter Schubert, eds., *Regime Legitimacy in Contemporary China: Institutional Change and Stability* (Abingdon, Oxon: Routledge, 2008); Dittmer and Liu, *China's Deep Reform.*

11. Yanhua Deng and Kevin J. O'Brien, "Relational Repression in China: Using Social Ties to Demobilize Protesters," *The China Quarterly,* no. 215 (2013): 533-52; Kevin J. O'Brien and Yanhua Deng, "The Reach of the State: Work Units, Family Ties and 'Harmonious Demolition," *The China Journal,* no. 74 (2015): 1-17; Ching Kwan Lee and Yonghong Zhang, "The Power of Instability: Unraveling the Microfoundations of Bargained Authoritarianism in China," *American Journal of Sociology* 118, no. 6 (2013): 1475-1508; Rachel E. Stern and Jonathan Hassid, "Amplifying Silence: Uncertainty and Control Parables in Contemporary China," *Comparative Political Studies* 45, no. 10 (February 23, 2012): 1230-54.
12. Susan H. Whiting and Hua Shao, "Courts and Political Stability: Mediating Rural Land Disputes," in *Resolving Land Disputes in East Asia: Exploring the Limits of Law,* ed. Hualing Fu and John Gillespie (Cambridge: Cambridge University Press, 2014), 222-47; Sarah Biddulph, *The Stability Imperative: Human Rights and Law in China* (Vancouver: UBC Press, 2015); Yue Xie and Wei Shan, "China Struggles to Maintain Stability: Strengthening Its Public Security Apparatus," in *China: Development and Governance,* ed. Gungwu Wang and Yongnian Zheng (Singapore: World Scientific, 2012), 55-62.
13. Yang Su and Xin He, "Street as Courtroom: State Accommodation of Labor Protest in South China," *Law and Society Review* 44, no. 1 (2010): 157-84; Robert

P. Weller, "Responsive Authoritarianism and Blind-Eye Governance in China," in *Socialism Vanquished, Socialism Challenged: Eastern Europe and China, 1989-2009,* ed. Nina Bandelj and Dorothy J. Solinger (New York: Oxford University Press, 2012), 83-102; Yongshun Cai, *State and Agents in China: Disciplining Government Officials* (Stanford, CA: Stanford University Press, 2014); Kevin J. O'Brien and Lianjiang Li, "Suing the Local State: Administrative Litigation in Rural China," *The China Journal,* no. 51 (2004): 75-96.

14. Kevin J. O'Brien and Lianjiang Li, *Rightful Resistance in Rural China* (New York: Cambridge University Press, 2006); Perter Lorentzen, "Regularizing Rioting: Permitting Public Protest in an Authoritarian Regime," *Quarterly Journal of Political Science* 8, no. 2 (2013): 127-58.
15. Lily L. Tsai, "Constructive Noncompliance," *Comparative Politics* 47, no. 3 (2015): 253-79.
16. Bruce Gilley, "The Limits of Authoritarian Resilience," *Journal of Democracy* 14, no. 1 (2003): 18-26; Minxin Pei, *China's Trapped Transition; The Limits of Developmental Autocracy* (Cambridge, MA: Harvard University Press, 2009).
17. Andrew J. Nathan, "Authoritarian Impermanence," *Journal of Democracy* 20, no. 3 (2009): 37-40.
18. David Shambaugh, "The Coming Chinese Crackup," *Wall Street Journal—Eastern Edition,* March 7, 2015, www.wsj.com/articles/the-coming-chinese-crack-up-1425659198.
19. Cheng Li, "The End of the CCP's Resilient Authoritarianism? A Tripartite Assessment of Shifting Power in China," *The China Quarterly,* no. 211 (2012): 595-623; see also Susan Shirk, *China: Fragile Superpower* (New York: Oxford University Press, 2007).
20. Eric X. Li, "The Life of the Party: The Post-Democratic Future Begins in China," *Foreign Affairs,* December 3, 2012, www.foreignaffairs.com/articles/china/2012-12-03/life-party.
21. Yasheng Huang, "Democratize or Die: Why China's Communists Face Reform or Revolution," *Foreign Affairs,* December 3, 2013, www.foreignaffairs.com/articles/china/2012-12-03/democratize-or-die.

22. King, Pan, and Roberts, "How Censorship in China Allows Government Criticism but Silences Collective Expression."
23. Timothy Brook, *Quelling the People: The Military Suppression of the Beijing Democracy Movement* (Stanford, CA: Stanford University Press, 1998); Sara Meg Davis and Hai Lin, "Demolished: Forced Evictions and the Tenants' Rights Movement in China," *Human Rights Watch* 16, no. 4 (2004); Human Rights Watch, *"Walking on Thin Ice": Control, Intimidation, and Harassment of Lawyers in China* (New York: Human Rights Watch, 2008); Jean-Philippe Béja, "The Massacre's Long Shadow," *Journal of Democracy* 20, no. 3 (2009): 5-16; Dingxin Zhao, *The Power of Tiananmen: State-Society Relations and the 1989 Beijing Student Movement* (Chicago: University of Chicago Press, 2001); Deng and O'Brien, "Relational Repression in China"; O'Brien and Deng, "The Reach of the State"; Stern and Hassid, "Amplifying Silence"; Lee and Zhang, "The Power of Instability"; Julia Chuang, "China's Rural Land Politics: Bureaucratic Absorption and the Muting of Rightful Resistance," *The China Quarterly,* no. 219 (2014): 649-69.
24. 同樣地，學者發現媒體商業化讓國家反應靈敏度提高，也有利於其威權統治，參見Stockmann, *Media Commercialization and Authoritarian Rule in China.*
25. Lagerkvist, *After the Internet.*
26. Clay Shirky, "The Political Power of Social Media," *Foreign Affairs* 90, no. 1 (2011): 28-41.
27. Leon Aron, "Everything You Think You Know About the Collapse of the Soviet Union Is Wrong," *Foreign Policy,* no. 187 (July/August 2011): 64-70.
28. Chinese Communist Youth League Central Committee, *Wangluo Xuanchuanyuan Duiwu Jianshe Tongzhi (Circular on Establishing an Internet Propaganda Troop),* March 19, 2014; Chinese Communist Youth League Central Committee, *Gongqingtuan Zhongyang Guanyu Guangfan Zujian Qingnian Wangluo Wenming Zhiyuanzhe Duiwu, Shenru Tuijin Qingnian Wangluo Wenming Zhiyuan Xingdong de Tongzhi (Chinese Communist Youth League Central Committee Circular on Widely Establishing a Youth Internet Civilized Volunteers Troop and Heavily Promoting Youth Internet Civilized Action),* February 16, 2015.

29. Gary King, Jennifer Pan, and Margaret E. Roberts, "How the Chinese Government Fabricates Social Media Posts for Strategic Distraction, no Engaged Argument," *American Political Science Review* 111, no. 3 (2017): 484-501.
30. 有關在中國大陸展現政治忠誠度的探討，參見Victor Shih, "'Nauseating' Displays of Loyalty: Monitoring the Factional Bargain Through Ideological Campaigns in China," *The Journal of Politics* 70, no. 4 (2008): 1177-92.
31. An Chen, "Capitalist Development, Entrepreneurial Class, and Democratization in China," *Political Science Quarterly* 117, no. 3 (September 15, 2002): 401-22; Jie Chen and Bruce J. Dickson, *Allies of the State: China's Private Entrepreneurs and Democratic Chang* (Cambridge, MA: Harvard University Press, 2010); see also Jie Chen and Chunlong Lu, "Democratization and the Middle Class in China: The Middle Class's Attitudes Toward Democracy," *Political Research Quarterly* 64, no. 3 (September 1, 2011): 705-19.
32. O'Brien and Li, *Rightful Resistance in Rural China*; Daniel Kelliher, "The Chinese Debate Over Village Self-Government," *China Journal* 37 (1997): 63-86; O'Brien and Li, "Accommodating 'Democracy' in a One-Party State."
33. Jonathan Hassid, "Safety Valve or Pressure Cooker? Blogs in Chinese Political Life," *Journal of Communication* 62, no. 2 (2012): 212-30.
34. Lorentzen, "China's Strategic Censorship."
35. See Li Gao and James Stanyer, "Hunting Corrupt Officials Online: The Human Flesh Search Engine and the Search for Justice in China," *Information, Communication & Society* 17, no. 7 (2014): 814-29.
36. 地方官員通常不願意處理網路所揭露的貪腐案件，除非民眾壓力太大時，參見Malcolm Moore, "Chinese Internet Vigilantes Bring Down Another Official," *Telegraph,* December 30, 2008, www.telegraph.co.uk/news/worldnews/asia/china/4026624/Chinese-internet-vigilantes-bring-down-anther-official.html; Tom Phillips, "Chinese Civil Servant Sacked Over Luxury Wardrobe," *Telegraph,* September 21, 2009, www.telegraph.co.uk/news/worldnews/asia/china/9558179/Chinese-civil-servant-sacked-over-luxury-wardrobe.html.
37. 中國大陸人民對於中央政府的信任高於地方官員，他們也會判別中央政府要求地方官員貫徹其政策的意圖和能量，參見Lianjiang Li, "Political Trust and

Petitioning in the Chinese Countryside," *Comparative Politics* 40, no. 2 (2008): 209-26; Lianjiang Li, "Political Trust in Rural China," *Modern China* 30, no. 2 (2004): 228-58.

38. Taylor C. Boas, "Weaving the Authoritarian Web: The Control of Internet Use in Nondemocratic Regimes," in *How Revolutionary Was the Digital Revolution? National Responses, Market Transitions, and Global Technology,* ed. John Zysman and Abraham Newman (Stanford, CA: Stanford Business Books, 2006), 361-78.
39. Lagerkvist, *After the Internet.*
40. Zheng, *Technological Empowerment.*
41. Markus prior, "News vs. Entertainment: How Increasing Media Choice Widens Gaps in Political Knowledge and Turnout," *American Journal of Political Science* 49, no. 3 (2005): 577-92.
42. James Leibold, "Blogging Alone: China, the Internet, and the Democratic Illusion?" *The Journal of Asian Studies* 70, no. 4 (2011): 1027.
43. Jens Damm, "The Internet and the Fragmentation of Chinese Society," *Critical Asian Studies* 39, no. 2 (2007): 290.
44. Guobin Yang, "The Internet and the Rise of a Transnational Chinese Cultural Sphere," *Media, Culture & Society* 24, no. 4 (2003): 469-90; Johan Lagerkvist, *The Internet in China: Unlocking and Containing the Public Sphere* (Lund, Sweden: Lund University Press, 2007).
45. Wael Ghonim, *Revolution 2.0: The Power of the People Is Greater Than the People in Power: A Memoir* (New York: Houghton Mifflin Harcourt, 2012).
46. 辛優漢與胡勇兩人認為網際網路是一個沒有完成的「公共領域」，而主要障礙就是高壓統治的國家。本書的見解認為，獨立於國家之外不會自動促成公共討論，參見Lagerkvist, *The Internet in China*; Yong Hu, *Zhongsheng Xuanhua: Wangluo Shidai de Geren Biaoda Yu Gonggong Taolun (The Rising Cacophony: Personal Expression and Public Discussion in the Internet Age)* (Nanning: Guangxi Normal University Press, 2008).
47. Lagerkvist, *After the Internet.*
48. Wenfang Tang, *Populist Authoritarianism: Chinese Political Culture and Regime Sustainability* (New York: Oxford University Press, 2016); Tianjian Shi, "China:

Democratic Values Supporting an Authoritarian System," in *How East Asians View Democracy,* ed. Larry Diamond, Andrew J. Nathan, and Doh Chull Shin (New York: Columbia University Press, 2008), 209-37; Tianjian Shi, "Cultural Values and Political Trust: A Comparison of the People's Republic of China and Taiwan," *Comparative Politics* 33, no. 4 (2001): 401-19; Melanie Manion, "Democracy, Community, Trust: The Impact of Elections in Rural China," *Comparative Political Studies* 39, no. 3 (2006): 301-24; Jie Chen, *Popular Political Support in Urban China* (Stanford, CA: Stanford University Press, 2004); Li, "Political Trust in Rural China."

49. See Lagerkvist, *The Internet in China,* 31-33.
50. Jessica Chen Weiss, *Powerful Patriots Nationalist Protest in China's Foreign Relations* (New York: Oxford University Press, 2014), 229.
51. 反體制的趨勢並不新奇，也不只發生在中國大陸，參見John Kenneth Galbraith, *The New Industrial State* (Boston: Houghton Mifflin, 1967), 323-24; William Manchester, *The Glory and the Dream: A Narrative History of America, 1932-1972* (Boston: Little, Brown, 1973), 1083.
52. Jean-Philippe Béja, "The Massacre's Long Shadow," 9.
53. Yanqi Tong and Shaohua Lei, "War of Position and Microblogging in China," *Journal of Contemporary China* 22, no. 80 (2013): 292-311.
54. Lagerkvist, *After the Internet, Before Democracy.*
55. 然而，如同以下所示的笑話，意識形態和價值的演進相互糾結：「1949年時只有社會主義可以救中國；到了1979年只有資本主義可以救中國；到了1989年只有中國可以救社會主義；到了2009年只有中國可以救資本主義。」參見Jonathan Watts, "The World's Most Important Story," *China Dialogue,* April 17, 2012, https://www.chinadialogue.net/article/show/single/en/4876--The-World-s-most-important-story-.
56. Patricia M. Thornton, "Crisis and Governance: SARS and the Resilience of the Chinese Body Politics," *The China Journal,* no. 61 (2009): 23-48.
57. Ching Kwan Lee and Eli Friedman, "China Since Tiananmen: The Labor Movement," *Journal of Democracy* 20, no. 3 (2009): 21. 同樣地，歐布萊恩(O'Brien)也發現「跨越階級界線的合作」在農村抗議活動中「相當罕見」。參見

Kevin J. O'Brien, "China Since Tiananmen: Rural Protest," *Journal of Democracy,* 20, no. 3 (2009): 27.

58. Ian Johnson, "Blogging the Slow-Motion Revolution: An Interview with China's Huang Qi," *New York Review of Books,* February 9, 2013, www.nybooks.com/daily/2013/02/09/blogging-slow-revolution-itnerview-huang-qi/. 該網站最初的重點在於販賣人口和侵害勞工。但後來就開始掩護法輪功和1989年天安門事件的受害者。因此，中共當局封鎖這個網站並將黃琦以「破壞」罪名監禁。
59. 這件事部分解釋為何像薄熙來或其他中共高層官員落馬的多個個案，幾乎沒有在社會草根階層造成動亂的原因。畢竟，高層的權力鬥爭，不論是因為意識形態衝突或利益衝突，都離一般百姓非常遙遠。
60. Ye Bing, "Sima Nan Tan VOA Dianshi Bianlun, Huiying Wangshang Pingyi" ("Sima Nan Talks About Debate at VOA and Responds to Online Comments"), *VOA Chinese,* November 15, 2012, www.voachinese.com/content/sima-nan-voa-debate-remarks-20121115/1546487.html.
61. Shambaugh, *China's Communist Party,* 161.
62. Li, "The End of the CCP's Resilient Authoritarianism?"
63. Lian Yuming and Wu Jianzhong, eds., *Wangluo Xinzheng (New Politics of the Internet)* (Beijing: Zhongguo Shidai Jingji Chubanshe, 2009).
64. Jesper Schlæger, *E-Government in China: Technology, Power and Local Government Reform* (Abingdon, Oxon: Routledge, 2013); Xiang Zhou, "E-Government in China: A Content Analysis of National and Provincial Web Sites," *Journal of Computer-Mediated Communication* 9, no. 4 (June 23, 2006): 0; Jesper Schlæger and Min Jiang, "Official Microblogging and Social Management by Local Governments in China," *China Information* 28, no. 2 (2014): 189-213; Ashely Esarey, "Winning Hearts and Minds? Cadres as Microbloggers in China," *Journal of Current Chinese Affairs* 44, no. 2 (2015): 69-103; Jens Damm, "China's E-Policy: Examples of Local E-Government in Guangdong and Fujian," in *Chinese Cyberspaces: Technological Changes and Political Effects,* ed. Jens Damm and Simona Thomas (London: Routledge, 2006).
65. "Premier Calls for Accelerating Political Reform," *People's Daily Online,* August 23, 2010, http://english.peopledaily.com.cn/90001/90776/90785/7113368.html.

66. Ronald Deibert, John Palfrey, Rafal Rohozinski, and Jonathan Zittrain, eds., *Access Denied: The Practice and Policy of Global Internet Filtering* (Cambridge MA: MIT Press, 2008); Ronald J. Deibert, John Palfrey, Rafal Rohozinski, and Jonathan Zittrain, eds., *Access Controlled: The Shaping of Power, Rights, and Rule in Cyberspace* (Cambridge, MA: MIT Press, 2010); Ronald Deibert, John Palfrey, Rafal Rohozinski, and Jonathan Zittrain, eds., *Access Contested: Security, Identity, and Resistance in Asian Cyberspace* (Cambridge, MA: MIT Press, 2011).
67. Ron Deibert, "Cyberspace Under Siege," *Journal of Democracy* 26, no. 3 (2015): 64-78.
68. Katie Davis, "Revealed: Confessions of a Kremlin Troll," *Moscow Times,* April 18, 2017, https://themoscowtimes.com/articles/revealed-confessions-of-a-kremlin-troll-57754.
69. Richard Rose, William Mishler, and Neil Munro, *Popular Support for an Undemocratic Regime: The Changing Views of Russians* (Cambridge: Cambridge University Press, 2011).
70. Deibert, "Cyberspace Under Siege." The *Journal of Democracy* published a special issue on the authoritarian resurgence in April 2015.
71. Robert D. Putnam, *Making Democracy Work: Civic Traditions in Modern Italy* (Princeton, NJ: Princeton University Press, 1993) Robert D. Putnam, *Bowling Alone: The Collapse and Revival of American Community* (New York: Simon and Schuster, 2001); Alexis de Tocqueville, *Democracy in America,* vol. 2 (New York: Vintage, 1840), 98-99.
72. Juan J. Linz and Alfred Stepan, *Problems of Democratic Transition and Consolidation: Southern Europe, South America, and Post-Communist Europe* (Baltimore, MD: Johns Hopkins University Press, 1996); Andreas Schedler, "What Is Democratic Consolidation?" *Journal of Democracy* 9, no. 2 (1998): 91-107; Larry Diamond and Leonardo Morlino, "Assessing the Quality of Democracy" (Baltimore, MD: Johns Hopkins University Press, 2005).

國家圖書館出版品預行編目資料

中共掌控下的網路世界 / 韓榮斌(Rongbin Han)作 ; 黃文啓翻譯. -- 初版. -- 臺北市 : 政務辦公室, 民110.04
面 ; 公分. --(軍官團教育參考叢書 ; 666)
譯自 : Contesting Cyberspace in China: Online Expression and Authoritarian Resilience
ISBN 978-986-5446-76-5(精裝)

1.中國大陸研究 2.網路 3.言論自由

541.415 110004272

軍官團教育參考叢書 666

中共掌控下的網路世界

Contesting Cyberspace in China: Online Expression and Authoritarian Resilience

著作權人／中華民國國防部
發 行 人／王紹華
作　　者／韓榮斌(Rongbin Han)
審　　訂／吳貞正
複　　審／孫弘鑫
翻　　譯／黃文啟
編　　輯／劉宗翰
美術編輯／張進龍
校　　對／孫弘鑫、吳馥琰
展 售 處／五南文化廣場　地址：400 臺中市中山路6號
電話／(04)22260330　網址：www.wunanbooks.com.tw
國家書店松江門市　地址：104 臺北市松江路209號1樓
電話／(02)25180207　網址：www.govbooks.com.tw
出 版 者／國防部政務辦公室　網址：bit.ly/2ZnTLMA
地址：104 臺北市中山區北安路409號 電話：(02)85099545
印 製 者／國防部軍備局生產製造中心第四〇一廠
定　　價／新臺幣300元
中華民國110年4月出版
初版一刷2,600冊
ISBN：978-986-5446-76-5
GPN：1011000347